《清明上河图》话本

亢 君 著

河南大学出版社
·开封·

图书在版编目(CIP)数据

《清明上河图》话本/亢君著.—开封:河南大学出版社,
2009.7(2013.10重印)

　ISBN 978-7-81091-600-4

Ⅰ.清… Ⅱ.亢… Ⅲ.长篇小说－中国－当代　Ⅳ.I247.5
中国版本图书馆 CIP 数据核字(2009)第 045591 号

责任编辑	薛巧玲
责任校对	别　致
封面设计	今日文教

出　版	河南大学出版社
	地址:河南省开封市明伦街 85 号　邮编:475001
	电话:0378-2825001(营销部)　网址:www.hupress.com
排　版	郑州市今日文教印制有限公司
印　刷	辉县市文教印务有限公司
版　次	2009 年 4 月第 1 版　　印　次　2013 年 10 月第 4 次印刷
开　本	890mm×1240mm　1/32　印　张　7.5
字　数	195 千字　　定　价　22.00 元

(本书如有印装质量问题,请与河南大学出版社营销部联系调换)

目 录

1		画外话
3	一	清明时节
8	二	甄半仙失灵
14	三	神女励志
24	四	御前赛棋
35	五	虹桥说祥瑞
42	六	风尘奇遇
52	七	牡丹会
59	八	骗子被骗
71	九	案发"十千脚店"

85	十 米盛和普照寺
91	十一 龙主
95	十二 茶肆谈异
102	十三 藏假于真和藏真于假
112	十四 妻妾赌局
122	十五 汴水筝缘
142	十六 百鸟接驾
155	十七 城门听讼
166	十八 剑客
173	十九 "久住王员外家"的故事
179	二十 叙旧孙羊店
189	二十一 馆驿艳计
198	二十二 古寺鸳盟
211	二十三 良医赵太丞
218	二十四 恭迎吕洞宾
223	二十五 盗贼的智慧
231	二十六 盛世奇人异事

画 外 话

"通衢车马正喧阗,只是宣和第几年,当日翰林呈画本,升平风物正堪传。"

这四句诗说的是北宋末年流传下来的张择端所作的名画长卷《清明上河图》。

张择端,字正道,原籍东武,就是现今的山东省诸城县,宋徽宗宣和年间,曾任皇家画院的翰林待诏。就是这位历史上几乎没有什么记载、名不见经传的画家,创作了我中华文明中焕发着千古异彩的这幅"国宝"。

《清明上河图》画的是北宋都城东京清明时节东门内外、汴河两岸繁华富庶的景象。那时候北宋王朝享太平无事之福已有一百六十多年,真个是"太平日久、人物繁阜、垂髫之童、但习鼓舞、斑白之老、不识干戈"。

这幅画卷高不满尺,长只有两丈多,却画出了士农工商、医卜僧道、官吏平民、妇女儿童、纤夫、船工、熙熙攘攘、你来我往的五百五十多位人物,他们活动在水陆舟车、郊野闹市、茶肆酒楼、屋舍花树之间。有赶集的,有买卖的,有饮酒的,有闲逛的,有聚谈的,有做工的,有赶脚的,有拉车的,有推船的,有算命的,有说书的,有乘轿的,有骑马的……如见万家帘幕,如闻市声喧嚣。真个是繁花似

锦的太平盛世。自古以来,观赏它的人,无不嗟赏仰慕,恨不得亲生其时,亲睹其事。现在,当你徐徐展开画卷时,也同样会神骇情移,遐想联翩,禁不住想寻觅他们的生活踪迹,体察他们的歌哭情感。让我们自右向左沿着画中的郊野、河道、城门、闹市,一路慢慢地走下去,看到其中的一些景致和人物,听着下面一个个故事,也许能增添出另一番情趣来。这些故事,有的是稍有史据,有的是野史传奇,也有的不过是讲故事的人见景生情,信口开河。反正是闲暇之余,姑妄言之、姑妄听之。在您欣赏这幅画作时,聊以助兴。当然,您完全可以不以为然或另有所悟,那就也请您把悟出的别样的故事,讲出来给别人听听。也许别人又悟出了另一番不同的故事,再讲给别人听听……

一 清明时节

这是清明时节。大宋京都汴梁城东水门外的一处郊野里,这时候静悄悄的。过午的日头正用自己的温热尽力驱赶着春寒的余威,几处茅舍、瓦屋,好像笼罩在一层薄薄的催人欲睡的蒸汽里。刚刚开春,农活儿还不是很多,小河边半横着一艘小船是空的,打谷场上放置的石碾是闲的,只有这一簇、那一簇的小树和树干粗大、遍体瘿瘤的老柳树,得了春阳的暖气,无声地热闹地竞争着抽出无数条或像蟹爪或像箭杆一般的鹅黄嫩枝儿,让郊野充满着活力和生机。这些柳树,在汴河两岸,一排排,一簇簇,到处可见,接枝牵丝,连绵无尽。往远里说,自隋炀帝时就动用了百万男女民工,开河植柳,到了太祖赵匡胤建立大宋后,又诏令沿汴河的州县长官,督令两岸百姓,在河堤上广植杨柳,自此成为著名的汴京八景之一:隋堤烟柳。

听故事的朋友会问:说来说去,你说的这是当时东京汴梁郊外的景致吗?谁不知道,那时候的大宋,享太平无事之福已有一百六十多年,北宋江山,到处是莺歌燕舞,鼎盛已极。单是东京,当时就有170万人口,举目所及,可谓是青楼画阁,珠帘绣户,宝马争驰,雕车竞驻。更何况清明时节,都城人都要出郊上坟扫墓,也有一班踏青玩耍的,人来人往,四野如市,哪有你说的这样寂静?

是的，这不过是刚过晌午的暂时宁静，出城的早已出去，回城的尚未回来，细心的人侧耳倾听，会隐约听到西边传来的沸腾市声，蓦地又听见小树林那边传来一阵叮叮当当清脆的铃声，转眼望去，只见有五头小毛驴排成一线，摇着长耳朵，"嘚嘚"而来。这些小毛驴毛色鲜亮，黑明油光，而且个个都是粉鼻子粉眼儿白肚皮儿，还有四只小银蹄儿，虽然已经走过很远的路程，看起来还透着精神，摇头晃脑，憨态可爱。每头小毛驴身上都搭着两篓木炭。一前一后赶着这队驴驮子的是两个十六七岁的少年，前面的叫兴哥儿，后面的叫旺哥儿，他们你呼我应，因为快到目的地了——使他们眼花缭乱的东京城，一时忘却了几天几夜赶脚的辛劳，很有些兴高采烈起来。

驴驮子队伍沿着一条注入汴河的小河岸边行进，这时，打头的小驴儿接近了一座横跨河面的草桥，兴哥儿连忙张开手臂，拦住驴头，让它走上草桥，顺桥折向西行，就是通往城门的大道。他一边走一边向后喊："旺儿，跟紧点儿，别落得太长，就要进东水门啦！"旺儿在后回应："知道，我紧赶着咧！你在前面也压着点儿，眼看是热闹地界，小心撞人碰车，有啥闪失！"

说话不及，只听前面人喊马嘶，一阵杂乱的脚步声。只见从一条岔道上，走过来一行人，打头的一个壮汉呼喝开道，后面紧跟一乘轿子，轿顶上遍插青青的柳枝和各色杂花。轿内坐着一个妇人，再后是位骑马的官人，前后又有三四个仆役，或挑或拿着一些"门外土仪"，就是京郊时令下出产的干鲜果子、炊饼枣馍，黄泥捏的起名儿"黄胖"的土偶，刚孵出的鸡雏儿。一来是久居城市的人们图个稀罕玩意儿，二来也是多年积下的清明扫墓踏青的风俗习惯。这一行早早回城的人好像是归心急切，拥轿催马，脚步不禁快了些。惊得一条脱缰的牛犊儿，斜刺里窜出，横跑起来，牛的主人在后面吆喝追赶，邻近的父母又怕自己在街上玩耍的小孩子被撞着，大呼小叫起来，一时鸡飞狗吠，连拴在近处茶棚外面的小驴儿也吓得忼蹶子,引得里面喝水歇息的挑夫们一齐转脸张望。

兴儿连忙拦住自己的小驴儿,让后面的驴驮子站住,以免卷入前面一阵小小的混乱中。他看见近处两位骑驴出城的老人也止住了行动。兴儿认识其中的一个,是张王府的花匠马老朦,便问道:"老朦大伯,那边儿是怎么啦?"马老朦张望了一番回答说:"我看是崔知县和女眷踏青回城。"这个崔知县,兴儿也是给他府上送过炭的,便看了看,也说:"就是。"旁边另一个花白胡须的老者嘴角带点冷笑地说:"知县不过是个外差,怎么在京城天子脚下也这样呼喝张扬?"马老朦说:"可别小看了他,他是张王在外地的耳目手脚,这次来吏部考审转迁,听说要升官哩!"花白胡须老者笑道:"任他升什么官,那副模样也是个乡下土佬!"

这时,崔知县一干人到了眼前,因为刚才一闹,都有些气喘吁吁,便落轿驻马,停下来休息。马老朦上前拜见:"给老爷道乏请安。"崔知县下了马,仆人自担子上拿下一个竹凳子来,崔知县坐了,叫老朦一旁闲话,兴儿也过来请安。崔知县问:"兴哥儿,过了清明,天都转暖了,你还给谁送炭?"兴儿说:"仍是给张郡王府上。""唔?张王府上住不完的锦帐暖阁,穿不尽的毛皮袭衣,连下人都是厚衣暖裳,难道开春了还要靠炭取暖?"马老朦道:"老爷不知,这炭不是人烤的。"崔知县越发奇怪:"不烤人还烤什么?"老朦说:"烤笙。"崔知县更加不解,以为自己耳朵出了毛病:"什么?烤生?把生的烤熟了吃?"老朦笑道:"不是,是烤吹的笙,丝竹乐器里面的笙。""为什么要烤笙?""如今是圣明之时,天下富庶,歌舞升平,张王府里,光乐工歌姬,就有数百人。吹弹舞唱,分部分队,各有总管。乐工里面且不说总的,仅笙这一部,就有二三十人。笙靠簧发音。簧暖则声清越,簧冷则声浊暗。如今春阴尚浓,余寒冷峭,笙簧必须焙暖然后才可以用。每年到这个时候,张王府里,光发给笙部的焙笙炭,每天就要有50斤以上。何况近几天还要举行一年一度的牡丹会,别说是木炭,哪一宗东西不是山积海流的?"崔知县听

了摇头:"我却不信,你也说得太玄虚了!今年是倒春寒,月初还飘雪花儿,我家院子里栽的牡丹,连个花骨朵儿还没有哩,郡王府就能倒转时令了?"花白胡须老者插嘴说:"这你可算问着人了。牡丹花开不开,要听老朦的。""唔?马老朦,那你说说看。"马老朦微微一笑,说:"天机不可泄露。听管家说,王府邀请赴牡丹会的宾客帖子上,老爷的大名也在上面,到时候您就知道了。"花白胡须老者赞叹道:"若论牡丹花会,这可是京城第一家,别的王府没有能及得上的。"崔知县问:"你也是张王府里的人么?"马老朦抢过话头说:"老爷可小觑了他。他姓薛,人称'百鸟王'。现在皇宫里当差,适才从宫里出来,回城外家中料理些事情。"崔知县一听,肃然起敬,不觉连忙从凳子上站起来。只因马老朦出入王府,他就另眼看待了。眼前这么个不起眼儿的俚俗老汉,竟然出入皇宫,令他丈二和尚摸不着头脑,口里不由地嘟哝道:"失敬!失敬!"本想进一步打听一下这神秘人物的来历,那薛翁却拱拱手说:"皇差在身,不便多陪,告辞了。"说罢跨上瘦驴,两个乡下汉子,一个为他牵驴,一个背了行囊,扬长而去。崔知县问马老朦:"他是何官职?"老朦说:"他不是官。""那他怎能出入皇宫?""我也觉着蹊跷。听说来头可大啦,是媪相请他进宫的。"这崔知县听了,眼珠子瞪得跟铜钱一般大。这媪相是何许人?就是深受皇上宠信的宦官童贯。官封太尉,势倾朝野,所以当时人称大奸臣蔡京为公相,称大太监童贯为媪相。薛翁之谜,容后再说。轿中的夫人看前面停住耽搁了不少时间,派家人到老爷跟前催驾,又让带来一些吃剩下的油炸果子,说是赏给兴儿、旺儿吃的。崔知县数了数篮子里果子的数目,斥责家人说:"怎么这么不懂事!山野小孩子的肚肠,不惯油腻,吃多了会积食生病的!"便又收回去几个,只把一些零碎的交与兴儿、旺儿。然后一行人前呼后应向城门方向走去。

二　甄半仙失灵

　　回城的崔知县一干人拐过街角,就到了汴河边上。穿越东京城的河道有四条,就是汴河、蔡河、金水河、五丈河。这汴河是自西水门而入,由东水门而出,西接黄河,东入长江,是四条河道中最重要的一条。大宋朝每年从东南富庶之地江、淮、湖、浙征收来的数百万石米粮以及货物宝藏,都是从这条河运来的。

　　你看,这里虽然还不到东水门,呈现在还不很熟悉东京城的崔知县眼前的景色,却已经逐渐热闹起来。路右边房屋栉比,一溜儿坐落着许多茶坊酒肆,三岔路口近前的一家茶篷子下面,有一些辛劳的脚夫在喝茶。对面小饭馆的主人也不甘示弱,为了招揽生意,连忙把挂满彩色小旗的市招更加高高地支起。再往前看,点心店里热腾腾的包子刚刚出笼。散酒店的门面上飘荡着一幅上写"小酒"二字的酒幌子,让你好像闻到随酿随售、价廉物美的酒香。上午出城时因清明时令生意红火的王家纸马店,到了下午,虽然无人问津,可是货物已经出售得所剩无几。

　　在汴河岸边,一棵粗壮的老杨树繁枝新叶的掩映中,停泊着两艘运粮的大木船,船舷和岸边之间都搭着长长的跳板,一只船上的粮包已经全部卸完,另一只还正在卸货,苦力们背着沉重的粮包,踏着颤颤悠悠的跳板,走上走下。崔知县看见飘扬着三角形彩色

市招的小饭馆前堆叠着许多粮袋,一个穿长袍的管事模样的人正在收签验数。崔知县的马走到跟前,那人忽然站起身来叉手唱喏①,崔知县认出这是米盛家一个差办叫王福。这米盛是京城数一数二的豪富,往年曾任过江南东路和两浙路的转运使,后被参革职居京经商,凭着在朝野结交的旧党余势,专做粮米生意,崔知县就曾在自己的县治内帮助王福强买硬籴,多次为米盛效力,因此也知道王福是米家的一个重要角色,于是不敢怠慢,连忙滚鞍下马,还礼道乏。王福问:"崔老爷可是踏青回城的?"崔知县说:"正是。""何时进京的?怎么也不给个信儿,也好到府上请安。""暂时等候部铨,旅邸多有不便,怎敢惊扰。米都漕②可好?"王福叹了一口气:"我家老爷可不比从前了,年纪大了,又染病在身,这家业一天天大起来,可这身子却一天天瘦下去。""噢,米老爷身体欠安,改日我一定是要过府问候的。"二人正在寒暄叙旧,忽听那边有人吵架,只见从街对面蹑过来的一个算命先生,刚刚给一个中年人看完手相,二人却争吵起来,只听那中年汉子嚷道:"我是想让你给我禳祸消灾去掉晦气的,你却胡扯一通,说我时运通达,求财得财,想官升官。"算命先生争道:"有心无相,相逐心生,有相无心,相随心灭,我看你的心相、手相、面相,必然是富贵通达,难道不对么?"汉子更加有气:"错不错我自己知道,由着你胡诌白扯吗!"王福连忙过去,从中分开说:"不要争,不要吵,不算过去算前程,彼此求个吉利,大家都不算错。"中年汉子气嘟嘟地走了,算命先生朝他身后喊:"喂,讲好的十文卦钱,你还没给哪!"中年汉子头也不回,不屑地撂下几句话:"就你这号儿不灵不验的,别说十文,一文也不值!"算命先生对着王福叹道:"今天不是他的命晦气,倒是我的命晦气了!"王福笑道:"先生不必和这些粗人理论,你的神算大名我是知道的,一时失

---

① 叉手唱喏:一种比跪拜为轻的礼节,"唱喏"或叫"声喏",扬声致敬。
② 都漕:管理漕运的官吏。

算,不足为怪。"他转过身来,看见崔知县在望着他们,便近前引见:"这位先生叫甄半仙,在这街面上也有二三十年了,好神卦!好相法!只要一看你的面相,祸福休咎,一言中的。"崔知县一听,心里不禁痒痒起来,你道为什么?原来他这次进京到吏部考课转迁,依靠张王府的势力和周旋,已经得知不久就要升官外放了。只是京城里面,他没有更多的亲戚朋友,这样的好消息,闷在肚子里,实在是让他鼓憋得浑身不自在,今天他很想通过甄半仙的嘴,说他仕途通达,前程无量,也好在人前显摆显摆。于是,就装出一副谦恭礼遇的样子,说:"噢!既然这样,那就请先生看看我的前程如何?"甄半仙拉起他的手对着掌上的纹理看来看去,又盯住他的脸望了一阵儿,便闭着嘴不声不响,崔知县问:"先生为何不言?""说出来恐大人吃惊!""但说不妨。""依大人的面相,我看是命运多舛,仕途不畅,能富不能贵,能乐不能安,眼望着前面是个岗儿,说不定走到跟前就成了个坑儿,不怨路,只怨脚。小心!小心!……"没等他说完,崔知县哼了一声,上马举鞭,扬长而去。王福埋怨甄半仙:"先生,你今天是让猪油网子蒙了心窍?他是个老爷,巴望的是升官显贵,你奉承他几句,他一喜欢,兜里的银子不就转眼到了你的手里?"甄半仙无奈地说:"先前那一位我倒是奉承了,可烧香烧到佛屁股后面去了!"王福摇摇头,也不好再说什么。这时,一个船工来禀告,说搭乘粮船来京的士子方渐请差办到酒店叙话,答谢方便之情。

　　甄半仙先后两番讨了没趣,看看天已到了后晌,肚子里还没进东西,摸摸兜里一文钱也没有。他正落寞无望,身后忽然有人扯扯他的衣襟,回头一瞧,原来是自己的徒弟小神仙。这小神仙十五岁上跟甄半仙学徒,甄半仙嫌他笨头笨脑,怕他日后有辱师门,二十多岁便撵了他,事后有几次也曾想起来觉得有点儿心亏,认定他早已饿死在江湖上了。谁知眼前这个徒弟竟像是天上掉下来的一位贵人,衣帽崭新,浑身光鲜,连举着的卜卦市招也是绸缎做的,上面绣了三个煌煌金字:小神仙。甄半仙直眉瞪眼地愣着,一时还没转过弯儿来,小神仙笑道:"师傅,您不认得徒儿啦?""怎么?江湖久闻,尚未一见,大名鼎鼎的小神仙就是你呀?""是啊,名师出高徒,还不是师傅那些年的栽培。"甄半仙一边举步一边连说:"惭愧!惭愧!"不禁脚步踉跄,觉得有些头晕。小神仙看在眼里,心中明白,忙说:"师傅,您还没吃饭吧,徒儿今天做东,孝敬孝敬您老人家。"二人就在街边的饭馆坐下,要了两荤两素,不过是烧羊、卤鸭、笋鲊、糟瓜之类,一壶老酒,外带一大盘胡饼。甄半仙三杯下肚,又拿起一个胡饼急急往嘴里塞,等挡住了一半饥饿之后,这才叹了口气,慢慢地边吃边说:"唉,我就不明白,为什么这几年我这么悖晦,弄得如今蛟龙困水,凤凰落架了!""师傅何出此言?""我问你,你相面的本领是不是我教给你的?""是啊。""想当年我'甄半仙'可算得是个'真半仙',只要往对方脸上一望,他的命运顺舛,仕途沉浮,不说是百言百中,也是十验九灵,可现在怎么就走背了呢?你怎么就越走越顺溜呢?难道你现在用的不是我教给你的那一套?"小神仙嘻嘻一笑,说:"当然还是您教给我的那一套,不过师傅只知其一,不知其二,不谙时事,不懂求变。""噢,那么师傅倒要向你讨教了,这里面有什么秘密窍门不成?"小神仙给甄半仙斟了一杯酒,然后自己端起酒杯,呷了一口,慢条斯理地说:"其实很简单,师傅您只要把以前相面的路数翻个个儿来就行了。"甄半仙仍然不明白:"怎么个翻法儿?为什么要翻个个儿?""世道不同了。就拿您刚才相的那两位来说吧,徒儿我在一旁也观察过。头一位面相忠厚诚实,眉宇之间,正气充沛,骨相硬朗,谦和可信,依师傅之见,他的命运该如何?""正人君子,有志有为,当然是功会有所成,名会有所就,天理正道,善有善报。"小神仙夹了一口菜,有滋有味地咀嚼着,好像得意地品尝着,等咽了下去,才卖关子似的继续往下讲:"这个先暂且不说,再说这第二个,就是刚才那位官人,我瞧他印堂发暗,鼠目无光,一脸邪气,不阴不阳,两肩高耸,贪心内藏。师傅料他该当如何？""我算他不群于人，不容于世，多行不善，自食恶果，必然难以通达，天理昭彰，不是理该如此吗？""错就错在这里，师傅是拿老皇历来看新年景。如今面相敦厚、气正骨鲠、言善行端者，必不容于世；而满脸邪气、深藏不露、阿谀佞幸者，恰恰才能仕途通达，财星旺盛。善有恶报，恶有善报，只要这样翻个个儿，就符合了新世情和新天理，师傅以此为新相术，还愁没有饭吃吗？"一番话说得甄半仙连连点头说："今后你是我师傅，我是你徒弟。这样翻个个儿，不也就符合新世情、新天理了。"两人正说得热闹，只见王福和一个书生模样的人也进了酒肆坐下。

甄半仙和王福隔着桌子，彼此打了个招呼，因为都有生客，不便过席，只好各行方便。不过王福和他这位客人越来越引起了甄半仙的好奇和诧异，虽然听不清他们的言谈笑语，但从举止表情上看却很是反常，按说王福不过是个卑下粗俗的人，而那书生风姿儒雅，俊逸超群。王福在米府纵然是个重要角色，但终还脱不出奴仆的身份；而这位书生却衣冠整饬，气度不凡。相比之下，一高一下，一尊一卑之分是十分明显的。可是书生对王福却十分恭敬，斟酒把盏，揖让殷勤，谈笑之间，感激之情，溢于言表。甄半仙浮生浪迹江湖，见的人遇的事也算够多了，可他始终没能想明白这到底是怎么回事儿。

其实，甄半仙不知道的秘密远不止这些。这酒肆是靠河的，上面说过，汴河岸边，正停有两艘米府的运粮大船，如今粮食俱已卸完，船工们也都上岸，饮酒的饮酒，闲逛的闲逛，人去船空。可其中一艘的仓内，却藏着一个艳丽绝世、性情敏慧的佳人。她是何人？和这位书生以及王福有什么瓜葛？别说是半仙儿，就是整个儿一个神仙，也是猜不透算不明的。

三 神女励志

水有源,树有根;事有由,人有因。盛世多奇闻,这里面的曲折故事,还得刨根究底,从头说起。

这位和王福一起喝酒的年轻书生,名叫方渐,原系江南闾江县人氏,自幼聪慧异常,而且风姿俊逸,父母视他为掌上明珠,专门设了家塾,请了名儒,教他习诵经典,期望将来龙门一跳,光耀门楣。方渐年纪渐长,攻读本也是很刻苦上进的,不幸遭遇了一场瘟疫,父母先后亡故,家境虽然不曾败落,但是对他的管束不像以前那样严紧了。他家毗邻着县衙,衙内走动的一班游闲纨绔子弟,便勾引他走马斗鸡,宴饮取闹,荒嬉无度。因他是少主人,家下人等也管他不得,他的业师督责劝导了几次,他也全当耳旁风,于是一气之下,便也辞馆回家,从此再也没有人能够辖治他。眼看一块美玉掉在污泥之中,裹垢蒙秽,渐渐失去了光彩。

这一天,方渐和他的几个朋友,正无所事事,百无聊赖。适逢他家附近有座婆婆庙,正举行一年一度的盛大庙会,方圆几十里的善男信女,都来进香上供,络绎不绝。方渐他们也随着人群,进庙玩耍。你知道这婆婆庙敬的是什么神吗?不知道。你问我,我也不知道。别说八百多年后的今天我们不知道,就连当时那些顶礼膜拜、香火供奉的人也不知道。原来这大宋王朝是个多神崇拜的

社会。当时皇帝徽宗赵佶虽然尊奉道教,但是全国各地还有许多大大小小不知名的庙宇,比如说城隍庙、土地庙等。蚕神、田神尚可理解,可是猿猴、虾蟆也建庙奉祀。更有甚者,平夏城出现过三个蜥蜴,徽宗皇帝不仅钦赐庙额,名曰"昭顺",还封它们为:顺应侯、顺贶侯、顺佑侯。三个小爬虫居然成神封侯,是不是匪夷所思!

方渐几个人进入正殿,迎面正位的尊神,不过是个白发苍苍、慈眉善目的婆婆,无甚看头儿。趸了一圈儿,便出来到两廊游逛。两廊里塑着许多陪祀的神女仙子,游龙惊鸿,绰约多姿。其中有位神女,玉容花貌,艳压群芳,虽是泥塑木雕,裙裾宛如飞动,眉目盼倩生情,方渐看着看着,不禁看呆了。旁边的朋友便起哄打趣他道:"你俩是有仙缘的,何不留个信物,今夜也好作个高唐巫山之会。"有一位趁他不备,拽下他帽子上的一根红丝绦,系在神女的臂上,不由分说,拥着他连闹带笑走出庙门,到了一座酒店,要他请大家喝喜酒。

到了夜里,方渐醉醺醺地回家,走到庙门口,又想起了日间那个神女像,一方面爱慕不忘,一方面又有些害怕,觉得不应该亵渎神祇,不知不觉地又走进庙去。那时正值晦日,就是月末那一天。没有月亮,星光暗淡,庙里边黑黢黢的,什么都看不真切。进了廊庑,快走到神女像前,心里发憷,懊悔自己的孟浪,便转身想退出来。忽听得一声娇喝:"狂生休走!"这一声可吓得方渐灵魂出窍,膝盖一软,"扑通"跪倒在地,声音哆嗦着连连哀求:"神仙姐姐饶恕!神仙姐姐饶恕!是我一时糊涂,举止轻浮,冒犯了上尊,明日我来烧香上供,请神仙姐姐宽恕!"只听那神女娇声朗朗地继续说:"谁个要你烧香上供?你以为这样就能赎罪?实言相告,婆婆神今日知道此事,勃然大怒,本要立即惩罚,要你今夜无疾暴卒,是我看你本质端正,善根尚未尽泯,只不过为群小所污,恶习不深,尚可挽救。求告之下,婆婆神答应,留你一线生机,以观后效。若不幡然悔悟,灾祸立致,性命攸关,不可不慎!"方渐连连叩头:"多谢神仙姐姐再造之恩,教诲永生铭记在心!"只听神女继续说:"空话有什么用?从明日开始,要断绝游邪之辈,闭门读书,每三日交一篇文章来,黄昏时分放在我的脚下,翌日黎明,再来取回,好坏当有评说。你的丝绦作为罪证,留在我这里,哪一日懈怠了,或者旧恶复萌,半途而废,必当上达天庭,严惩不贷!"方渐连连应允:"谨遵教诲,一定做到,一定做到!"神女这才说:"你去吧!"方渐又叩了一个头,起身往回就跑,只听神女还在后面娇声嘱咐:"天黑路滑,你要小心了!"

方渐回到家中,一两日惊魂方定。从此闭门谢客,命人收拾了书房,心中存着对神祇的畏惧,一心一意读起书来。过了三天,写好了一篇文章,趁着黄昏无人的时分,独自去到婆婆庙,把文章放在神女的脚下。记着第二天清晨还要去取回,等候评判,心中半信半疑,一夜也不曾安睡。挨到后半夜鸡叫三遍,天刚蒙蒙亮,便爬起身来,一溜小跑钻进婆婆庙,到了神女像前,见他的文章仍然摆在神像前面,拿起一看,不禁大吃一惊,那上面密密麻麻,圈圈点点,做了许多批改。他也来不及细看,只觉得神灵应验,心中越发惶悚虔诚,不敢有半点懈怠,慌忙趴在地上磕了一个头,又拜了几拜,这才忐忑不安地回到家中。吃过早饭,用了半天时间,仔细阅读琢磨了那些圈点勾抹、增删批改之处,越看越觉得心悦诚服。自此修身养性,着实努力了许多天。文章也有了进步,圈点批改之处也少了,还有过几次嘉勉之词,渐渐地踌躇满志起来,加之寒窗苦读,实在乏味,不禁懈怠荒嬉之意又复萌生,又和那些吃喝游乐的朋友交往联络,玩物丧志,虚掷光阴。这一日,好歹凑合了一篇文章,送到婆婆庙去交差。第二天去看,只见上面批着一行字:"君子不二过,不听圣贤教诲,若不彻底悔改,复蹈故辙,上神震怒,必遭严惩,汝命休矣!"方渐看罢,吓得魂魄出窍,冷汗淋漓。自此又收心苦学,刚好他的塾师不请自来,又回到他的府上,方渐拜见之后,问道:"前番惹老师生气,实在有愧,至今尚无颜以对。老师为何不计前因,不以学生为不可雕的朽木,不可圬的粪土之墙,仍愿前来授业施教?"塾师说:"原以为咱们的师生缘分已断,我是不会再来的。只是因为婆婆庙的女神托梦于我,她说你根正苗秀,理应成材,天资聪慧,前程可期,委我以今后教诲约束之任,我敢不尽责吗?"方渐闻听,喜出望外,便又收拾了先前的书房,每日听老师讲经论文,写了文章,也不再送给婆婆庙的女神,便由老师批改。学业日进,不再细表。

眼看到了春闱之期,方渐要进京赶考。忽然听他的塾师说,女神昨夜托梦,且喜方渐学业大进,今夜要来相见。方渐半信半疑,从来人神都只有梦中相会,哪里听说过能见到神仙真面目的?心中惴惴不安,又十分惶恐。一会儿嫌日头走得慢,一会儿又怕黑夜来得早。看看老师的表情,笑吟吟的好像不以为怪,是真是幻,更加摸不着头脑。挨到天黑,塾师叫屏去家人,自己亲守门户,令方渐在书房等待。更深夜静之后,忽闻门外脚步轻盈,衣裙窸窣、环佩叮当之声,凝神看去,只见塾师引进来一个丽人,光彩照人,恍若明月入室。背后跟着一个小丫环。

方渐慌忙跪倒,俯伏在地。只听丽人软语轻声吩咐小丫环:"快把公子扶起来。"小丫头扶起方渐,大家落座,方渐仍不敢仰视,偷偷地掐自己一把,看是不是梦。塾师笑道:"婆婆庙里,你敢于红丝系臂,如今却连见真仙人的胆量也没有了吗?"方渐赧然地说:"我那是酒后失态,还望神人见恕!"丽人说:"君子不必自谦,倒是我不顾女儿家脸面,举动唐突,还望君子见谅!"方渐说:"这话我就不明白了,难道说不是我得罪了神仙姐姐,倒是神仙姐姐得罪了我?"塾师哈哈笑着拦过话头说:"你俩不必推来让去的自我谦恭了。方渐,实话对你说,她也是我的一个学生,而且是高足弟子。论年纪,她是你的妹妹,要论学问识见,她倒也可以做你的老师了。"方渐更加疑惑,心里立时又害怕又紧张起来:"老师,难道您也是……""是神是鬼?你这样想,对吧!孔夫子就信天而怀疑鬼神,我是儒生,忠于夫子之道,就不信世上有鬼有神的。""老师这样说就更让我糊涂了。""好,那就让我把这桩好事说穿了吧!这位女郎既非神也非仙,乃是现今父母官苏知县的千金,名叫苏幼卿。自幼聪慧过人,也曾从我启蒙受教,不几年学业精进,于六经典籍,无所不通,且知人善事,识见高尚。是她的闺阁楼房与你家相邻,见你神清气爽,资质端良,必是旷世奇才。惜逐日混迹于下流,恐天长日久,毁于污浊之中。那日她也在婆婆庙内,见你举止轻浮,不禁痛心惋惜,故而伺机假作神女之言,以震慑警示,促你猛醒,盼你改弦易辙,重入正途。也是她央求我重回府中,再加约束和教诲,使你坚定心志,改过自新。"方渐听罢,惊悚得冷汗浃背,感动得肺腑热沸。重又跪拜在地:"小姐再造之恩,没齿不忘,今生今世,怎能报答得尽?"苏幼卿亲自上前,将方渐扶起:"公子不必如此,倒是我不顾女儿家的闺阁常训,冒昧自荐,行为唐突,叫人好生难为情。"塾师说:"我看你们都是有情之人,如能结成连理,也可算得上是令人羡慕的神仙美眷了!"方渐说:"我不幸父母俱丧,老师就是我的家长,听凭师长做主。唯恐学生鄙陋,难以匹配,委屈了小姐!"苏幼卿面带羞红说:"我看中公子的才华,他日必成大器。早已心仪,以身相托。只是父母在堂,未敢明告。期君深心励学,待得高中之后,再托老师为媒,前来求亲,必被双亲应允,我矢志不嫁,等待音信,万勿相忘!"方渐千发誓万发誓记下了。

　　方渐整装赴京,谁知科场失意,名落孙山。既思念幼卿,又觉着羞愧,有何面目再见心上之人?在京踌躇不安,盘桓了多日,直到盘缠用尽,半年已过,才又踽踽而行,回到故乡。到家一看,不禁大吃一惊。家中的管家本是个心底贪欲、伪行诡诈之人。当日老爷夫人在时,他还收敛约束自己,表现出一副忠心耿耿的样子。如今小东家少不更事,他早就想下手捞取不义之财。趁着方渐走后多日不在家,便勾结几个刁仆,盗取了衣物箱笼等浮财,又诡称小主人在京城染病,命在垂危,要去救治,借此连房产也变卖了,逃之夭夭。剩下的僮仆，衣食没有着落，也七零八散了。方渐回家，倒无了立足之地，再到县衙门口去打探消息，想见一见幼卿，却被告知，如今的知县姓周不姓苏了。苏知县两三个月前病故了。他生前清廉，也没留下多少积蓄，夫人带着幼卿前往扬州投亲去了。方渐心里空落落的，终日彷徨，不知如何是好。这时塾师又来找他。方渐看到老师，好像见了唯一的亲人，泪流满面，哽咽不能成语。塾师说："你也不必如此，天意人事，许多是人所料不到的。拿你今日的处境，我是万万没有想到，而幼卿却料到了。她真是天赋灵性，女中奇才。"说着拿出一个女儿用的绣花绢帕来，打开来看，里面是一些玉佩银饰、簪环首饰。塾师接着说："这是幼卿留给你的，当日你赴京赶考之时，幼卿对我说，这次你是必不能中的，因为她看出你有浮躁之气，学问根基不实。若不让你前去，你必不服生怨，怨而助骄，骄必懈怠，怎能再安心攻读下去，倒不如让你受一些挫折，得一些磨炼，为学为人，会更扎实些。当她得知你家中的变故，忧心如焚却又爱莫能助，料到你回来后，必然如雷霆轰顶，又怕你生计无望，一蹶不振。临行时洒泪对我说，天命不禄，人事可图，秀才终成栋，精钢不作钩。故留下这包首饰，让你变卖后作为路费，前往扬州去找她。可怜她用心良苦，一心要把你造就成她所期望的英才，你可不要辜负了她。"方渐点头铭记，接过首饰，告别了老师，心里对这两个危难相扶之人，千恩万谢地不知念叨了多少遍。变卖了首饰，倒也得了一笔不菲之资，雇了船只，前往扬州，日夜趱行，只盼早日能见到幼卿。

到了扬州，按照塾师交代的幼卿留下的地址，走街寻巷，前去探访。多方打听，才听知情的人说，幼卿母女到扬州后，投亲不遇，母亲也不幸染病身亡，幼卿不知道到哪里去了。方渐感嗟良久，好在还剩有一些盘缠，扬州繁华胜地，便想留下来多看几日。这一天正在街上闲逛，忽然听得一家酒馆里有人喊他。他开始以为听错了，扬州城他不认识一个人，也没有一个人认识他呀。他没有理睐,依旧往前走了几步,耳边听得分明是有人在后面连声叫他的名字,方渐止步回头,只见酒馆里追出一个人来,临到近前,才看出是间县的故旧,当初游婆婆庙的时候也有此人,名叫刘仲修。刘仲修把他拉到酒馆内,添了一副杯箸,二人边喝边叙。话渐说渐明,原来刘仲修为逃避家中父母的管束严责,便借故说自己也要务一点正业,要随一个经商的亲戚到扬州贩货,学做生意,父母希望他走上正途,自然没有不答应之理,便筹了不少资费交给他。待到了扬州,他便像出笼的鸟儿,花天酒地任意飞了。亲戚忙于自己的事,也照顾不到他,他乐意不受羁绊,随意胡行。方渐也说明了到扬州的原委,刘仲修说他也听说了苏幼卿的事,随着感叹了一番,又安慰方渐说:"苏知县生前清廉,为政勤谨,谁知身后遭变,妻女竟落得个如此下场。可见天道不公,说什么好人有好报,都是欺人的枉谈。再看如今的世道人事,整个是浮沉无定,祸福难测,你和苏幼卿的事不也是这样的吗?倒不如忘掉一切,能享一天福就享一天福,且顾自己快活,休管他人鸟事,你说对吗?"方渐寂寞孤单,六神无主,也不想他说的话对不对,便随着刘仲修在扬州悠游起来。

　　这一天,刘仲修引着他到了一处青楼弦歌之地,只见珠帘对卷,绣幕低垂,粉黛出入,恍若天宫。刘仲修领着他走进了一间翠阁,只见一个女子起身相迎。方渐看这女子艳妆锦衣,眉目清爽,玉削肌肤,娇媚百端,面貌有些像幼卿,但又不敢相信,一时间心目皆眩,情魂俱失,只是怔怔地低头坐下。女子命侍女摆上酒席,亲手把盏,酒过一巡之后。刘仲修说:"这位就是念奴姑娘,扬州城佳丽无数,她可是班魁行首,不论是本地的、外来的,没有哪个不仰慕的,因此人们流传着两句话,说是:能喝念奴一杯酒,胜似身封万户侯。我今天领你来,就是要你开开眼界。今后你在这脂粉堆里混久了,一比较就知道我这话是不谬的了。"念奴说:"小员外休要过分抬举我,取悦于人是我们的本分。能不嫌弃,就是我们的造化。"说罢又命侍女抱琴来,弹唱了一曲,真个是流莺声巧,令人心旷神

怡。刘仲修得意忘形,不断地击节叫好,方渐心中局促不安,推说有事,早早告辞了。走回寓所,闷坐了一日,思来想去,越发疑惑。到了晚间,对灯孤坐,忽闻窗棂上有轻叩之声。开门出看,是日间抱琴的侍女,手执红灯笼,问道:"郎君是姓方讳渐,自闾江县来的吧?"方渐说是,侍女说:"那就随我来吧,我家姑娘有请。"方渐说:"你们那里是掷金如土的地方,我囊中羞涩,恐怕不方便吧!"侍女说:"我不是引你到什么祸害之地,你跟我走就明白了。"

方渐跟着侍女走过大街,趸往小巷,到了一所背静的粉墙青瓦的小院,阒寂无声,只有一个小丫环在门口相接,把方渐引至正堂的内室,只见一个女子淡妆素衣,起身相迎,审视之下,果然是幼卿无疑。方渐恍若梦中,蹇然向前,二人执手凝咽,感叹良久,幼卿让方渐相对坐下,小丫环捧上清茗。方渐道:"自进京应试,故里一别,无日不在思念中,只是功名无份,心中惭愧,无颜相见。"幼卿说:"天下的读书人,有多少个是一试就中的?科场失意,也是常事,只要不挫折心志,加倍努力。人一能之,己百之;人十能之,己千之。果能此道矣,虽愚必明,虽柔必强。《礼记》中说的这个道理,郎君是读过的,难道会不明白么?"方渐说:"书上的教导,我是懂得的,可现在的情况是我遭受变故,家业荡尽,衣食都无法自给,遵老师之命,前来寻你,不料你又流落到……"方渐怕说出风尘、妓馆之类的话语不好听,故而忍住。幼卿听至此,方流泪不止,心伤声悲地说:"家严不幸在任上猝然病故,我随着母亲来到扬州,原来有两家亲戚,不知迁往何方,寡妇弱女,走投无路。母亲日夜煎熬,茶饭难进,不几日也就随父亲去了。撇下我孤苦伶仃,求告无门,世情浇薄,尽遭白眼,我只能卖身葬母,虽然身陷污浊,也只有这一条路让我走了。"方渐也泪流不止,捶胸顿足说:"你有恩于我,我怎能眼看你落难不管。我回去遍告亲友,就是沿门乞讨,也要凑钱给你赎身,让你从苦海里脱离出来。"幼卿说:"我沦为官妓,隶属州郡,要想脱藉从良,比登天还难。"方渐急道:"那如何是好?"幼卿倒是止住了眼泪,徐徐道:"你也不必如此,我只问你几句话:你我虽有海誓山盟,但如今身世变迁,已非昔比,你若嫌我败花残柳,心生悔意,我万不强求,明天送你一笔银钱,使你还乡。扬州市面看上去繁花似锦,实乃暗流凶险,陷阱深藏,不是久留之地。"方渐截住话头说:"我和你情深意厚,愿守旧盟,至死不渝,只是现今都成了天涯沦落之人,叫我如何相处?"幼卿说:"我知你必来,早已有了盘算。这座小院就是我暗地置下的,深巷僻地,尚无人知晓,郎君可避居在此,一来可以静心读书,二来也可离开奸人的诱惑,以免再误入歧途。"方渐点头称是,从此就在院内住了下来,倒也收心专意,闭门不出。自有幼卿派的贴心用人服侍,每日通宵达旦,刻意苦读。幼卿有时也趁暇过来,检查他的功课,见他日有长进,心中十分欢喜。

　　这一日黄昏时分,幼卿匆匆悄然而来,对方渐说:"上天保佑,如今有了脱离苦海的良机!"方渐问其究竟。幼卿说:"司理院的薛官人,要我偕同他一起休务远游,后日黎明,船必泊陵浦柳下,上有官旗为志,届时司理必上岸会友,我推托身体不适,孤留船上,郎君可买舟即行,先期到彼等我,切记切记,万勿相误!"方渐点头,即照着幼卿的话去做。

　　果然第三天拂晓,只见一艘官船缓缓驶来,停泊在陵浦柳下。方渐已早期到达,日夜守候,也不敢合眼休息,时刻在舱窗里偷觑着大船上的动静。约摸早饭以后,只见大船上走出一行人,踏着跳板上岸。为首的一个袍服宽带,长髯飘胸,五十多岁年纪,必是薛司理了。众人走后,只留一个老船夫在船尾舵旁打瞌睡,后来索性躺倒睡着了。空船寂寂,再不见有什么人影动静。方渐正焦急失望间,忽听船舱里传出一阵琴声,音韵袅袅,荡漾在水波烟霭之中。那琴声听来是那么熟悉,那么悦耳,那么传情。只有幼卿的琴声才会有这样的倾诉,这样的召唤,这样的会心。方渐急命小舟的船家,将船轻轻划动,紧紧靠在大船的舷边,然后轻叩舱窗,只听"呀哑"一声，舱门被推开，轻盈地走出一位青衣女子，素面简装，布衣荆钗，跳到小船之上。方渐连忙上前扶住，仔细看去，果然是幼卿，幼卿低声吩咐，急命舟子开船，恰好是顺风满帆，像箭一样驶离了陵浦。后来幼卿又怕被发现后薛司理的大船追来。这时恰遇王福带领的漕运粮米的船队，央告之下，王福也是个好面子讲义气的人，况且米府财粗势大，没事儿还想找事儿显摆显摆，又见方渐是个读书人，仪态不凡，今日虽是个寒士，他日科场高中，为官为宦，前程就很难限量了。趁此机会，能交上这么一个朋友，说不定是自己大大的造化。因此就答应收留他们，且另眼相待，一路上多有关照，将他们带至京城。

甄半仙看到的方渐请王福喝酒，就是这个缘由。他自然不明白其中的故事和来头儿。

几杯酒下肚，又激起了王福的热心肠，便问方渐："公子在京城可有亲戚？"方渐说："无有。""可有朋友？""也无有。""那作何打算呢？""找个陋巷租间小房安顿下来，继续攻读，等待下次科考。""好！"王福伸出大拇指，"我就佩服你这样有志气的人，不像有些进京的生员，一头扎进这花花世界里，忘了本业。公子蟾宫折桂，想是早晚的事。那位小姐，我看也是气质脱俗谪仙似的人物。以后有什么难处，尽管对我说，我会成全你们。"方渐又斟酒相敬，连声道谢。

随后王福没有食言，帮方渐和幼卿租了房屋，送了柴米。幼卿随身带有一些金银，又常日做些女红贴补。在幼卿的体贴督导下，方渐也更加用功，后来果然中了二甲进士。按说有情人终成眷属，也是顺理成章的事情。幼卿将慧眼发现的佳木用心血浇灌成良材，也应该慰藉如愿了。谁知一场变故，却使这一切走了样儿，变了形。这是后话。

三 神女励志

四　御前赛棋

　　方渐、幼卿之事且按下不说，容后交代。再说兴儿、旺儿赶着驮炭的小驴子队伍，顺着沿汴河的街道向城里进发，走过了王家纸马店，前面是一个和汴河相交的向北的路口。路河交叉处的地带，有一座大酒店。这座酒店好气魄！比起路北对面的一摊小酒馆、小茶肆，简直像鹤立鸡群，它屋宇重叠，高大宽敞，青瓦盖顶，长帘垂窗，桌凳甚多，排列整齐。正门搭着"彩楼欢棚"，侧门紧临汴河。正门和侧门上，都高高挑起一面有着三幅彩条的形似"川"字的店招大旗。当驴队经过的时候，兴儿兴奋地指给旺儿看。二人正在指指点点，喊喊喳喳，忽听酒店临窗有人喊道："兴儿，你这小猴崽子，又是给哪里送炭呀？"兴儿一看，面孔极熟，是米府的小舍人米信，不敢怠慢，连忙回答："给张王府上。""上来我赏给你一盅酒喝。""不啦，谢谢大爷，我们还要赶着进城呢！"米信看着几头小毛驴"嘚嘚"地响着蹄声从窗下走过去。闲情不已，无事可干，又踅到临河的后窗，向外张望，只见侧门外有两个人正举手相揖问安。其中一个年长一些的，与他米府有些过往，是从关西来的一个下棋高手，人们也都不问他的名字，或忘记了他的名字，径直称为郑关西，因是外地来京不久的，或叫他"棋客"。这个郑关西土里土气，质朴憨厚，原在家乡是一个小镇上用金刚钻补锅钉缸的手艺人。

平时云游四方,嗜棋如命,比吃饭还要紧。与人做完活儿后,不论穷富老幼,便邀人下棋,如果对方赢了,就奉送工值,分文不取,而他这方面却天分极高,走遍关西关东,所向无敌手,还结交了许多棋友,其中不乏官宦富豪之辈。按说日子过得也很舒坦,那么他千里迢迢,来京干什么?就是因为当地的州官对他说,如今的官家①不仅是位君临天下的皇上,而且是个琴棋书画造诣极深的艺术家,因此京城里百工技艺,咸逞其能。朝中的官员和士大夫们,或以字邀宠,或以诗求进,能画的可以为画正②,能棋的可以作待诏③,只看你走运不走运了。州官写了封荐书把他荐到吴郡王府,也是为了巴结权贵,有利于自己进阶之意。这郑关西进京之后,很得吴郡王的赏识,平日陪郡王下棋,闲暇的时候,也好在各处酒店与人对弈。这米信是个浪荡公子,终日在酒店茶肆厮混的,焉有与他不熟之理,便向外叫道:"郑关西,快进来,与我下三盘,我情愿输给你三壶酒。"要论他那臭棋,到郑关西跟前连提鞋的资格也不够,不过看在米府的分上,平时也与他应酬应酬,而今天郑关西好像垂头丧气,意气全无,连理也不理他,只和对面的人说话:"国庆老弟,你不是陷身塞外,何时得脱,回到京城来了?"对面那人答话道:"一言难尽。我是今早到的,船还泊在河边,距此不远。这是来打酒的,款待船上的一位恩人,不期在这里能遇到大哥,何不一同回到船上,一叙阔别之念。""不不,"郑关西连连摇手,"老弟既然有要紧的事,就请自便,我就不便打扰了,改日能否再聚,就看你我的缘分了!"说罢拱手作别,转身而去,弄得对方摸不着头脑,站在那里愣了半天神儿。这聂国庆乃是一名校尉,早几年曾随童贯大军北征,兵败失散,孤身陷落燕云以北的敌区,当时辽国规定,宋军官兵,有亡命在境者,必须自首,不相告者处死。聂国庆不愿折腰降敌,只得隐

---

① 官家:宋代官员和百姓尊称皇帝为"官家"。
②③ 画正、待诏:皇家画院或棋院御用专业画师和棋手的职位。

姓埋名,流落村野之间,正好这一年关西大旱,郑关西为了谋生糊口,挑着补锅钉缸的手艺担子,云游到幽燕之间,曾与聂国庆相遇,穷命相怜,如涸辙之鲋,相濡以沫,也算患难之交。今日相逢,聂国庆弄不清郑关西为何这样的神色和话语,感叹了一阵,自进酒店买酒去了。

再说郑关西沿河而行,只见汴河岸边停着好几艘大船,有两艘船舷甚高,船舱甚矮,或用木板作舱顶,或上面盖着席篷,显然是漕运的粮船或货船。这汴河自隋朝大业初年,疏浚通济渠,引黄河通淮,就成了贯通南北的一条极重要的水道。到了宋朝,发运司每年从南方征调北运,供京城消耗的粮米,淮南路就有 130 万石,江南东路 99.11 万石,江南西路 120.89 万石,荆湖南路 65 万石,两浙路 150 万石,大致每年都在 600 万石左右。还有其他一些东南之产,百物重宝,不可胜数。可以毫不夸张地说,汴河运输就是首都汴京繁荣昌盛的命脉。郑关西走到和河岸交汇的路口,见几名脚夫正背着粮包向街对面走去,证明他刚才对这些船只的判断是不错的。他仍然沿着河岸往虹桥方向走去。过了街口,是一座茶馆,这茶馆隔路正对着他和聂国庆相遇的那座酒店。这茶馆也很奇特,倚汴河而建,半截都在水面上。矗立在水中木桩之上的,是一座敞亮的水阁,水阁中已经有四五个茶客在座品茶。郑关西走到水阁下面,只见靠岸停泊着一艘大客船,他从来没有见过这样漂亮的大客船,两舷都有一长排高大的舷窗,有的遮掩着木板窗门,有的窗门开启,更显出窗明几净,舱房宽敞,舱顶上搭着凉棚,堆着货物,还有人顺着梯子上下活动。一个高高的舱门内还影影绰绰有天仙一般的美貌妇人的身影,郑关西胡乱猜想,这会不会是聂国庆乘坐的船只?但又一转念,觉得似乎不大可能,聂国庆流落北塞,落魄潦倒,即便能有幸南归,哪里会有乘坐这样豪华的客船的福分?郑关西正在捉摸不定,忽听水阁上有人叫道:"棋客!是你吗?"接着又有人喊:"郑大哥,近来我们寻你多日,都不相见,快把弟兄们想煞了!"接着又是几个人异口同声地叫他上去,原来水阁内喝茶的几个主儿,本来是散漫无聊的,有一个且伏案打起了瞌睡。后来靠窗的一位发现了一艘正在河道里行驶的大客船,这艘船构造繁复精致,船舱也全有可以自由启阖的木板窗门。长大宽阔的舱顶,围着一圈儿矮围栏,舱尾部还有顶篷,挂着雨具,是供掌舵人避雨之用的。中间一条高矗的大桅杆,并没有升起布帆,而是在桅顶系着长可达岸的缆绳,有五位船夫正雁行在岸上,或躬腰前行,或反身后拽,正努力地拉纤使船逆水上行,特别是这艘船桅杆上端另有二三十根绳索从四面斜拉着垂下来,固定在舱顶上,更是十分壮观。靠窗的人正百无聊赖,无处找乐,看见了这艘船便好像看见了新鲜事物,一声招呼,几个人都挤到临河的窗口来观赏,这才发现了下面的郑关西。这几个人也确是郑关西最挚好的棋友,他也正打算离京之前找他们道别,告诉他们自己一个迷梦的惊醒和今后永不再下棋的抉择。

  郑关西登上水阁,众人请他在临河的窗边桌旁坐下,点了上好的玉津茶,一个人问他:"多日不见,听说吴郡王荐你到宫中陪官家下棋,以你的棋艺,哪个国手能与匹敌?大家料定你必得恩宠,眼巴巴地等候好消息,如今怎么出宫来也不招呼一声,是不是封了高官,看不起我们这些布衣平民了?"另一个急于插嘴说:"封官是肯定的。如今天下太平,圣恩浩荡,恩泽雨露,遍及四海。我就听说过,有一天,皇上在太和宫前,忽然兴起一阵想骑马的兴致,便命太监去把他心爱的坐骑小乌马牵来,谁知那马还未到皇上跟前,便驻足不前,任你怎么鞭打,也不肯上前半步,而且长嘶跳跃,不服调训。皇上很奇怪,就问这是怎么回事,马夫赶紧跪奏说,这是向官家讨封呢!皇上一听哈哈大笑,说:'对对对,猴子我还封过它当供奉官呢,何况我心爱的小乌马现在还是白身。'于是马上下圣旨,封小乌马为龙骧将军。你们想,只要皇上一句话,马和猴子都能封官,咱棋客大哥棋艺盖世,皇上又好这一手儿,难道还能不平步青云么?"众人都连声附和,拍手称是。谁知那郑关西只是低头不答,闷声呷茶,把众人按在了云里雾里。禁不住七嘴八舌地盘问,这才开言,说出了下面这一段啼笑皆非,令人茶余饭后传闻消遣的故事来。

"各位兄弟,你们知道咱郑关西是个忠厚老实之人。咱家凭手艺吃饭,凭手艺混世。您锅漏碗破了,咱给您成全了,补好钉好,滴水不漏。下棋咱凭的是能耐,从不悔棋,不悔招。咱这趟来京城,是为了来他个显山露水,让天下人知道咱平民百姓之中也有人才,草莽之中也有盖世的奇俊。蒙那吴郡王慧眼识珠,高看咱家,不仅三日一宴,五日一赏,还下帖子请御前的棋待诏们与我对弈,这些个国手都被我杀得马折车尽,士亡将死。吴郡王高兴,上了奏章,说终于找到了一个能使官家赏心悦目的棋艺高手。皇上龙心大悦,宣我三日后进宫与棋艺院的头目申棋正对阵,皇上要亲临观看,裁夺高下。吴郡王还特地为咱家做了新衣服,教了一些朝拜的礼仪,包括皇上恩赐封赏的时候,应该怎么说话,忙了两日,万事俱备,静等着明日进宫朝见。这天傍晚,忽一个仆隶拿着一张红帖来拜,说是申棋正请我过府饮宴。你们想,我和他素不相识,且明日就要对阵,岂能赴他这鸿门宴?可是那仆隶再三恳求,说是主人十分诚意,若推辞不就,回去就要见责。咱家都是苦出身,能难为这些下人么?抱定主意,闲话少说,点到就走,不过是虚与应酬,有什么大不了的!谁知到了申府上,看那申棋正却是个谦谦君子,十分热忱,虽然年长,与咱家一见如故,可谓忘年之交。他说你我都是棋艺圈儿中的人,虽然棋盘上黑白分明,有输有赢,可是下棋的双方,彼此的心是相互交汇融通的,所谓以棋会友,以艺相契。酒席之间,我俩越说越相投,越说越知己,就好似前生有缘,今世相见恨晚。他问我可有家室,在何处安置,我说江湖之人,漂泊无定,一人吃饱,小板凳不饿,也就无牵无挂了。他长叹了一声,实实为我怜惜,并说看我忠厚纯朴,且有福相,在当今世风日薄、人欲横流之时,实属难得的人品。接着便说家有一女,视为掌上明珠,长日以来想找一终身可托之人难以如愿。今日天赐良缘,愿以女妻我,结为百年之好。我想他家千金,也不愁高门富户,如何能相中我这草野粗汉?也许是相貌丑陋,或是残疾不全,想找我这个收底的。他好像看穿了我的心思,便二话不说,盼咐后堂,叫小姐出来相见。少时两个丫环扶出个娉娉婷婷的美人儿来。这样的美人儿我只在画儿上见过,做梦你也梦不出这样标致的人来。那天晚上,我晕晕乎乎,酒不醉人人自醉。从小姐手里总喝有二斤老酒。申棋正说:'今日良宵,天作之合,咱们就免为俗礼,你二人今夜就成亲,我家的嫁妆是早就准备好的,日常所需,一应俱全,你也不必再添什么,明日就在我府中收拾几间新房,从此你就在京城长居了。'说得我心中痒痒,十分舒坦,好像红运罩身,你想躲都躲不过去。当即跪下叩拜了岳父。申棋正把我扶起来,重又入席,开怀畅饮,添杯巡盏之间,申棋正说:'贤婿,今后你我就是一家人了。恕我说些卖老不谦的话来,你过去生活在民间,无非是凭手艺吃饭,接触的是村妇野老,暗昧少知,也用不着去动什么心思,要论在仕途上混,你可就是个白脖儿了!无知就有险,可不危哉!'我心里正惶恐没底,就虔诚向他讨教。他说:'仕途上单打独斗,是成不了气候的。必须是蔓扯藤连,亲党引扶,方成大器。你看当今蔡太师一家,兄弟曾为宰执,父子俱是显贵。他儿子当中有一个还是粉侯。你知道什么是粉侯吗?'我摇摇头,只瞪大了眼睛听他说。他说:'粉侯就是驸马,皇家的公主还是他家的儿媳妇呢!你看,这样的权势谁不艳羡?这样的地位谁能动摇?贤婿,你我当然不能和他们比,但是今后我们是一家人了,就应该相互帮衬。'我说:'这话就让我纳闷了。我不过是一个闲汉,会下两手棋而已,能帮衬丈人什么?'他说:'不然!不然!我问你,下棋的最终结局是什么?'我说:'不是你输我赢,就是我输你赢。'他说:'差矣!差矣!怎么差啦?你想过没有咱们可以双赢。下棋不分输赢,怎么能会双赢?'他捋捋胡子,笑模笑样地说:'从一盘棋来看,必然是有输有赢,从整个结局来看,可以是双赢。'他看我仍然迷迷瞪瞪,就接着说:'你还是不懂吗?就让我给你拆白了说。明日到了御前,开棋对垒,你饶我第一局,第二局我却又饶你,这样打了个平手,皇上认为得到了棋坛双雄,岂不更加高兴,对你的封赏自然是少不了的。今后你我永为翁婿,又都在御前承奉,共享不尽的荣华,这不是天大的好事?'他看我有些迟疑,就说:'你若不信我的话,就想想,我岂肯将自己的宝贝女儿轻易嫁给你呢?'一番话说得我谜团尽释,便与他推杯换盏,欢叙姻好。酒席吃到夜阑之后,又送我入洞房,我就沉浸在温柔乡、富贵梦里了。

四 御前赛棋

"到了御前对弈的日子,一位小太监来到吴郡王府,将我引进宫内,曲里拐弯地经过一些大院落、大穿堂、宽走廊、窄巷道,进了一道道大红门、小红门,好像一座大庙连着一座大庙。最后到了一座偏殿里,申棋正早在那里等候,我们装作谁也不认识谁,棋枰早已摆好,两端安了座位,我们也不敢坐,只站立恭候,只听一声吆喝:'圣上驾到!'我膝盖一软,就'扑通'跪倒磕起头来。你们问我皇帝是什么模样?告诉你们,我只看见了皇帝穿了靴子的脚,真是好周正!好气魄!果然是与众不同的不凡之体。近前的一个太监老公公叫我起来,就座开棋。我不敢抬头,也不敢旁视,两眼只紧紧地盯住棋盘,看见申棋正的手也微微有些发抖。几招之后我渐渐心平气和起来。申棋正算得上是国手中的高手,棋路刁钻、厉害,占了我一些小便宜。可逐步地我发现了他的漏洞和弱点,便步步紧逼,使他陷入了被动地位。这时候,我看见申棋正的手抖得更厉害了,几个手指头拳曲起来,在棋枰上轻轻叩着,好像向我磕头求饶一般。我想起了事前的约定,想起了他是我的岳父老泰山,心一下子就软下来,输就输给他一盘,有什么了不起,等到第二盘我会漂漂亮亮地赢他个风光无限。到那时,皇上既然是行家里手,不会看不出来我的棋艺出类拔萃、超尘绝世之处。于是我便卖了一些破绽给对方,申棋正自然是心知肚明,手也不抖了,指头也不叩了,趁机而入,果断杀伐,结局自然是他赢了。我正要收拾棋子,准备再战,忽然听得皇上哼了一声,大声说:'我当寻来了什么不俗之辈,却终究是个外道人!如何能敌得过我的国手?有什么看头儿!回后宫!'接着便拂袖而起。等我惊慌失措,抬头望去,只看见皇上的后背,比他穿了靴子的脚还周正!还气派!只是没看几眼,便转过殿角不见了。我怔怔地愣在那里,眼前也没有了申棋正,也没有了别的许多内侍,只有领我进宫的那个小太监仍然站在我跟前,不耐烦地扯扯我的衣襟说:'快走吧!你还像个呆鸟似的站着干什么?'

"我不记得是怎样走出皇宫的,也不记得地上是高是低,是坑是凹。只觉得头大身软,脚底下像腾云驾雾似的。我怎能有脸再去见吴郡王?我不由自主地又找到申棋正的府上,可是把门的人不让我进。我说:'你们不认识我么?我是申棋正的女婿呀。'把门的人笑了,说:'我家老爷根本就没有女儿,哪里冒出来你这个屎壳郎戴帽,混充人形的女婿!'我说:'怎么没有,我昨天晚上才在这里成亲的呀,分明有一个天仙似的千金小姐嘛!'把门的人说:'噢,我知道了,你说的那不是什么千金小姐,是我家老爷从宜春院叫来的一个娼妓粉头儿,陪客人喝酒的,你可别混叫什么我家小姐,让我家老爷听到了,看不打你的板子!'"

说到这里,好像琴弦断了,郑关西的话一下子停了下来,听众中有一个人嚷道:"怎么不说了?后来呢?"郑关西说:"还有什么后来,后来就是我今天要向大家辞行,我要回关西去了。"众人怔了一怔,也都明白过来,有人扼腕叹息,也有人哈哈大笑,叹息的人说:"煮熟的鸭子竟然飞了,郑兄封官纳禄,事在必成,却命犯小人,落入圈套,致成泡影。老天实在不公,世道实在不平!"大笑的人说:"塞翁失马,焉知非福,我看这倒是老天对郑兄的怜顾,可喜可贺!"叹息的人问:"你这是怎么说话呢?"大笑的人说:"你们想啊,郑大

哥和我辈一样，都是像牛羊一样的平凡善良，如说怀有一技之长，也不过是挤奶、耕田，于世无大补，于人有小益而已。俗话说：长官如虎，皂隶如狼。现今不过是让申棋正那小哈巴狗咬了一口，还无大碍，及早抽身，尚可保全。如果混到虎狼堆里，能有好结果么！"众人听了，点头称是。

　　大伙闲谈吃茶，郑关西凭窗下眺，只见汴河河面上有一只巨型的大船，正在逆流而上，郑关西是西北黄土高原上的人，从未见过这样没有舵不用橹也不用桨的大船，只在船头船尾向前向后各伸出一支长长的大桅。后来他才打听到这种船是漕运的纲船之一，因为汴河里舳舻千里，舟樯林立，这种桅既可代替舵掌握方向，也发挥了橹或桨同样的前进动力，在运输繁忙、河道拥挤中，可以避免在两侧用橹或桨摇划时与邻船或对面来船的互相干扰。眼下郑关西看到这船的后部有八名船夫分成两列面对面站着，正在前推后仰和谐一致地努力摇桅，船头也有几名船夫做着同样的动作，耳边还听见喊着号子的声音。这时，又发现去酒店买酒的聂国庆沿着河岸回来，他背后跟着酒店的两个伙计，一个提着两坛酒，一个提着多层食盒。郑关西叫了一声，聂国庆好像没有听见。三个人折向走上停泊在岸边的那只豪华的大客船。郑关西向在座的各位辞别，便匆匆向外走，大家都道他定是有什么紧要的事要办，也不再留他。

五　虹桥说祥瑞

郑关西走出水阁,来到岸边的客船旁,却又停住了脚步。本来他刚才是出于一股好奇心的冲动,他想弄明白,曾经和自己一样穷途末路的聂国庆,什么时候变得这样阔绰,能够乘坐这么漂亮的客船?既然能够买得起丰盛的美酒佳肴,为什么不在酒店饮用,偏偏要搬到船上去?船里边到底还有些什么样的人呢?他想解开这个谜底。既然是老朋友,去会一会又有何妨?可是他走到船旁,却又想到自己时运悖晦,遭人暗算,封赏无望,落拓依旧。相比之下,自己只有被人耻笑的份儿。因此,心里改变了主意,望见前面不远,已是虹桥的所在,那里正热闹非凡,自己何不赶过去看看,也好开释开释倒霉郁闷的心情。

郑关西望见的这座虹桥,是汴京城的一个有名处所,汴河穿京城而过,河上有桥十三座,虹桥是最著名的,因为它造型独特。这座拱桥全都是用巨木虚架的,桥下连一根支撑的石柱或木柱也没有,气势磅礴得宛如美丽的飞虹,横跨在汴河之上。这个地方也是汴京城东郊繁华的中心。

郑关西往前走,就看见一条大船正要穿过桥洞,水流湍急,上下行驶的船舶又多,要避免碰撞,准确安全地穿过桥洞,这不啻是一场惊心动魄的战斗。船上的人呼喊奔走,紧张地动员起来,赶紧

把桅杆放倒下来,七八个人拿着长篙在两舷奋力撑船,船头有一个水手拿着长竿钩住桥下的木梁,以减轻水的冲击。也有人从桥下护栏上抛下绳索,以帮助牵引船只,船尾的舵手身子前倾使劲地搬着舵把子,使船身调正方向。

　　船上人们的紧张努力,吸引了周围人的注意,对河岸边船上的老艄公,站在船舱篷顶上,举起两手,凭着他多年的水上经验,高喊着给过桥的船出主意。虹桥上有十几个闲汉都在俯身观看,他们热肠好事,不甘人后,七嘴八舌地吆喝呼喊,或帮助指挥,或指出危险,或加油鼓励。连郑关西这个一生中很少坐船的人,身临其境,身心投入,也不觉忘我地挥手跳脚,使足了浑身的劲儿,扯破喉咙,高喊着连自己也不知道是什么内容的话语,尽管他的这些努力,对这艘过桥的船来说,一点儿用处也没有。等到眼看着这条船安全地驶过了桥洞,他倒累出了一身汗,这才心安理得地往桥上走去。

　　桥面上更是热闹,南来北往,熙熙攘攘,有骑马的官人,有乘轿的宅眷,有挑担卖货的,有赶脚驮运的,还有满载重物的独轮车,前后各有一名车夫把驾推挽,并有小驴拉套,这种车叫做"串车"。郑关西左闪右躲,生怕碰着车轿人马。桥西两侧紧靠栏杆,搭有许多苇棚,张着一些大伞,这是小商贩聚集之所,有挂着"饮子"招牌卖茶水浆汤的,有地摊上摆出货样卖日用杂物的,也有摆着桌凳卖新酒小菜的,堂倌们站在路心,大声吆喝,甚至拦住过往行人争抢生意。郑关西因为是闲人,堂倌们也看出他懒散失意的模样,正是争取的好对象,便半拉半请地将他让到一个篷底下的座位上,摆上杯箸,上了一壶酒和几小碟荤素冷热菜肴,不外是羊肉头肚、腰子白肠、姜虾酒蟹、干鲜蔬果之类。尚未饮用,只见外面又进来几个短衣赤足、艄公水手模样的人。因地方促狭,堂倌过来问可否让三两个刚来的客人同桌饮食,郑关西正觉孤独,便点头首肯。堂倌便让几位过来就座。其中一位年长者,赭铜脸色,皱纹深刻,髭发苍白,而精神矍健,众人言语之间,称其为刘舵师,颇为敬重。郑关西通了自己的名姓,揖让之后,添酒布菜,几杯下肚,便很是投契。那刘舵师系京郊人氏,祖辈即习船务,自幼弄篙掌舵,谙知水性,自从崇宁四年,朱勔领苏、杭应奉局以后,就是花石纲漕运船队里的重要成员之一。酒酣耳热之后,旁边一个人问道:"舵师,我看到你们的纲船泊在岸边,怎么都是空的呀?"刘舵师笑道:"进京的纲船能有空的吗?昨天夜里一到,就起岸运往宫里去了!"那人又问:"这次运的是什么贵重物什啊?"刘舵师答:"是祥瑞。"郑关西不知"祥瑞"是何物,连忙斟敬了一杯酒,请舵师解疑释惑。刘舵师已经知道郑关西来自西北的远方,便以汴京东道主的身份说:"远客,你有所不知,当今是圣主有道隆盛之世,天不惜瑞,地不爱宝。天地都把象征祥瑞的宝物贡献出来,以为太平繁荣之兆。就拿灵芝来说吧,平常高山峻岭之间,能找到个十朵八朵,也就很稀罕了。如今地方官奏贡灵芝的,动不动就是两三万朵,都说因天子圣明,他那里出了祥瑞。皇上喜欢,各处就越出越多。最多的一处说,方圆二十五里之内,遍地出的都是。没过多久,更有厉害的,密州报称,山岭之间,弥漫四野,有一棵大的就有数十叶,众色具备,那里的太守李文仲采集了30万朵作为一纲进呈,于是立即晋职,升迁为本道转运使。"郑关西听得咂嘴咂舌,瞪大了眼睛问:"我的妈呀,有这么多么?"刘舵师呷了一口酒,诡秘地笑笑,高深莫测地说:"说有就有,说没有就没有。"郑关西越发不解:"这话怎讲?""说有,我们纲船确实运过;说没有,我也没有亲眼见,都是贴着官印黄封,先运到蔡太师府,再进呈御览的。""不管怎么说,这终究是个奇事!""远客,你少见多怪,还有更奇的呢!""什么更奇的?""我们这次运的就亘古未闻!""什么宝物?""红、黄、白、黑。""怎讲?""海州、汝州的一些郡县进的贡,是那里的山石变为玛瑙,有数千百斤;还有洪州山崩,涌出来的水晶几万斤;还有长沙益阳山里的小河,流出来的生金数百斤,其中有一块最大的,重49斤;还有太湖里的奇石,自动涌出,不计其数。你说,古往今来,还有哪个太平盛世,出现过这么多祥瑞呢?若不是当今皇上功德恩泽,遍惠四海,天神地母,怎能够会有这样的垂青呢!"郑关西听着,也觉得十分振奋鼓舞,虽然这次他并没有被皇上的恩泽所及,可是并不能从一己之私出发,就说皇恩不浩荡呀!他说:"既是出了这么多祥瑞,想必那里的百姓也格外有福分了!"谁知刘舵师竟摇摇头:"江南的百姓都害怕祥瑞降到自己家里。""为什么?""谁家有个奇花异木,或者有个珍禽怪兽,总之,但凡有与众不同的玩意儿,州县官马上就派人找上门来,贴上黄封标识,这东西就算是皇家的了。当时取走还算是幸运的。如若留在你家,不管日月长短,你得昼夜守护,稍有损伤,那可不得了,轻则遭受责打,重则倾家荡产,难免牢狱之灾。要是隐瞒不报,就是欺君大罪,还要掉脑袋呢!你说这祥瑞可怕不可怕!"郑关西瞪大了眼睛说:"这是传闻吧?怕未必真!""怎么不真?我就亲眼见过。"刘舵师喝干了杯中的酒,郑关西连忙斟上,仰着脸期待他继续说。"越州有一家大户,后院里有祖上传下来的一座巍峨剔透的巨石,上边知道了,就派人去取。这石头高40尺,粗也有四五个人拉起手来才能合围,且是在后花园中,隔着庭院廊门,怎么办?结果就把房屋院墙都扒了,这才运出来。再给你举一桩:有一家,坟地里长了两棵柏树,真是神柏!树干参天摩云,枝杈曲如盘龙,没有几百年的雨露滋润,长不成这样。为了连根掘取这两棵树,把人家的祖坟都挖了,祖宗的骨殖暴露,扔得横七竖八,这家人连哭也不敢哭。""怎么能这样?不是说祥瑞之物都是天降地涌么?""这我可没有亲眼见过,是听官儿们说的。就拿山石变为玛瑙的那个地方说吧,我倒是在那里待过,家家户户连个玛瑙渣儿也没有,连小孩儿帽子上缀的玛瑙猴儿也从此统统见不着了!""太湖石呢?不是说自动从水里涌出来的吗?怎么还要拆墙扒屋,从人家家里去搜取呀!""这我可得实话实说,没有几十几百人淹死在湖里,连一块石头也不会涌出来的。"郑关西问:"你说的那一座高大的巨石,怎么能运进京城的呀?难道这个也是官儿们瞎说的么?"刘舵师说:

"这个可不假!倒是我们亲手运来的。""有那么大的船吗?""平常当然没有。领应奉局的朱勔大人特地为此造了一艘巨舰装运这座巨石,一路之上,遇桥拆桥,遇城凿城,起名叫'神运'。到了京城之后,动用了1000名民夫,肩挽手推,才把石头运进皇宫中东北角的寿山艮岳,伤死不下数十人。皇上这一天特别高兴,听说在石头旁整整坐了一天,饮酒作诗,封石头为盘固侯,并赐佩挂金带。你看荣耀不荣耀!"郑关西听得有味,好像听书的为旁人担忧,不无顾虑地说:"你们也好运气,这么大的巨石,又穴窍穿透,最易损毁,千里转运,路上要是有个闪失,岂不要触犯天条,招致大祸!"刘舵师颇为得意地笑笑说:"这样要紧的事,我们岂有不去料到的?工匠舟子之中能人多的是,大伙儿凑在一块儿,三商议两商议,就琢磨出一个极妥当的方法。""什么妥当方法?""我说给你听:先用胶泥把石头上的每个穴窍都填实,外面再用麻筋杂泥厚厚地涂上一层,用粗绳一圈圈捆绑起来,让它在日头底下晒干晒坚实了,专造一大木车,把它运放到船上。抵达京城之后,在皇宫内万岁山上安置好,然后解去绳索,用水浸泡,去掉泥土,还原本来的面貌,自然就出现了一座完好无损的太湖巨石。"郑关西屈着指头,默默地好像算了半天,仍然弄不清楚,这才问道:"这么说来,运这么一座石头到京城来,得花费多少钱呢?"刘舵师说:"这就难说了,传闻的说法是:一株花要花费几千串钱,一座石要花费几万串钱。"郑关西张大了嘴,瞪大了眼:"我的娘啊,这花石纲整个算下来,得花费多少银钱啊?"刘舵师摆摆手说:"这怕什么?领管花石纲的朱勔大人到国库里去支银子,就跟拿自己家里的东西一样。""他怎么能有这么大的面子?""皇上信任他呗!朱勔大人是大大的忠臣!""他忠在什么地方?""这你就不晓得了。我曾在朱勔大人的官船上当过舵手。那船上好仪仗!好威风!除了官牌官旗之外,还在高竿上挑着一件锦袍,那袍上绣着一只大手。我起先瞧着纳闷儿,这是什么名号呢?后来才知道这是朱勔大人穿的一件锦袍。有一次上朝晋见时,皇上高兴,用手在他这件袍子上摸了一下,回来以后,朱勔大人就叫人在皇上摸过的这个巴掌印的地方,绣上了一只大手。从此在家的时候,就把这件锦袍供在香案上,出门的时候就挑在高竿上,每日晨昏都要三拜九叩,高呼皇上圣明,万寿无疆。你说像这样的忠臣,皇上怎能不信任?"郑关西听罢茅塞顿开,遗憾不已。想到自己也曾见过皇上一面,一是可惜没敢看清皇上是什么模样,二是无缘让皇上也摸自己一把。要是自己的这件布衣上也留有一只皇上的巴掌印儿,走州串县,谁敢不高看!这时酒也喝完了,菜也吃得差不多了。刘舵师一竿子人起身,一哄而去。走时人家向他拱手告别,他还在怔怔地想着,也没理会。等他回过神儿来,篷底下只剩下稀稀落落一两个人。他向篷外张望,想看看刘舵师他们走有多远,无意中却又看到聂国庆好像在送客人打从桥上经过,和他并肩走着的这位客人十分奇特,身材魁梧,虎背熊腰,浓眉大眼,虬髯如戟,身着锦袍,腰束宽带,既非文官,也非武将,腰里却悬挂一口大环刀。背后一名健卒,牵着一匹高头骏马,马背上鞍辔两边,囊囊充实,不知里边装的是些什么东西。聂国庆和他有说有笑,似是极亲密的朋友。郑关西更不好出去冒昧地招呼,只呆呆地坐着,望着他们向桥下走去,心思恍恍惚惚,总怀疑眼前的这个聂国庆,不是他先前曾经共患难的那个人。

六　风尘奇遇

郑关西所见的这个聂国庆,确实是他以前认识的聂国庆,但也确实和以前的那个聂国庆有很大的不同,世事的沧桑变化,人生的一波三折,有太多是料想不到的啊!

当年,郑关西和聂国庆在塞北分别之后,聂国庆仍然继续着他那漂泊无定的生活,他为人勤谨,又小心翼翼,依靠着给人家打打短工挣一点儿零钱,又凭借自己粗通文墨,会些武艺,时不时地给事主代写些书信和契约,或应邀给几个村童教几手刀枪,日子倒也过得去。只是遥望南方,千里迢迢,山水阻隔,既无足够的盘缠,又无通关过卡的凭证,思乡之苦,只能和眼泪一起往肚子里咽,并受着对人难言的煎熬。

这一天,他投宿在一个小客栈里,习惯成自然,闲着就更怕孤单寂寞的困扰,便主动出力,为店内办一些杂事。店主人看他为人老实勤恳,恰好店内一时短缺人手,便留他多住几天,讲明免了食宿的费用,再补贴几个零用钱。聂国庆无可无不可,反正到哪里也不是自己的家,也不争多争少,就答应在店里住了下来。这个小客栈,虽是乡村野店,但因紧邻大道,过往客商不少。店内住的也是三教九流,神仙老虎狗,谁也道不清说不明都是些什么人。其中有一位光丽体健的年轻女子,既不像粗使下女,也不像大家闺秀,在店内住了多日,衣着朴素,饮食简陋,却从不欠店钱饭钱。让人摸不透是贫是富,也不知做何营生。出入之间,她有时秀目流盼,似很专注地看聂国庆几眼,过后也引起了聂国庆的注意。再细看这女子,如雨后荷花,雪里红梅,清丽之中充盈着一股英气。聂国庆并不存丝毫的非分妄想,且因自己隐瞒身份和身处异国统治之下,反倒起了几分警惕,因而格外回避和这个女子的接触,也不留一次可以谈话的机会。

过了些时日,店主人找到聂国庆说:"这位女子名叫华缨,父母早丧,自悲无有依托,见你忠实勤勉,愿终身相随,晨夕侍奉,你可愿意?"开始聂国庆不敢答应,他对店主人说:"像我这样,无家无业,无亲无故,自己还常食不果腹,衣不蔽体,有何能耐养活妻室,岂能让她跟我受累受苦,且自觉卑陋,虽是良缘,怎敢匹配高攀。"店主人觉得他说的也很实在,就不再言语,自去回复女子。过了两日,聂国庆在店房院内干活儿,看见女子在居室帘内向他招手。聂国庆以为她有活儿要吩咐,只得走过去。华缨把他让进屋内,深深下拜,说:"店主人已将回话告我,感君至诚,皆是肺腑之言,可见你是心底纯净善良之人。我意已决,不揣冒昧,誓以身自荐。至于君子所虑以后生计,我自有办法,你不必为此担忧。"聂国庆见她貌美意诚,身姿匀健,不是荏弱之人,料定不是那娇惯懒惰之辈,心为所动,便答应下来。店主人是个热心肠的人,听说后非常高兴,便张罗着用店房的厅堂,给他们办了婚礼。这对夫妻皆无父母,店主人年长于他俩,便既是证婚人,又是主婚人。二拜高堂的时候,也就大模大样地受了新郎新娘磕头。婚后店主本来要他们留下来继续在客栈内帮忙料理,但华缨不肯,只好让他们在附近村子里赁了两间房住了下来。

落脚之后,聂国庆见妻子所带行囊物什也不多,贫贱夫妻百事哀,生计第一,便又要出去找营生,被华缨拦阻。华缨说:"这些你都不要管。我看你不像是蝇营狗苟的俗人,你只管安心读书练武。

如今南北多事,世道不宁,日后解民倒悬,必会有施展大用。"聂国庆见她说的有见识,便只得听浑家①的,且看她怎样安排。

华缨拿出自己的积蓄,到集镇上去,买了七八头驴回来,又请工在住家毗邻盖了牲口圈,搭了磨棚,安了几盘石磨。又去籴来小麦数十斛,除了一日三餐,为丈夫炊饭、烹茶,还起早贪黑,套驴磨面。每逢集日,自己骑着驴,驮着磨好的面,到四乡和城里去卖。日有所进,月有盈余,如是三年,获利越来越多,日子兴旺,又置了些田宅。华缨拣轻负重,日夜操劳,奔走于风霜之中,而容光不减,肌肤细嫩如初。聂国庆觉得很奇怪,便留意观察,见她梳妆及沐浴时,常往手、脸、身体上涂抹一种洁白细腻的脂膏,便问这是何物?华缨取笑道:"难为你我共枕衾这么多天,才注意到这些。这是用几种海兽的油炼制成的,即使后妃公主恐也未必能享用到。"聂国庆又问:"塞北荒漠,怎能享用到海里所产的东西呢?"华缨笑而不答,过了一会儿才叹了口气说:"士为知己者死,女为悦己者容,但愿你明白我所珍惜的就好,希望你也不要辜负我!"聂国庆说:"你对我的情意,能有今日,恩同再造,我怎么会呢?"华缨虽然做事矫捷爽利,时不时流露出一种巾帼豪气,但居家之间,对聂国庆十分温柔,体贴备至,且恭谨谦卑,大似举案齐眉的梁鸿。聂国庆对妻子也呵护有加,两口儿十分恩爱。华缨待人宽容厚道,怜贫惜苦,散财若轻。对此聂国庆还有些非议,说:"我坐享其成,已觉惭愧,你一个女人家,吃苦流汗,劳心费力,多么不容易地挣来这些,如此抛撒,叫人心疼,何况天下之大,世道之艰,遍地哀鸿,举目可见。你我这样的野夫村妇,屑小微力,能管得了多少呢?"华缨说:"钱财之物,轻重取舍,在于有道。当重则重,分文必争;当轻则轻,千缗不惜。有道无道,常在一念之间,差之分毫,谬之千里,不可不慎。位高位低,势大势小,道理是一样的。我知道你是心疼我,不过虽

---

① 浑家:宋代丈夫对妻子的称呼。

然于世无大补,但咱们图个心安理得,没有白白在人世上走一遭。"聂国庆听妻子说得中肯有理,点头称是。

这一日,聂国庆在户外与几个后生习武,忽听"吱嘎吱嘎"嘹亮的鸣叫声,抬头一看,只见蓝天之上,一群大雁排成"人"字形,奋力向南飞去。这种情景勾起了他深深的乡思,不觉怔在那里,随着雁阵向南望去。这时,一个后生操起一张硬弓,搭上利箭,瞄准一只大雁,便要射去。聂国庆发觉,一把将弓按下,呵斥道:"你要干什么?快给我放下!今日谁也不准射雁。"那个后生见他突然发这么大的火,莫名其妙,讪讪地问:"师傅你怎么啦?前日我不是还射了两只雁,送给你做下酒的菜肴吗?"聂国庆也不再说什么,摆摆手:"散了!散了!今日不练了。"说罢也不顾旁人,径自回家。

聂国庆回到屋内,独自坐着,自斟自饮,喝起闷酒来。华缨端了一盘菜进来,不声不响放在他面前。聂国庆抬头问:"你怎么知道我喝酒?"华缨说:"外面的事我都看见听见了。你有什么心思,不愿意说的我也不问,愿意说的就讲给我听听。"聂国庆本来心头憋屈了好些年,今日又闷酒上头,晕晕乎乎,遂将往事——在宋军中的身份、塞北兵败、身陷异国、思乡心切、茫无还期的苦楚,对妻子说了个明白。华缨说:"既有这些隐情,为何不早些告诉我,我也好为你分忧。你放心,我既跟了你,就要同甘苦,共患难。前面纵是刀山火海,也不会回头的。此事不必忧虑,我有个哥哥,侠义豪爽,喜欢为人谋事,排忧解难。我已得到消息,不两日就要来了。到时候我们一起筹划筹划,总会想出一个好办法来的。"聂国庆奇怪地问:"你有个哥哥,我怎么从来也没听说过?"华缨笑道:"就像我没有问你一样,你也没有问过我呀。我这个哥哥是个奇人,见面你也别多问,听他的就是了。"

过了几日,果然有一个客商,领了一队人马,赶着十几辆大车,人喧马叫,一下子把小客栈都住满了。安顿下来之后,首领之人,衣冠鲜明,骑着高头大马,也不带随从,来到聂国庆宅前,下马叩门。华缨在屋内只听见叩门的响动,便立即站起身来笑道:"快开门,是我兄长来了!"聂国庆去开了门,果见一个大汉,长身虬髯,貌异神雄。就是郑关西在虹桥上所见,聂国庆相送的那人的面貌。当时聂国庆将来客让至屋内,华缨做了介绍。聂国庆请问姓名,来客声若洪钟,响震屋宇地说道:"你既是我妹夫,就是一家人了。有名无名,有什么上紧!你就也叫我'虬髯客'好了。"聂国庆记得华缨的嘱咐,心中虽有些疑惑,也不敢再问,就领首说:"谨遵所教。"华缨摆上宴席,三人喝至深夜。席间,华缨将聂国庆的事说了,虬髯客问:"妹夫的心事果为此吗?"聂国庆半晌不答。为什么?他的心意有了动摇,在这个节骨眼儿上,为什么动摇了呢?让我们设身处地想一想,也就会明白。当时南北不和,战衅屡起,彼此防范甚严。聂国庆身陷异邦,到处都贴有告示,宋官亡命,若不自首者立斩,举报者有重赏。聂国庆平时还心存戒备,处处警惕,对人对事,万般狐疑,绝不显露心迹。那日一时苦闷,失态之下,对华缨说破,事后即有些后悔。现在又面对这个诡异不明、凶神恶煞般的来人,说是兄妹,面貌迥异,绝无相似;且又是个商人贾客,唯利是图,当系本性。他和华缨是不是先有密约,是来联手算计自己的。越想越怕,不禁冷汗淋漓,便矢口否认说:"哪有此事,那是我酒后高兴,逗华缨玩儿,胡乱编出来的……"话未说完,虬髯客拍案而起,把酒杯都震碎了,须髯奋张,又怒又笑说:"哪有你这样不识相的窝囊废!我小妹托身于你,咱家和你就亲如骨肉。本想舍死冒禁,救你南归,你不想想,万一中途不测,露出马脚,小妹和我都要遭遇生死之累,我们图何来?好好好,你既如此,休怪我狠!快把你南官的凭证文书拿出来,以实相告,还有商量,不然明日一早,我就把你绑送官府,有你招认的时候!"聂国庆吓得魂不附体,嘴里舌头发硬,不听使唤,说不出个囫囵话来,只得从隐秘处拿出自己的告身文书来,交与虬髯客。虬髯客接过,揣在怀里,余怒未消,瞪了聂国庆一眼,喝道:"你等着吧!"也不再喝酒,扬长而去。聂国庆一夜也不曾合眼,战战兢兢,暗自涕泣,自忖只有天明等死,再无别的活路了。华缨倒好像没事人儿一般,也不劝导,只在一旁微微笑着看他。聂国庆越发觉得妻子的确是变了心,见死不救,反而幸灾乐祸,可气可恨。

  过了两天,华缨一早起来,不言不语,与聂国庆收拾行李。聂国庆惊问为何这样?华缨笑道:"今日必有好消息!"果然,吃过早饭,即有敲门声。聂国庆开门,只见虬髯客站在门外,朗声说:"走吧!"聂国庆疑疑惑惑,想着一定是要把他绑送官府,怕上心来,口不能张,脚不能移,就像木桩子一样愣在了那里。虬髯客又对着他吼道:"你这人怎么磨磨蹭蹭的,快走啊!"聂国庆见他身后,既无兵卒,又无衙役,却有一匹乌锥骏马!心才又定了下来,复问:"去哪里?"虬髯客笑道:"当然是送你回南边啊!"聂国庆明白,立时喜上心头,连忙毕恭毕敬地说:"大哥,小弟见识短浅,不识英雄真面目,多有得罪,快进里面坐!"虬髯客拴好了马,大步走进庭堂坐下,说:"快去告诉小妹,即刻起程!"聂国庆走进内室,华缨已把一切收拾停当。聂国庆看了看,奇怪地问:"不是一块儿走吗,怎么没见你的东西?"华缨说:"我还有一些事情需要留下,你先走,明年我一定去寻你!"聂国庆觉得他日未卜,恋恋不舍,洒下泪来。华缨好像胸有成竹,但恩爱夫妻,离别之泪,终也难免。凝咽吞声了一阵儿,华缨拭干泪痕,转作笑颜,抚慰道:"这不过是小别,何须如此!我嘱咐你几句话,你要牢牢记住。如果照我说的去做,明年咱们定可团圆。若有违于此,恐夫妻相会,难有时日了!"聂国庆点头:"你说吧,我一定按你说的每一句话去做,决不半点违背!"华缨说:"上路之后,唯我兄长的马首所向。他要你向东,你就向东,他要你向西,你就向西,叫停就停,叫走就走。一切安排服从于他,不要问为什么,就是对他身边的人,也不要多问,你能做到吗?"聂国庆以手抚胸答:"能做到。"接着,华缨拿出一件青色夹袍,说:"你把它穿上,要小心爱惜,在到家之前日夜都不能脱。"她帮助聂国庆把夹袍穿好,接着又说:"有一件极重要的事儿,我要特别叮嘱你。到达故国之后,我兄长一定会拿出数十万钱相赠与你。你千万不要接受,一文钱也不要接受!如果他一定要给,推辞不掉,你就拎起这件青袍让他看。他曾经受过我恩,虽然这次代我送你回去,还不足以报此德。如果你收了他的钱,他就会觉得恩消责塞,明年不再顾我,你我夫妻相见就难了!"

夫妻二人话别之后,出来与虬髯客相见。华缨说明暂不能同去之由。虬髯客也不勉强,就让聂国庆骑上乌锥骏马,携了随身行李,一同上路。这一队行商约有二三十人,一切行止都听从虬髯客的。有时昼行夜宿,有时昼伏夜行。遇有关卡盘查,也由虬髯客上前应付,倒也通行无阻,不曾有险。行了多日,到了海边。有一艘大船见他们来到便解缆开航。虬髯客指挥聂国庆上船,自己与那一干人却留在了岸上。

聂国庆搭乘海船,孤身远航,心中揣摩不定,也不知虬髯客作这样的安排是何用意?况且临行之时,华缨并未交付给他银钱,一切仰仗大哥。如今自己身无分文,举目无亲,揣测虬髯客一定是中途心变,撇下他不管不顾了。越想越生惧,越想越惶恐。暗暗埋怨华缨计谋不周,将自己置于绝境。再看船上之人,约有几十名,各司其职,井然有序。有时扬帆,有时摇橹,也不问他来历,也不与他交谈,可是人人对他甚为恭敬。一日三餐,自有专人送上酒肴美食。到了夜晚,给他备下枕衾铺盖,也从未有人问他索取酒资饭费之事,渐渐地也就相安起来。

聂国庆生长在中原,后又羁留塞北,没有见过大海,身在船上,举目望去,水天相连,浩瀚无涯,渺渺茫茫,辨不出东西南北;阴晦之日,分不清晨昏昼夜。即使是风平浪静之时,也有惊涛拍舷,更何况风云乍起,雪浪如山,船摇欲倾,令人心惊胆战,觉得已无生路可寻。好在船上的人,不管遇到多大的风浪,也都镇定自若,不慌不乱,也使聂国庆心里得到些依恃。不知走了多少时日,这一天看到了海岸,船慢慢向岸边靠拢。

　　这是一个废弃的码头,也无有别的船只。聂国庆看见一个人站在水边向他招手。临近之时,才认出原来是虬髯客早已在此相候。下船之后,聂国庆向虬髯客揖拜致谢,虬髯客也不还礼,携了他的手,将他引到岸上高处的一座古亭下,跟随的人摆上了酒肉杯箸,虬髯客满斟一杯,递与聂国庆,说:"妹夫,这是一杯分别酒,恕我不再相送了。从这里上了官道,你就可以直达汴京。路上不会再有什么艰难危险,尽管放心!我派一个人给你挑行李,到家之后,写一封回书,让他带给小妹,我也好交差复命。"聂国庆千恩万谢,说了许多感激涕零啦、终生难忘啦之类的话。虬髯客倒显得很不耐烦,拦住他的话头说:"你这个人怎么啰哩啰嗦,这样的不爽气。来,你陪我喝三大杯,这才让我高兴!"两人痛饮诀别。临行之时,虬髯客命人搬出白银百两,说:"你把这个带上,这是愚兄的一点心意,回去好做安家之用。"聂国庆看见面前这么多白花花的银子,简直把眼睛都照亮了。但他记起了华缨的叮嘱,推辞道:"兄长送我到此,再生之德,我已经是大恩不言谢了。这个我是万万不能收的!"虬髯客强命收下,聂国庆力拒不从,虬髯客拍案而起说:"你怎么这样不实在,还要打肿脸充胖子!我给你这些,也是为了小妹,难道让她跟着你,今后还要再吃苦受累不成!"说罢撒下银子,大步往外就走。聂国庆情急之下,又想起临行时最后华缨特别的提醒,便撵出来在后面叫道:"大哥留步!只再听我一句话。"虬髯客止步,转身看他说些什么。聂国庆拎起自己的袍襟指着说:"这件青袍是临走时华缨亲自给我穿上的,她说大哥执意要赠银时,一定要让你仔细看看这个,你就会收回成命了!"虬髯客定睛审视,态度立即缓和下来,哈哈一笑,感叹道:"小妹的聪明智慧,果然在我之上!也好,那就按照她的意思办吧。明年此时,我一定会把她送到你身边的!"说完,收了银两,留下一名随从,自己登船离去。

郑关西在水阁下见到的停泊在汴河岸边的那艘华贵客船，就是以上所说之事时隔一年之后，虬髯客护送华缨来京寻夫的船只。因虬髯客不愿意进城，聂国庆就在船上摆了酒宴，与华缨夫妻二人招待答谢虬髯客。虬髯客也不多饮，称说还有事务要办，便舍舟换马，与华缨洒泪而别。聂国庆要送他一程。虬髯客边走边告诫聂国庆，日后要好自为之，万不可亏待华缨，否则后悔都来不及。

郑关西并不知道这些，他只看到聂国庆今非昔比，分明是个有钱有势、春风得意之人，心中羡慕不已。他哪里预料得到，一年之后，这个聂国庆却因福得祸，在他身上发生了一桩震惊汴京、街谈巷议的大血案。

既说到这里，不妨暂且离开眼前的胜景，让时光跳跃，把话往后说一说。先说聂国庆回到汴京，故旧已大半凋零。费用短缺，只好暂找了一处房舍寄住。他颇后悔，没有接受虬髯客的银两。闲暇之时，不免想起华缨，便拿出那件青袍，睹物思人，以消远念之苦。禁不住泪滴袍上，正用手去抚摸，忽见一处夹缝绽开了针线，里面露出黄澄澄的东西来。他好生奇怪，便拆开来看。越拆越惊，越看越喜。青袍之内，竟满满铺絮着一层赤金箔片。这一下不啻天降财富，运转亨通。他买了一处大宅子，又买通了一些关系，上书童贯，把自己在北国的情况以及敌方的形势说了一番。童贯看了大喜，有这样坚持气节不肯降敌的部下，不正可以说明自己治军有方、虽败犹荣吗！于是奏明朝廷，特加褒扬，并将聂国庆转为京秩，干办诸军审计。这审计官是查勘各地统领所报来的领取粮饷的兵员人数和实际人数是否相符的，下面为了虚报冒领，欺骗朝廷，当然首先要买审计官员的账。聂国庆在审计官员中，虽然是个比较低微的办事官员，但因为他和童贯有着一层特殊的关系，所以也格外受人倚重。隔三岔五，也不断有人前来拜见和送些礼品，开始不过是些各地的土特产食用之物，或小数目的银钱，后来也有送一二婢女、三五童仆的，再后来又有送房屋和田产的。华缨看到这些,也曾苦苦劝说不要接受这些礼物,聂国庆最初也觉得心中有些不安,并确实曾推掉过几宗大的馈赠,但后来也就渐渐地习以为常。遇到华缨劝他,他总是无奈地说:"当今世道,如果举世皆浊我独清,众人皆醉我独醒,就难有立足之地。你不收人家的馈赠,人家并不感谢你,反而怪罪你,怨恨你!"并且还引经据典地说:"圣人不凝滞于物,而能与世推移,只有从众随俗,才能在官场上生存。"华缨见他一时转不过弯来,是多少有些苦衷在内,打算日后慢慢劝说,只能暗中把持,趁聂国庆不在的时候,把一些大宗的馈赠坚决予以谢绝和退回,为此,聂国庆向她大发过脾气,华缨不动声色,依然温柔相向。有几次,一位节度使送来两位美貌的小妾,还陪嫁丰厚的珠宝和财物妆奁,被华缨连人带物原封不动地退送回去。聂国庆知道后,认为不该得罪这位位高势大的节度使,又可惜两个美妾不曾到手,大为光火。他本武人,生性暴烈,陷敌之时,隐忍收敛,不敢施展。如今得志,便有些忘形,酒后乘醉发作,大骂华缨,妇人之见,坏了大事,忌妒争宠,不容婢妾,甚至奋拳殴击,将华缨暴打一顿。华缨骂不还口,打不还手,既不遮挡,也不哭泣,只是深深叹了一口气。家下的仆妇也看不过眼,都说主妇太软弱,太温顺,暗暗地为华缨悲叹抱不平。事后华缨依旧像日常一样,婉言规劝,处理家政。聂国庆自知有些理短,也不敢再发作,这日子又像风平浪息的江河一样流淌。有谁知道,一旦风暴袭来,柔性莫过于静水会掀起怎样的巨浪呢?

六 风尘奇遇

七　牡　丹　会

聂国庆的故事先说到这里。回过头来再说踏青回城的崔知县,到达临时租居的寓所之后,发现厅堂里的八仙桌上放着一张大红帖子,问了下人,知是张王府午后派人送来的,连忙拿起细看,果然是马老塍所说的,请去参加今夜举行的牡丹会。一个放外差的小小的县官,能够受到王府的邀请,好像堕入一个想也没有想过的美梦之境。他竟怀疑这是不是真的,拿起帖子反过去正过来地反复看,又抖抖纸张听见嗦嗦地响。梦境中不容易看见颜色吧,而这确确实实是一张大红的请帖。真的!绝对是真的!他不禁喜出望外,乐得差一点灵魂出窍。你说不过是赏个牡丹,用得着这么忘乎所以么?不是这话。在他管辖的县里,他是鸡头,一鸣可以惊四方。进了京城,在天子辇毂之下,他不过是个牛尾。不,连牛尾也说不上,也许只能算是牛尾上的一根毛吧。牛尾虽然只能在牛屁股后面甩来甩去,可终归是和张王府这头牛连在一起的,因此自己也算是牛!也可以牛!真牛!崔知县越想越觉得自己荣耀,越觉得心里美滋滋的,一迭声地催促夫人帮自己更衣,又吩咐备马,派了跟随。等他赶到张王府时,两盏斗大的华灯已经把朱漆府门都照亮了。

赏花的宴席是摆在一处阔大宽敞的厅堂里,崔知县被王府的一个管家内知带路让了进去。搭眼四下一看,心中十分纳闷起来。这巨大的厅堂却是一座虚堂,只空荡荡地摆了几席桌椅,铺了锦绣炫目的桌围椅搭,桌上什么也没有,大概是预备摆设酒肴的。再偷偷往院子里瞄一眼,只有光溜溜的水磨砖地,别说是牡丹,连一株花一棵草也没有,这叫什么赏花会?他想找什么人问问,大厅里其他的宾客一个也尚未到,他觉得自己来早了,有些孤单,也有些尴尬。正浑身不自在,内知又让进一个人来,从他们三言两语的交谈中,得知此客被称为杨二官人,两人相互叉手示敬后,闲坐吃茶,崔知县暗暗打量这杨二官人,衣帽穿戴,举止仪态,官不像官,商不像商,既不显贵,也不卑微,猜不透是什么人,何以也能成为王府的座上客?因不便造次相问,只拣些闲话来说,崔知县问道:"今年是个倒春寒的天气,这几天还冷气料峭,时令的花卉都还迟迟未开,更不要说这牡丹乃是国色天香的富贵花,更是难待弄,难道张王府里也是因富贵而春事来得比寻常百姓家早吗?"杨二官人笑道:"尊官有所不知,在我看来,这花性也如人性,是可以因势因利而改变的。只要造成以有利于本身脾性的情势相胁相诱,也可能违背天时而遂人愿的。"崔知县摇头道:"不懂!不懂!愿听指教。"杨二官人说:"给王府艺花的人叫马老膆,我跟他是极熟的,得知其中的奥秘。他育花的技艺,真可以和柳宗元所传的郭橐驼技名天下相比。他可以使花早放,也可以使花晚开。就拿牡丹来说,开花的条件是需要胜春融淑之气。天气尚寒怎么办?就在密室里先用纸裱糊四壁,在地上凿成一道道塘坎,用竹绠覆盖,把牡丹花株放置其上,再以粪土和牛溲硫黄培溉。然后置热汤于坎中,扇以微风,使热气徐徐熏蒸。牡丹花性喜暖,外面时令再冷,暖室和煦如春,不几日也就开苞怒放了。"崔知县惊讶赞叹:"这马老膆我也见过,貌如农夫佣仆,竟有这样胜天的本事!"杨二官人接着说:"他育出的花和别人也不同。京都牡丹以宫中为贵,最上品者为御衣黄,颜色像皇上穿的御服一样;其次是甘草黄,颜色比御衣黄要重一些;再次叫建安黄。可马老塍培育出了一种牡丹叫一尺黄,高只数寸,花面径约一尺。每株只开一朵,鲜艳清香无比。更难能可贵的是他育出了一种叫照殿红的牡丹花,仅张王府独有,朝野私评在宫中御衣黄之上,今晚有幸,你可以欣赏到这种无价之宝的牡丹花了。"崔知县借机问:"以愚下所知,赏花之会总要在园圃之内举行,如今这大厅内外,不见一株一苗,如何赏得?"杨二官人诡秘地笑笑:"这个不便说破,张王府每年牡丹会都有新鲜花样儿,等一会儿你就可以看到了。"说话之间,宾客陆续到齐,张王也出来与大家寒暄相见,各自按序就位。崔知县和杨二官人自然没有上主宾席的份儿,只能在屋角的一席上敬陪末座。

宾主坐定之后,童仆丫环们便络绎奔走,奉上山珍海味,美馔佳肴,真是煎、炒、蒸、炸、烩样样精湛;色、香、味、形、名五者兼全。令人眼花缭乱,目不暇接,馋涎欲滴,举箸都不知道往哪儿落才好。崔知县也算是官场上应酬的老手,水陆珍馐,品尝过的也不在少数。可是张王府里的这一盏盏菜肴,许多他是见所未见,闻所未闻。比如其中有一道菜,就使他差一点儿把眼珠子掉出来。那是一个囫囵的大如西瓜的蒸蛋。他不敢下箸,悄悄问邻座的杨二官人:"我的妈呀!这么大的蛋,是什么鸟下的?是不是《庄子》上说的鲲鹏之鸟下的?"杨二官人浅笑回答:"这不是鸟下的,是人下的。"崔知县越发不解,怔在那里。杨二官人说:"什么鲲化为鹏,其背不知几千里,其翼若垂天之云,那都是庄子胡诌的,这不过是鸡、鸭、鹅蛋罢了。做法是用上百个禽蛋,把蛋黄和蛋白分开,各聚在一个容器里。先把蛋黄搅匀装入羊尿泡里,蒸熟之后,装入一个大猪尿泡里,然后把蛋白倒入,裹实了,再蒸而成。"崔知县夹了一筷子,尝了尝,虽然也不过是鸡蛋味,可心里仍然赞叹不已,觉得毕生不虚此行,真是大开了眼界。谁知接下去的所见,使他恍如梦中,置身于仙境。

酒过数巡之后,忽听张王大声询问左右:"香发了没有?"有人朗声回答说:"已发。"张王便吩咐:"卷帘!"崔知县这才注意到厅堂的四周垂挂有几副珠帘,里面也不知是连有密室或是壁龛。这时珠帘徐徐卷起,里面袅袅冒出一股股轻烟,很快满庭满座,都弥漫着令人陶醉的异香,与此同时,一队妙龄雅丽的女乐手,踏着轻轻的脚步走进大厅,安置好乐器之后,鼓板点动,丝竹声起。随着乐声的节拍,走上十名仪容姣丽、婀娜多姿的歌姬,一色儿的白衣白裙,粉妆素裹、格调高标。领队的一人风姿超群,头戴一朵红牡丹,颤颤巍巍在雪白的衬托下,国色天香的红蕊,更显得鲜艳欲滴。杨二官人用肘碰碰崔知县低声说:"这就是照殿红!"其余的舞姬皆手持一枝或大红、或桃红、或粉红、或浅红的牡丹花。她们白色的衣领上又都绣有红牡丹。在乐声中,舒展玉臂,翩翩起舞;曼启歌喉,清香沁人;或分或合,乍缓乍急。歌罢舞歇,乐声暂停,四面的珠帘又复垂下。童仆使女们即又穿梭在酒席间,斟酒奉菜,宾主谈笑尽欢。过了一会儿,卷帘如前,香气溢出,乐声复作,另有十名歌姬穿紫衣,簪白花而出,改曲变舞,另有情趣……就这样,前后变换了十几次,歌姬和牡丹都不相同,大抵是簪红花的穿白衣,簪白花的穿紫衣,簪紫花的穿黄衣,簪黄花的穿红衣。崔知县目不暇接,暗暗算起来,这场别开生面的牡丹会,乐伎歌姬,童仆使女,供奔走者,不下数百人。

　　崔知县叹为观止,啧啧称奇,赞不绝口,觉得这是到了人间天上。同席的还有一位鲍八承务,也是杨二官人的熟人,言谈之中总是摆出一副熟谙朝野、沐浴皇恩的尊贵样子。崔知县究竟是在官场上混过一些年的人,心里明白这位鲍八承务并非真正的文官承务郎,而是个阔绰的富人,就像富人被称为员外一样,也并非真正是尚书省各部的员外郎,甚至连添差的超编官员也不是,不过是场面上对富人的美称。鲍八承务摇头晃脑地说:"诸位,这样的牡丹会,依下官之见,虽不敢说是后无来者,也完全可以说是前无古人,几百几千年才会出现这样一种歌舞升平的气象。我们有幸生于太平盛世,真是三生有幸。如今天子有道,民风淳朴,就说这京师之内吧,不仅是路不拾遗,夜不闭户,更有许多世所罕见的道德之举。"杨二官人附和说:"承务见多识广,何不讲上一两桩,也让我们得些教益。"鲍八承务说:"虹桥旁边,不是有一座'十千脚店'①吗?"杨二官人说:"是啊,就是外面搭着'彩楼欢门',门前还写有'天之美禄'四个大字的那一家吧。"崔知县问:"在下愚钝,这'天之美禄'是什么意思呢?"杨二官人说:"就是美酒的代称。《汉书·食货志》上就说过,酒是上天美好的赏赐,是颐养天下人民的财政来源。也真是这样。今天我从它门前过,还看见一独轮车停歇在门口,伙计们正在把一贯贯的铜钱往车上搬。这家脚店生意兴隆,盈利丰厚,可见店主人经营有方。不知他有什么道德之举呢?"鲍八承务说:"人家虽然是生意人,可是高风亮节,不愧为天子脚下的卓行之流。我且只说一事:三年前南方有一客商,来京卖茶贩布,住在这个脚店,商务已毕,布匹装船,整装待发,坐在楼下过厅里吃茶等待。他预备有金子二十两,以作路上零用。金子是装在一个袋子里,本来系于腰间,以怕丢失。这期间日已近午,天气燥热。因脱衣纳凉,遂把金袋置于桌旁,尚未安稳,同船的朋友匆匆跑来拉他说,船已解缆,即刻出发。因汴河上船只太多,需趁空早脱,否则水道挤塞,不知要耽误多少时辰。连拉带扯,二人即刻忙离去,等上了船,驶出有一二十里之遥,静定之后,这人才想起金袋子遗失在桌上了。要想让船掉头回去,已无可能,又一寻思,脚店的过厅里人来人往,门庭若市,吃菜吃酒的,候客等人的,谈话办事的,不在少数,想早已被人拾去,即使当下回去寻找,也必无指望。好在失金为数不多,破财免灾,一路顺风就好,遂息心作罢。过了两年,这位商人又来到京城,偶尔与一位朋友游逛虹桥,走过这家脚店门

---

① 脚店:据《东方梦华录》载:"在京正店七十二户,……,其余皆谓之脚店。"可见脚店是规模较小的酒店。

口,忆起旧事,便站下叙说他前年怎样在这里丢失一包金子。不过上天保佑,虽有所失,更有所得。那一趟生意,利润丰厚,使他赚了一大笔钱财。相比之下,也不算什么了。谁知被门内的店主人听到了,便出来邀请他们进内。问道:'客官刚才说的是什么事?'这人又详细说了一遍。店主想了一想,指着一张桌子问:'客官当时是坐在这个位子吗?'这人说:'是。'店主人又问:'你那时穿的是一件褐色毛衫吗?'这人又答:'对呀!'店主人说:'这个袋子是我收得了。当时追出去还你,而你已走远,稠人广众之中,也不知你的去向,无处寻觅,这个袋子我也未曾打开,掂了掂觉得里面很有些分量,猜想很可能是黄白之物。客人若能说清袋子的大小、颜色,是金是银,重量若干,说得准,我就原物归还,让你领去。'这位商人就一五一十地说了个清清楚楚。店主人说:'这就是了。请你稍等,我去去就来。'走进后面,过了一会儿,才又出来,手里拿着那个金袋,笑着说:'果然和你说的不差分毫。现在完璧归赵,又了了我的一桩心事。'那位商人事出意外,十分感动,便要分一半金子酬谢。店主人正色说:'客官虽是商人,想必也读过书,怎么就不能知人呢?我虽是个开店的,也知道义利之间,孰轻孰重。我若是重利轻义,昧了你的金子,你不是也没有凭据吗?官法民理,也都说不上我什么。我这样做,不图有报,是想无愧于自己的良心罢了。'"说到这里,鲍八承务摇头晃脑,加重了语气说:"请各位想想看,麒麟凤凰只有在清明之世才会出现。如此民风,如此民心,不是充分说明了当今圣主贤臣教化有方吗?"满座的人都纷纷点头称是。

牡丹会结束的时候,所有的乐伎和歌姬,盛装列队,奏乐施礼,恭送宾客。烛光香雾,灯火楼台。崔知县头晕脚轻,飘飘然好像做了一次仙游。

八　骗子被骗

崔知县赴过了这场牡丹会,回到家中。张王府的美色、美声、美味也好像跟随他到了寓所。舞姬的美貌风姿犹历历在目;悦耳的乐声似绕梁三日,余音可闻;从未尝过的美味佳肴,犹留有口香可感。他多次想重温这场美梦,自己也觉得荒唐无稽,可这些诱惑终使他摆脱不了。反复想想,前两项实在是无望办到的,最后一项口腹之福,多少有别,总可以想想法子的吧。他写了封信给王爷,声称自己有贵宾高朋要款待,恳请借王府的一名厨子用一用。王爷回复恩准,荐一位厨娘前来,并告诉了坊间住址,何时需要即可召至。崔知县大喜过望,与夫人商量,先自家享用几日,再约几位好友,显摆一番,以提高自己的身份声誉。于是就派人前去和厨娘接头。去人手持一封厨娘的书信回禀,并说是眼见厨娘亲笔所写。崔知县展开来看,字迹工整秀丽,词意委婉通达,先说蒙大人赏识高看,愿尽技效力;次说订好日子,派轿去接,以免失双方体面;最后又说需先一日下厨试艺,熟谙大人口味,以定夺菜式。崔知县很是惊讶,觉得这位厨娘不是庸碌之辈。其实崔知县这是少见多怪,并不深知京城里的情形。这汴京城内,到了徽宗的政、宣年间,已经形成一种风气,中等以下的人家,不重生男,特重生女。生了女儿就高兴万分,如捧璧擎珠,一家的希望都寄托在她的身上。等到快成年的时候,就根据女孩儿的资质禀赋,请老师教给她适合的技艺,也要读些书,以具风雅之韵,然后根据她们姿色、技艺的高下,善价待售,供达官贵人、士大夫家的选择役使。因那时繁华已久,奢侈日盛,耽于玩乐,挥霍无度。所以在这些精心教习出来的女儿中,比如琴棋书画、歌舞演唱、刺绣裁衣、针黹女红,以至吟诗和曲等等,才能技巧不乏惊人耳目者,其中这厨娘的行当还算是最为下色的。

且说到了试厨的这一天,一大早崔知县雇了一乘小轿,去接厨娘,等到日将近午,方姗姗来迟。厨娘下轿之后,不慌不忙,袅袅婷婷,先到堂上拜见主人夫妇。崔知县看她不过二十七八岁,红衫翠裙,淡扫娥眉,薄施脂粉,行礼参拜,举止进退,中规中矩。厨娘请求中午试厨的菜式,崔知县想起张王府的牡丹会宴席上的羊头签十分细腻可口,便吩咐做五份羊头签,再配以葱齑五碟为佐肴。其余拣易办的安排即可。说到这里,还要啰嗦几句。你知道什么叫"签"吗?在宋代,"签"就是"羹"。"羊头签"就是用羊头肉做的"羹",也有把炸细的东西叫"签"的。"齑"就是盐渍的蔬菜。

厨娘再拜告退,进入厨房。先命崔家的厨子去置办材料,写明羊头签五份,合计需用羊头十个;葱齑五小碟,合计需用葱五斤。还有其他的一些时令菜蔬及佐料等,然后念了一遍,并讲明对用料质量的要求。比如羊头要口外草原上的肥羊,大葱要山东的"一丈白"等等。哪些要到何处去买,哪些非某个铺子里不可,一一交代清楚。崔家厨子听了心里直打鼓,开始以为听错了,再问问才知的确无误。他不敢当面驳回,就拐弯儿先拿给崔知县看。崔知县一看也蒙了,这五份羊头签不过是五小碗,怎么会用十个大羊头?五小碟葱齑两棵葱就够了,怎么会要用五斤葱?可又一想,人家也许是宽打窄用,况且是王爷荐来的,别让她笑话咱们小气,于是就吩咐自家的厨子,不管怎样,一切都按她铺排的办。

打发人走以后,厨娘就叫跟随她来的小婢把运来的一个箱笼打开,取出自备的烹饪用具。锅碗勺盘,笼箅铲杖,白花花明晃晃摆了一大案子,璀璨耀目、精光四射,俱都是白金造就,合计大约总该有六七十两之重。还有大小刀具,砧板杂器,没一样不是精致无比的,崔家的上下人等,凡旁观到的,无不啧啧惊叹,以为奇观。

采买之物备齐以后,厨娘净手更衣。穿一件荷色绸袄,酒红宽腿裤,套一件白底五彩绣花围裙,绾起衣袖,用银索缚定,露出雪藕般的臂肘。小婢搬过一张红漆描金春凳,厨娘安安稳稳坐在上面,操刀治办,或徐或急,或切或剔,有条有理,势顺砉无。真如《庄子》上说的庖丁解牛,运斤成风一般。好大的一个羊头,顷刻之间,被切割完毕,只留取羊脸上的一点精肉,其余的都扔在地上。崔家的厨子大为惊愕,他在县里也算得上是头牌厨师,当然也不止一次做过羊头签,但从未见过这样的做法。于是就问厨娘:"这么多上好的羊头肉,难道都不能用吗?"厨娘撇撇嘴,不屑地说:"当然,这都不是富贵之人所能吃的东西!"崔家的仆妇们见这实在是可惜,便一齐动手将地上的肉捡起来,放在一个大盆里。厨娘轻蔑地笑着说:"你们真和狗没有两样!把它拿远点儿,免得让我看着恶心!"众人听她笑骂,虽然心里恼怒,但因她是老爷请来的,气派又如此高贵,不由地被震慑着,也不敢说什么。等到做葱齑的时候,只见厨娘把五斤葱先放在沸水里烫一下,然后去掉葱须葱叶,根据碟子的大小截成段儿,再层层剥去葱皮,一直剥到只剩下芯里鹅黄细嫩像韭黄一样的葱心,然后用淡酒和香醋把它腌起来。其余的也都一股脑儿扔在地上,毫无吝惜的意思。如此这般,做好五份羊头签和五碟葱齑,又随手而成几个小菜,呈了上去。

崔知县和夫人一尝,果然是鲜香脆美,无与伦比。张王府的美味又重现在口中,举箸不停,吃得干干净净,恨不得把碗碟都舔光了。撤席之后,厨娘换了大衣长裙,梳了高髻,簪花插钗,上堂再拜,问道:"今午试厨,不知大人可满意吗?"崔知县连声称赞:"满意!满意!真不愧是王爷荐来的高手!"厨娘说:"大人既然满意,那就请支付我试厨的酬金。明日正席当依菜式多少另行结算。"崔知县闻听心中暗暗忖度：试厨不过是一两样肴馔，还要什么酬金？是不是讹诈我？但是一想，也不能为此发脾气。倘若京城里的行规如此，自己不懂反招人笑话。可是该给多少呢？当然不会多，可少又少到什么程度，才不吃亏又不被人看不起呢？厨娘见他面有难色，迟疑不语，便说："大人必是想知道我的酬劳例份是多少。这也难怪，京城里的铛头、行菜都是有等级的。像我们这样当厨娘的，还算是低等的，是不敢问大人多讨赏的。"说罢就从怀里掏出一个折子，双手呈上来："这是我以前在各家大人、老爷府里走动时支赐的酬劳，逐一登记得很清楚，请大人过目。"崔知县接过细细看去，只见上面一笔一笔写明：某月某日，某府某人，或试厨正宴，或婚丧嫁娶，或祝寿洗儿等等，各赐银两若干。以试厨为例，有赐银二十两的，有赐银五十两的，甚至有赐银一百数十两的。至于正宴，每日之数，不下数百两以至千两的，崔知县看罢，不禁浑身冒汗，只好咬咬牙，也顾不上为脸面争光，取其下者，也赏了二十两。就这样算下来，若购买成米粮菜蔬，也够他合家上下吃一个月的了。厨娘谢过，仍由崔府雇轿送了回去。

　　厨娘走后，崔知县呆坐在上堂，犹自心疼了半天。口中的余香在二十两银子面前也黯淡无味了。随后他走进厨房，亲自吩咐厨子，把扔掉的羊头肉和葱皮等，好好保管起来，以作近两日的食用，就不要再另外买肉买菜了。他又和夫人商议了半天，原已下了帖子，想摆摆阔绰，请几位好友来共尝美味的，现下看来只能作罢。不然的话，试厨尚且如此，明日的正宴还不知道要花费多少！于是派人去通知厨娘，因远道来的宾朋改期不至，明日的正宴取消了。也借故告知相约的几位友人，并致歉意，说明改日当另行宴请相聚。

　　杨二官人也是被约的一个，当日早起身，梳洗穿戴，满心欢喜地等待着午时的来临，却接到崔知县罢宴的帖子，心中顿时十分扫兴。他家道丰盈，以殷富著称，每日并不缺好吃好喝的，甚至日常所用皆是金银器皿，妻妾头上遍插珠宝首饰，都习以为常。经常出入于官场豪绅之间，是京城里有名的人物之一。那么崔知县的这顿饭，让他从期待到扫兴，有这么重要吗？是的。因他特别好交朋友，喜欢热闹。表面上看，这也是人之常情，没有什么奇怪的。其实不尽然，还有更深的缘故在里边。崔知县在牡丹会上初见杨二官人的时候，打量他非官非商，这倒是看对了。那他以何为业？又何以这般富有呢？知道底细的人背后都说他的财富来路不正。为什么？这就得远说近论。这杨二官人也是读过多年书的，因考取功名无望，就留在京师，开始时浪迹市井，后又出入贵家。他不打幌，不挂牌，不出摊，不坐堂，完全靠交际游说，吹嘘自己精研《易经》，以占卜算卦猎名取利。表面热诚，内心狡诈，善于察言观色，诡辩善言。蒙对了，就扬声远播；蒙错了，就掩饰化解，再以他词蒙骗。就这样却也声名鹊起，逐渐成了富人就更有了身价，更有利于游走于权贵之门。

　　杨二官人坐在家里实在无聊，想起牡丹会上鲍八承务说的虹桥跟前那家脚店主人拾金不昧，两年后还能物归原主的事，心中半信半疑，便想亲自去查对核实一番。于是就动身信步出了东水门，沿着城外的大街行走。这条街虽然已地处郊外，但每日自五更起，舟船往来，上下货物，贩夫走卒，船载杂卖，驴马车轿，络绎不绝，都是一样的喧嚣，一样的热闹。挂有"川"字旗的酒肆脚店，也不止一家。找到虹桥边上，才看见这家高搭"欢楼彩门"，且大门两旁装有"拒马叉子"的"十千脚店"。走进店门，里面客人出出进进倒也不少。店主人见他衣帽阔绰，非一般闲人，连忙亲自过来招呼。通了姓名，方知店主叫魏才。杨二官人说明了来意，说："久仰店主高风，想来亲睹贵店华宇，以长见闻。"魏才连连摆手，笑道："些须小事，何足挂齿。这也是我们开店的人应尽的本分，该讲的诚信。不过官人既然专为此等事枉驾来临，那我就引您看看。"说罢就前面领路,把杨二官人领到楼上的一角,往上看又有一间小棚楼。魏才吩咐伙计搬来一个小梯,架在楼门口。二人相继登梯到了棚楼之中。杨二官人撒眼四下观看,只见架子上、墙壁上,放着的、挂着的,大大小小,滴里嘟噜的尽是东西,大至衣物包裹,小至雨伞扇子,甚至簪环玉坠之类。每件物品的下面都贴有纸条,说明何年何月何人在店内何处遗失的。容易判明身份的,就清楚地写明白,比如:和尚、道士、妇女、小孩等。不易判明身份的,就注上:似商人、似官员、似秀才、似胥吏等。没有记忆的就写上:不知其人。杨二官人半生机巧奸诈惯了,原来不信有这种人、这等事。如今亲眼所见,亲耳所闻,不禁暗叹这真是太平的孕育,盛世的象征。遂拱手对魏才连加赞赏,说他为世楷模,脚店宾至如归,盛名不仅光耀京师,也必将传扬于国中。一番话说得魏才心中熨帖高兴,便拉着杨二官人到大堂内坐下,命人上了酒菜,无论如何要陪他饮几杯。杨二官人先略作谦让,随后也不再推辞,便一见如故,二人天南地北地扯谈起来。

正说得热闹,门外走进一个官员模样的人来,这人头戴生色销金花样幞头,身穿紫色锦袍,腰束镶金革带,并着鹅黄腹围,脚穿云头履鞋。神态高贵,气宇轩昂。背后跟着五六个仆从,进门后都垂手站在一旁,听命伺候。这人径直走到杨二官人坐的桌前。店主人瞧见,止住话语,连忙站起身来,恭敬施礼:"今日难得贵人有闲,又驾临敝店,荣幸荣幸!"那人也不还礼,哈哈一笑:"你我老相识还用得着这么客套?"他斜睨了杨二官人一眼,便问:"这位……"魏才连忙答应道:"杨二官人,是在下刚结识的一位好朋友。"那人立时表现出吃惊和敬佩的神色,主动施礼说:"是精通《易经》,善于占卜,人称'通神先生'的杨二官人么?"杨二官人站起还礼:"不敢当!不敢当!不过是众人抬举,徒有虚名罢了。卑下眼拙,不识官人高姓?"魏才抢过话头说:"我来介绍,这位是将作少府手下得力的韦工官。慈福宫就是他主持盖起来的,深得官家赏赐。"杨二官人连声夸赞:"敬重!敬重!"三人复又坐下。店主人立即叫店伙计来添了杯箸,并再上几个荤素菜肴来,彼此你敬我让,开怀畅饮起来。魏才又问:"韦工官贵人事忙,今日来想必有什么吩咐呢?"韦工官说:"还是老话,近几日觉得酒渴,别的店里所酿我饮不惯,还是你这里味道好!"杨二官人说:"那是,那是。东门内外半个汴京城,谁不知道这个店?前日在张王府赏牡丹,席间还谈起魏店主呢!"韦工官说:"前日我也接到了请帖,只是事忙没能去。只觉得分身无术。要是每个王府请我我都去,一年三百六十五天,我还犯愁应付不过来呢!"杨二官人听后不由地肃然起敬。心想自己能参加张王府的牡丹会,已觉着是毕生有幸了。比起这与宫里当差的人,何况又是将作监①这样的肥差,那真是只能望其项背了!魏才说:"酒,我这里预备着呢,那些新酒我知道你喝不惯。我这里有用麦曲所酿,密封埋藏数年的老酒。要多少我让人给你送到府上去。"杨二官人在一旁敲边鼓:"这老酒可真是应了店门口的那几个大字:天之美禄。李时珍在《本草纲目》中就说过:老酒,在腊月酿造,可经数十年不坏。并有活血养气、暖胃辟寒、发痰动火之功效呢!"韦工官用手指在桌上敲得梆梆响:"说得是,说得是。我这身子骨儿若不是让老酒养着,早就不知道劳累得什么样儿了呢!不劳相送了。跟我来的人伺候着呢,让他们先抬两坛回去吧。"他一抬手,那几个仆从一溜儿奔过来,随店主魏才到后面去抬酒。杨二官人和韦工官又喝了几杯。杨二官人说:"不揣冒昧,请问府上在哪里,也好不时登门问候。"韦工官说:"我经常不在家,只怕空劳大驾,还是我到贵府拜会,改日还有事要讨教呢!"杨二官人告诉了自己的宅院住址。这时酒已经抬出了门。二人向店主人魏才谢了讨扰。出门后走到虹桥跟前,又相互揖别,各奔东西。

过了数日,杨二官人正在家中独坐,忽然家人报道:"韦工官来

---

① 将作监:掌管建筑工程之事。其长官称将作少府。

访。"杨二官人正想结交这样的人,心中十分喜欢,立刻出迎,把韦工官让进正堂。奉茶之后,韦工官说:"前在'十千脚店'相逢,本有件事要请教吾兄,只是当时身处闹地,不便多言,今日特来相求。"杨二官人问:"是什么事?尽管言明。你我一见如故,何言相求。"韦工官踌躇再三吞吞吐吐道:"这件事颇有些尴尬愧汗,说出来倒教吾兄笑话。"这越发逗起杨二官人想知道的急切心情,连连催促:"快说!快说!曾子教导:为朋友谋,要讲个'忠'字。你的事就是我的事,断无笑话之理。"韦工官这才说:"我有个妹妹在宫里当差。虽供洒扫之役,却能出入宣和殿等处。吾兄有所不知,这宣和殿有个小库,是官家的私藏之所。当今天子好奇喜异,四方供奉的珍玩瑰宝,都聚集在这里。别的先不说,单举北珠做个例子,凡大小围寸者,一颗北珠就价值两三百万。这样的珍珠在天子私藏库里,是用藤筐来装的。有一次,皇上高兴,要赏赐身边的妃子,就命人抬一筐过来,也不计数,亲自用手捧,每人赏赐了好几捧,你说有多少?至于库里有几筐北珠,不仅皇上不知道,连管库的人也说不清楚。更不用说那里面其他的珠玉瑰宝,是没有数的。至于谁能得到赏赐,那就看有造化没造化了。我想请吾兄占卜一卦,看妹妹有无这样的财运?"杨二官人心想,他妹妹不过是个供洒扫的宫女,轮几百转也转不到她身上呀!不过,既然皇上私藏库里的东西没数儿,也不是没有空子可钻。于是就取出蓍草,假模假样地占卜了一卦,连编带造地说:"卦得同人之九三。《易》上的意思是:其象刚强。有人同焉,应当顺合。然后戎于莽,财运虽有,正道不达,而必以诈取,方可得到。"韦工官点头:"卦上的话我明白了,一经指点,茅塞顿开!事若有成,另当图报。"随即拿出一千钱,"这是一点卦资,不成敬意。"杨二官人见他出手如此大方,心里盘算这样的大鱼可不能轻易让他脱钩,假意推辞了一番,也就收下,并说:"以后有什么疑惑为难之事,只管来。江湖上的测字算卦,大多是骗人的。我这《易》学之道,却是再灵验不过的!"

自此,韦工官果然不断地来问疑求卜。有时是丢了东西,有时是亲朋灾病,有时是某时吉凶,有时是他日祸福。杨二官人察言观色,机灵诡诈,先套问出一些底细,然后或以莫测高深的胡诌,或以模棱两可的巧言,来占卜释卦。说来也巧,每次韦工官来回报说,都让他言中了。由此受到韦工官的信任和敬佩,而且毫不吝惜,每占一卦必送上丰厚的卦资。杨二官人图财嗜利,也有意要钩住他。于是二人逐渐成了挚友,过从甚密。韦工官不时邀请他游园赏景,寻花问柳。每出行,都有一大帮仆童跟随,抬着食盒酒樽,携带坐卧之具。所用器皿,不同凡俗:象牙箸,夜光杯,玉盘金盏,精肴美馔,那一番排场阔绰,令路人侧目。有一次,韦工官又邀杨二官人饮酒游乐,席间拿出钱币三千,说:"往日有话,不可食言,这是给你的酬谢。"杨二官人惊诧道:"这是从何说起呢?"韦工官笑着说:"你还记得我为舍妹的事求你占卜吧?"杨二官人说:"怎么不记得,有了结果吗?"韦工官低声附耳说:"我只能对你讲。我妹妹已经诈称有病出宫。掌管宣和殿小库的太监,监守自盗,让我妹妹把珠宝带出来,她本人分得的一份价值已在万两黄金以上。吾兄的卦真是神灵,真可以说是毫发不差了。"杨二官人又得了三千钱,心里又高兴,又羡慕。

过了几日,韦工官又登门相访,坐下之后,愁眉苦脸,嗟叹不止。杨二官人问他有什么心事,是否又需要占卜。韦工官摇头道:"这不需要算卦,倒是一桩烦心的家务事。"杨二官人说:"你我情同手足,你家的事也就和我家里的事一样,说出来我兴许能为你分忧。"韦工官说:"今日来正是想请你替我分忧呢!"杨二官人道:"那就好!快说!快说!"韦工官说:"我妹妹久在宫内当差,现有幸出宫,还是孤身一人。虽富甲闾里,可是年纪已过了四十,谈婚论嫁,实大不易。她又不肯屈辱下嫁,可是要找一个相当的能与其匹配的合适人家,往哪里去寻?舍妹听说你交游甚广,想来拜访,亲自见见你,一来是以媒相托,二来是让你见见她的人品,也好心中有底,日后,免遭欺诳之讥。"杨二官人说:"既如此,何劳令妹驾临,我到府上去一趟就是了。"韦工官正色道:"这是什么话?如果这样,就见不得我们的诚意了!"杨二官人欣然允诺,二人订了日子。等韦工官走后,杨二官人遍告妻妾及家下所有的人,到时候一定要做好迎接贵宾的准备,要为门楣争光,不要丢了自己的脸面。

到了日期,韦府先派几个人来,抬着金镂装盒,内盛时鲜佳果,并有黄封御酒,以及赠送给杨府家眷簪用的大罗花、大绢花、滴粉缕金花。一看到这些东西,就使人联想起这是从宫廷里带出来的。韦府奴仆传话说:"小娘子梳洗更衣,午后方能动身。"

杨二官人全府上下,欢天喜地,翘首以待。谁知韦小娘子姗姗来迟,日西斜时方才来到。先是几个婢妇丫环,持扇打伞,抱琴提壶。然后是一辆垂着锦帘的犊车。韦工官骑着高头大马在后随行。杨二官人得报,即率妻妾出迎。犊车到了门口,韦工官下马亲自掀起锦帘。车内走下一位中年丽人来,首饰衣装,金翠耀目,仪态庄重,袅娜前行。若非皇风熏染,万不能有这种气派。杨二官人像迎接天人一般,妻妾也忙不迭上前搀扶,前行后随,拥到堂上坐定。略事寒暄之后,韦小娘子又起身向杨二官人参拜,说:"奴家终身之事,有劳官人玉成,若能遂心愿,必将厚报!"杨二官人说:"我与令兄乃是金兰之契,怎有不尽心之理?此事包在我身上,只管放心,静待好音便是了。"韦小娘子又再拜致谢。

杨二官人吩咐摆上酒宴。男子们宽袍解带,妇女们复又净手更衣。再出堂时,花团锦簇,又是一番景象。杨家的女眷,自主妇以至婢妾,把最贵重的首饰都戴上了,把最华美的衣裙都穿上了,为何?这也叫摆阔。杨二官人早就告诫家下大小,在韦府面前不能丢份儿。要不然,让人家觉得你粗鄙、小气,就会瞧不起你,对你有戒心,有了戒心就不会下本钱与你交往。这样,咬钩的大鱼就会脱钩而去。他这种处世之道,是凭着他多年的心计和对当前风尚的体察所得到的。

热热闹闹的酒席从下午一直到红烛高照还兴致不减。韦小娘子虽然高贵却很随和,虽然庄重却才艺超群。她会弹琴、会唱曲、会行酒令、会讲笑话。半天工夫,她和杨府的上上下下都谐和相得。夜阑更深,酒席快要结束的时候,韦小娘子说要答谢阖府的感情,启封了带来的黄封酒,亲自执壶把盏,从杨二官人开始,到主人家的妻妾,以至奴婢童仆、厨夫炊妇,每人一大盏,所有的人都敬了一个遍。约摸过了半炷香的时间,一个个都昏倒在地。杨二官人先是觉得头晕眼花,随后又觉得浑身瘫软,想扶住桌子站起来,却手脚不听使唤,口不能言,脑子倒还有些知觉。只见韦工官和韦小娘子笑呵呵地动手,拔去了妻妾头上所有的珠宝首饰,又将桌上和室内的金银器皿、古董珍玩收掠尽净,一股脑儿装满了几大袋子,命跟来的人装到车上去。临走的时候,韦工官走到杨二官人跟前笑着说:"我知道你还能听得见,多谢你给我占卜,说我妹妹定有财运,但必以诈取方能得到。今日验证,你的卦算得真准!佩服!佩服!念你我相好一场,交情还算不错,楼上的箱子柜子,我就不动了,今后你好自为之吧!"说罢和韦小娘子扬长而去。

杨府的人直到第二天天亮才清醒过来。杨二官人查检合算了一下,所丢的东西至少也值一千两银子以上,心疼无比。又看到妻妾哭泣,家下人等窃窃私议,乱作一团。自己平时以诡诈智巧自负,如今却上了这样一个大当,不禁愧悔万分。但又一转念,此事既不能报官,也万万不能泄露出去,否则不仅让人笑话,而且不是自己把自己拆穿,说明精研《易》数,占卜通灵,预知未来都是骗人的假招子吗?于是杨二官人严诫家下人等,任何人不得向外声张。自己秘密辗转托人向将作监打听,回复说根本就没有韦工官这个人。家中唯一留下了韦小娘子的一个镂金装盒,仔细审看却是黄铜所制,外面贴了一层金箔纸。杨二官人情知上当,但终不甘心,总想踪迹到韦工官的下落。最后又到"十千脚店"去找到店主人魏才。魏才说:"他先后抬走了我二十多坛酒,都是记在账上,连一文钱还没给我呢！我想找他连个影儿也不见！"二人商定，无论如何也要联手找到这个骗子，财帛事尚小，不管怎样总得把这口恶气出了。自此杨二官人就不断地和魏才联络。谁知一年以后，这"十千脚店"内却酿出了一桩和聂国庆有密切关联、牵扯到几条人命的大案来。杨二官人的事和这件事比起来，那就像芝麻一样了。

九　案发"十千脚店"

　　宽阔的汴河在"十千脚店"附近拐弯流去,河心正在行驶的两艘大船,一艘前后摇栊,一艘由几个纤夫拉纤,平稳从容地渐渐离开我们的视线。向进城的方向往前走,我们就来到了一个十字路口,这是一个很热闹的处所,东邻汴河,西近城门。不但是运输繁忙的季节,就是平时,这里也并不冷清。置身在此,你会听到大车修理铺里叮叮咚咚修理车轮的声音;相对而设的茶坊酒肆里,饮客谈话和嬉笑的声音;一手擎着屈笼,一手拎着"行几"的小贩高亢动听地叫卖;摆满草药的地摊后面,席地而坐吸引了不少人围观的卖药老人的喋喋宣讲;还有像兴儿、旺儿那样的少年领着负有驮筐的小队驴群"嘚嘚"而来的蹄声,最引人注目的要算是那些来往不息的大车。眼前就有两辆帽形棕顶大车,每辆车都由两头牛拉着,一辆正往前走着,一辆已拐过了街角。这种车通常是有钱人家的眷属用车,以棕顶作盖,前后有构栏门和垂帘,便于女眷乘坐。如果是运货,那就有类似大型的太平车或小型的平头车,这种车有车厢无顶盖,两边巨大的木轮与车厢齐平。前面多至二十余头驴或骡拉拽,可见它的载重量之大了!如果再放眼望去,从前面又一十字路口拐过来的就有两辆驾着三头牛的平头车,大概装满了货物,所以上面遮着弧形的席棚。这些大大小小的车辆,每天从这个十字

路口经过,令人目不暇接,不可计数。

现在我们要说的,就是离开眼前的景物,暂时把时间推往一年以后。某日黄昏时分,也有一辆像上面说的那样满载货物、盖着席棚的平头车,也是从这个十字路口经过,它没有进城,而是住进了魏才的"十千脚店"。

这辆车貌似平常,却来头非小,一进店就引起了魏才的注意。很显然它是远道而来,这从车上覆盖的席棚面上厚厚的沙尘就可以判断出来;而且是重载,车厢的容积、高度和两条壮牛疲惫的程度能够说明。但是跟车的四个人却使魏才很疑惑。他们是一个主人,两个跟随,一个赶车的,全都剽悍精壮。说他们是商人吧,却个个带着兵刃,说是军卒吧,穿的却是普通百姓的衣服。以魏才开店多年老于世故的丰富阅历,敏感地觉得这里面一定隐藏着什么玄机。为了解开这个谜团,他亲自上前热情招呼,问明了主家姓姚,便一口一个姚客官,让他们到专门接待贵客的偏院上房里去住。姓姚的也不问店钱若干,伙食如何,雄赳赳大模大样地跟随魏才径往里进,临行却丢了一个眼色,于是一个跟随便守候在车边不动。任凭魏才解释,本店如何安全,如何可靠,诚实信誉,蜚声京师,但这四个人却好像充耳不闻,该走的走,该守的守。魏才倒讨了个没趣,只好住口不言。他这种人见风使舵,八面玲珑,不但不生气,反而显得更加热情,小心赔笑,百般奉承,忙叫店伙计送水洗脸,掸灰去尘,又端上玉津名茶。两人说话渐渐投契,姚客官也慢慢放下了轻慢矜持的架子,谈话中他忽然问起魏才:"童太尉的府第在哪里,你可知晓?"这宦官童贯乃是当今官家的亲信,手握兵权炙手可热的权臣,提起他的名字就让人如雷贯耳。对方这一问,就让魏才心里响起了一声炸雷,不觉浑身一震。他不是害怕,而是过分地惊奇,他不知道对方的身份有多深多浅,越发要摸个清楚,弄个明白,便随机应变顺口说:"太尉的府第、别馆、花园有好几处呢!客官若是有事要找,等我明天探听清楚了,再来回报。"姚客官却又改口说:"勿事,不过是随便问问。"魏才是何等机灵的人,心思这样的人,却要去这样的地方,其中一定有隐情。便不再追问什么,立即叫伙计端来上好的酒菜,自己执壶把盏,说是一见如故,要为远道来的客商洗尘,今夜一定要尽醉方休。在魏才如簧之舌的逢迎拉拢下,酒喝到半夜,姓姚的与他已经成了好像是几世通好无话不谈的莫逆之交。姚客官喝得红头涨脸用手敲着桌子说:"你道我真是客商吗?"魏才故作惊讶地说:"你不是客商还能是什么?"又用反激法接着说:"我看你肯定是经营有方、生财有道的大商人、大客官。"姓姚的粗犷地哈哈大笑,头摇得像拨浪鼓一样:"走眼了!走眼了!"魏才又进一步相激:"不可能!不可能!我开店多年,看人多了,绝对没有错!"姓姚的瞪大眼睛:"咱们输点什么?"魏才说:"我若看错了,你在我店里不管住多久,我分文不取,每天我还要摆上等酒席招待你们几位。""一言为定?""言出必遂!""好!那我就实话告诉你。我是陇州知州属下的巡官,他们都是我手下的军士。因童太尉生辰将临,知州大人备了寿礼,命我们运送来京。只是我们皆系边民,几世都不曾到中州来过,更何况京城。到这天子脚下,咱又不敢去乱闯,只好先在城外你这里住下,等问明了,改日再去投。"魏才说:"我却不信。既是知州大人所遣,老弟是堂堂正正的军官,所押的又是童太尉生辰的寿礼,沿途州县迎送唯恐不恭,自当正大光明,扬旗响鼓地进京,何用扮作商人模样,用这样寒碜的平头牛车,遮遮掩掩地行路呢?"姚巡官说:"这你就不懂了。也难怪,你是在京城,不知道天高皇帝远的事情。陇州在千里之外,一路上要经过多少跋山涉水坎坷艰辛且不说,要紧的是匪人歹徒如毛,世态险恶难料。也再别说什么州县迎送,如今官匪难辨,官诈称匪,匪说是官。你若露富露贵,有多少黄白宝器,也得让他们掳掠了去!"魏才说:"那就多派些军士、兵卒护送,不就平安了吗?"姚巡官摇手说:"不济事!不济事!派人多了,招摇过大,反而更危险,不如像我们这样,扮作一般的客商,官道之上,此辈往来甚多,越发的不起眼,就越发的平安无事。"魏才跷起大拇指:"真是高招儿!我认输,认输!"

魏才逐渐摸清了底细,心里便一阵阵鼓荡,泛起了一个念头越来越膨胀,按都按不下去。他立即打发伺候的店伙计,叫他们熄火睡觉,又关了后偏院的门,安顿了姚巡官和他的随从,让他们自斟自饮,以添菜烫酒为名,从小角门进入住眷属的后院,和老婆商量。魏才的老婆鱼氏,原是一个行老的女儿。什么叫"行老"?比如当时饭店酒肆要雇用"量酒博士"(卖下酒食品的)或"铛头"(掌勺的厨师)、"行菜"(端盘子送菜的)、"闲汉"、"小厮"(临时为客人奔走使役的)等等,这一行都由他介绍引领。因此鱼氏从小就和一些闲杂人等厮混,养成了好吃懒做的习惯。嫁给魏才以后,生活也算富裕,可她仍然不能安分,且又贪心不足,经常四处游逛,给人说媒牵线,买卖奴婢,货药堕胎。魏才把姚巡官押送寿礼的情况对鱼氏说了,鱼氏比他更喜悦更兴奋,夫妻二人一拍即合,认为这是天赐良机,发大财的机会到了。虽然他们并不知道车上装的是什么,但是完全可以合理地推想到,既是一个知州大人所遣,又是送给当朝最有权势的大人物童贯的寿礼,这份礼物绝不会轻了!财胆包天,这会儿他们倒是什么顾虑也没有,什么惧怕也没有,自信地认为值得大干一场;而且凭他们的聪明技巧,完全可以干得干净利落,不留痕迹。于是鱼氏又亲自动手,做了几个好菜,烫了一壶陈年老酒,里面放了剧毒之药,让魏才端到偏院的席上来。鱼氏又分出一份酒菜,送到在车旁守夜的随从面前,花言巧语,飞眼送娇,勾引那人把酒菜吃下去。

夜半时分,姚巡官和他的几个人俱已倒地毙命。魏才夫妻叫起他们的儿子,一家三口动手,先把车载卸了,藏于屋中,然后把尸体放在车上,仍然用席棚盖好,拉至远远的荒地里掩埋了。好在脚店已是地处东郊,用不着出入城门,夜静人稀,又是更卒巡逻走不到的地方,受不到什么检查,天亮以后把牛车变卖了。第二天,魏

才对店里人说,姚客官一早押车进城去了。店里的伙计们都是混事吃饭的,一天到晚累得要死,多一事不如少一事,且店里每天人进人出,像流水一般习以为常,谁也不会去耗神费力多打听什么。因此这件事做得神不知鬼不觉地,魏才"十千脚店"的声誉依然很好,客商云集,生意兴隆。

安顿下来之后,魏才和鱼氏暗暗查看了藏匿的东西,可惜的是没有黄白之物,却是些锦缎缣帛、狐裘獭皮、麝香羚角、珠宝玉器,算起来倒也是少见的丰厚,还有一些各式各样的罗花、绢花、滴粉缕金花、通草琉璃花。你道送这些巧夺天工的缎花做什么?须知那时候的风俗,从皇帝到庶民,不论社会地位,不分节日平时,女人戴花,男人也簪花。徽宗皇帝每次出游,就御裹小帽、簪花、乘马,同时对从驾的臣僚、侍卫仪仗也都赐花簪戴。陇州知州送献给童贯这么些假花也就不奇怪了。可是还有几箱子蜡烛,难道童贯府中缺少蜡烛用吗?难道东京城里缺少蜡烛卖吗?不可能!那么千里迢迢运几箱蜡烛来,不是搬石头上山吗?可是以魏才的机巧聪明,一想也就明白了。这正是姚巡官他们高明的地方,弄这些做掩护,正可以证明他们是一般的商人,贩卖的也不过是一般的货物。连魏才店里也不稀罕这种东西。只是这些蜡烛样子笨大而奇特,不好拿出去张扬,以免引人注意,魏才就把它们连箱子胡乱扔在桌子和床板下面,其他的各宗分别收拾,严严实实地藏了起来。

脚店里有个伙计叫王三,平日倒也勤谨老实,瞒钱偷酒的事儿从未听说过有他的份儿。这日来向魏才告假,说是要回乡下老家去娶媳妇。王三的家在祥符县,属天子脚下的近畿之地。俗话说:金杞县,银太康,赶不上祥符一后响。说来该是富庶之地,可王三家里穷,这也合情合理,若无有更多的穷人,哪会有更多的富人?魏才给他结算了工钱,又想起扔在桌下的那些个蜡烛,便随手拿给他两对。娶亲自然需要红烛高照,取个吉庆之意。王三千恩万谢地去了。过了几日王三又来,说是新媳妇家在那一片儿也算是殷实的富户，新婚大礼虽已应酬过去，可是回门、待客也不能太寒碜了。乡下人晚上只点油灯或是不点灯，蜡烛也算是排场贵重之物，恳请东家能再赏给一些。区区小事，魏才就没在意，索性搬给他一箱。后来王三又来过几次，借故要蜡烛，前后拿走了两三箱。再后来，王三不来了，托人来说，自己有病，辞了工。店里多一个伙计少一个伙计也没什么，魏才仍未在意。又后来，却不断传来消息，说王三盖起了几重几进的大宅院，置下了方圆多少亩多少顷的田产，骡马盈槽，童仆成群，成了当地首屈一指的豪富。这就使魏才深犯思量，这王三靠什么富了起来？他有多少积蓄，他有多大能耐，魏才就像看一碗清水那样看到底了！靠他的本事，这不可能！绝不可能！除非天上掉下来金银给他。想来想去，魏才想起了那几箱蜡烛，觉得其中必定有异，便和鱼氏将那些蜡烛拿出来仔细检看。从外表上看，外裹红蜡，光洁匀腻，并无异样，但拿在手里沉甸甸的却和一般的蜡烛似乎有所不同。二人取火点燃，却怎么点也点不着。蜡头上的红蜡熔尽，微微露出一点黄澄澄的光亮。鱼氏拿过来一把剪刀，把蜡皮刮去，夫妻二人大相惊骇，原来蜡心俱是黄金铸成。怪不得王三一夜暴富，掉下黄金的上天原来是他们夫妻两个大傻瓜。回想起来，姚巡官所押的车上，其他所有的礼物统总加起来，也没有这几箱蜡烛昂贵。这才是陇州知州送给童太尉的真正寿礼，也是姚巡官等人假扮客商，在路上掩人耳目的奥秘所在。如今却流落到王三手里一半，就这样，王三却也未敢完全暴露，他所置的宅第田产，还不及他拿走的金烛其中的十分之一二。魏才夫妻懊悔不迭，可此事又不能声张。他们从天黑计议到天明，挖空心思，真是财在心头想，恶从胆边生，定出了一条挽回损失的计谋来。

魏才先是放出口风，说自己年岁渐大，生意虽好，不堪劳累，要找个清静地方后半辈子享享清福。便将脚店委托给账房先生经营，自己也在祥符县王三邻近的地方买了地，置了房。因本来是东家伙计的关系,自然是熟悉随便的,你来我往,走动频繁,二人成了通家之好。到了中秋佳节,魏才请王三全家赴宴,事后又送了几坛好酒和月饼给王三。自此王三家逐渐染疫,好像得了传染病,丈夫病了妻子病,妻子病了儿女病,病虽一样,轻重不同。魏才夫妻极为殷勤热忱,亲自带人上门看护照料,并请了医生来诊治。那些医生和魏才都是极熟的,嘴里说得头头是道,用起药来虎狼一般。虽然也换了几个,治到后来,轻的转重,重的危殆。不消两三个月,王三全家都先后离世了。魏才亲自为他们办了后事,然后约了乡绅耆老,拿出几张契约文书来,上面都有王三按的指印,说是王三临终时,把家产都变卖给他了。那些乡绅耆老昏聩贪鄙,谁有钱就巴结谁,谁愿意去管什么多余的闲事,一个个顺水推舟,作了见证人。于是王三的家产,一总儿又成了魏才的。此事做得顺理成章,滴水不漏。拥有了几箱子金烛,几辈子都消受不了,相比之下,那座脚店倒无足轻重了。

本来事成之后,魏才在乡下住了下来,倒也太平无事。他不像王三暴富之后那样张扬,自知收敛,仍然保持着经营"十千脚店"时那种拾物不昧、招领归还、谦恭诚实的模样,不占便宜,不贪小利,不欺凌贫贱,也不去鱼肉乡里,名声依旧照样的好。他自以为秘守严防,自己的家业固若金汤,谁知千里之堤,溃于蚁穴,竟然因为一个小小的漏洞,使他苦心构筑的这道坚固防线全部垮塌下来。这个纰漏极不起眼,却被一个具有鹰隼般敏锐眼光的人抓住,使他招致了全家杀身之祸。

魏才有一个独生儿子叫魏显,生下来起这个名字的用意是,上一代已经殷富,希望下一代能够显贵,这样富贵连在一起就称得上是完美了。可惜天不遂人愿,魏显长到十几岁上,一本启蒙的《三字经》读了几年,叫他背书还都是当中不熟两头生。长到二十多岁上,没能显贵,很能显摆,走马斗鸡,耍钱召妓,样样在行。他在汴京城里花陌柳巷,是厮混惯了的。如今被老子拘束在乡下,怎能忍

受得了,于是便不时地偷偷跑进城里去寻欢作乐。魏显在潘楼东鸡儿巷妓馆有一相好叫李伴奴。这日又去相会,为了讨她欢心,顺手把家里的绢花拿了两枝赠给伴奴。伴奴看那绢花做工精致,颜色艳丽,十分喜欢,便把它插在头上。正在这时,有一差役前来传话,说是童太尉府在东水门外的驿馆招待广州市舶司的官员,命伴奴前往侍宴。伴奴不敢不去,随即安排了一个姐妹相陪魏显,自己立即动身前往。

童贯为什么这样重视和市舶司的关系?这要从市舶司是干什么的说起。《宋史》上说:"提举市舶司,掌蕃货、海舶、征榷、贸易之事,以来远人,通远物。"用现代的话简单地说,就是管理外贸业务的。那时,广州的市舶司主要是管理东南亚一带的香药贸易。所谓香药,就包括乳香、沉香、丁香、檀香、龙涎、豆蔻、黄蜡、木香、梅花脑、蔷薇水等,以及犀角、象牙、珍珠、玳瑁,还有生金、银、铁、朱砂等等,都是极贵重之物。而广州的市舶司在南方的所有口岸中,香药的贸易额最大,利益也最多,哪个官员对此不馋涎欲滴呢?但凡能挨边儿的就要尽力去钻营。前边说的张郡王府牡丹花会上撤帘放出的香雾,所用的香料就来源于海外。童贯焉有不想去巧取豪夺的道理?他怎样插手,怎样染指,前面的故事,容后再叙。但他在朝身居高位,有些事情也多少需要掩人耳目,这日就派了聂国庆代表他去招待来京的广州市舶司官员。这李伴奴在京瓦伎艺行中,虽然比不上李师师、崔念月,却也是京都东城一带有名的角妓。聂国庆自然高看于她,让她坐在自己的身边,介于主客位之间,便于行觞侑酒。在起身敬酒的时候,李伴奴不慎碰落了头上簪的绢花,正好掉在聂国庆的怀里。聂国庆捡起绢花,也喜爱它的精工艳丽,且伴有李伴奴的发香,便放在脸前又嗅又看,反复把玩,不料竟在衬托花朵的绿叶背面,发现了"陇州徐沅"四个字。聂国庆在官场已久,对州府的职官是了如指掌的。这分明是陇州知州徐沅所制之物,它如何来到京师,又怎样落到李伴奴之手呢?这在聂国庆心里引起了一个不大不小的好奇和疑惑。当下不便细问,席后他留下伴奴,查问此事。伴奴不敢隐瞒,便将魏显赠花的情由说个明白。

聂国庆回府以后,起初对这件事情并未怎么看重,还曾经不经意地对华缨当做市井闲闻说过,意在说明不仅浮浪细民寻花问柳,官场之上和倡优勾搭结交的事儿也是常有。当今圣上私幸李师师的事,不是朝野普遍传闻的吗?这也不妨碍他是明主,是大才子、大画家,万民景仰,众心捧日。华缨听了只是默不作声。俗话说:人容天不容。可巧这时突然出现了一个情况,使这桩事情急转直下,发生了始料不及的结果。

就在聂国庆发现绢花后的不过两三日,陇州的一个差人拿着徐沅的书信投刺求见。原来徐沅等了半年多的时间,不见姚巡官等人回郡复命,弄不清是什么原因。这种送礼行贿之事,又不能直接向童贯的太尉府询问,他便想起聂国庆来。当年徐沅到京磨勘①转官的时候,曾和聂国庆有过交往,而且一见如故,颇有厚交。聂国庆官虽不大,但在童贯手下也算得上是一个红人儿。这样隐秘的事儿,由聂国庆去打听,最为方便。便写了封信,详细说明原委,列明金烛等重礼若干项、差官姓名、进京日期等,派人秘密进京,投书求助。聂国庆看罢信,联系到绢花事件,心中便明白了八九分。不由地像一块巨大的磁铁,以从未感受到的力量吸引着他;又好像是邂逅一座紧闭双扉的藏宝洞府,是旁顾而去还是破门而入?他相信自己的聪明才智和胆略气魄,更何况有一个强大的欲望动力来支撑。于是他制订了一个在正常生活表面现象的掩盖下像暗流一样汹涌而动的周密计划。一方面,他利用李伴奴诱捕了魏显,秘密进行审问。魏显是个少不经事只知吃喝玩乐的纨绔子

---

① 磨勘:宋代官吏经过一定时期可以申请叙迁,由"审官院"主持考课升迁,谓之"磨勘"。

弟,哪见过威如虎狼的阵势,用不着怎么逼供,便将他爹娘所作所为一五一十地招了出来。另一方面,聂国庆串通了童贯账房的幕僚,将所记各地送献寿礼的账目翻了出来,当然陇州是一张空白,就按徐沅信上所述将金烛各项加了上去。然后把陇州来的送信人叫到太尉府,当面让他看过礼账,信使自然坚信无疑。聂国庆又告诉他说,童太尉因见姚巡官几个人精明能干,十分喜欢,便留他们派往军中去当心腹差役了。陇州来人千恩万谢,回去复命。徐沅自此放了心,也不再问,自以为重金博得了童贯的好感,一心等候他日童太尉会举荐擢拔自己,官运亨通,位列朝堂。至于姚巡官等人的下落,徐沅觉得有他们也不多,没他们也不少。如若他们真的成了童太尉手下的心腹,那岂不是使自己又多了几分力量,真是值得自己庆幸的意外成果。再说童贯府中,库藏盈溢,四方的贿赂贡献如海纳山积,奇珍异宝,不计其数,金银更不足道。究竟有多少财宝,连童太尉自己也不知道,更不会亲自去查点。为童贯奔走的幕僚差役,何止千百,因此金烛和姚巡官等,只如九牛一毛。聂国庆有把握,绝不会露出什么马脚来。一切安排妥帖进行顺利之后,就剩下最后关键的一招了。

　　一个月黑风高的夜晚,一伙蒙面强盗闯入魏才的家中,杀了魏家主仆奴婢二十多口,劫财而去,临走时又放了一把火。随后赶来一队官兵,说是救火,奇怪的是他们并不尽力,弄了几桶水像点眼药一样,这里泼一点儿,那里泼一点儿,却对外戒备森严,不许邻近赶来的乡民靠近施救。大火越烧越旺,越烧越大,结果大半个村子都化为灰烬,死伤了老壮妇孺一百多人。魏家丢了些什么,自然无从查证。官府声言缉拿盗匪,也无下文。魏才家人尽根绝,也没有人再去申报追究。这在京畿一时也算是个骇人听闻的故事,可传说了一阵儿之后,也像那场大火本身一样,烟消灰灭,风平浪静,好像什么事儿也没有发生过。

　　华缨当然也听到了这个传闻,她并没有随着人们去议论什么,也没有再添油加醋地去向旁人转述,然而她却也没有像世道上那样,一阵风过后又恢复了死水一潭的平静。她的感情不是好奇,不是痛恨,不是怜悯,而像是心里被掏空后灌上了铅,沉重得不堪重负。而这些日子,聂国庆却显得高兴万分,每天都喝得醉醺醺的。虽然对同僚、对宾客、对家人都分外地和气,而只有华缨才觉察到他生长了一种骄横冷酷之气。他打死过一只在路旁吠叫惊了他马的狗。他购买自己所喜爱的东西,不再计较价钱,出手大方,而对穷苦的贩夫走卒不屑一顾。他对人特别讲究等级、礼仪,卑上傲下,私语多于明言,密谋多于公行,但这些并不违反官场的规范,而且是一种从政为宦成熟的表现。

  这一天,夫妻二人在内室饮宴消夜。华缨体恤下人,叫他们各自睡去用不着伺候。她亲自温酒烹茶,把盏布菜。席间华缨念及聂国庆近日的行止,又婉言相劝,要他崇尚节俭,勿忘了昔日的艰难窘境,居安思危,免蹈故辙。聂国庆喝得已有半醉,不等华缨说完便大笑道:"你怕什么?往日我道你是慧眼识珠,胸有大略,今日看来,也还脱不出头发长见识短的妇人之识。我聂国庆如今是龙游云起,虎行风生。"华缨问:"我看不出,你近日有什么大作大为呢?"聂国庆说:"别的不说,就说以往和现在。""以往怎样?现在又怎样?""你可能以为以往你有恩于我,帮助我脱离困境,回归故国,其实我的能力,这不过是早晚的事儿。再有,你赠我的那些藏在衣中的金箔,救了我一时之急,可现在看来,不过是杯水车薪,你能给我一辈子的富贵吗?而现在,若以钱财而论,我可以给你几辈子都享不尽的荣华富贵,倒是我有大恩于你了!"华缨更觉奇怪:"你这是从何说起?""好,今儿个我高兴,让你开开眼界。你等等,我让你瞧一宗东西。"聂国庆离席,走出内室。过了一会儿,手持一封东西进来,抖开纸包,就在华缨的眼前:"你看看,这是什么?""这不是几枝红色的大蜡烛吗?""你放在手里掂掂,再仔细看看!"华缨拿起一枝,觉得分外沉甸甸的。她正在沉吟,聂国庆迫不及待地要展示他的惊人猎获,便接着说:"这是金烛!"华缨一时尚未转过弯来,"什么金……这怎么可能?"聂国庆说:"你都能想到把金箔藏在衣服里,人家就不会想到用蜡皮裹着金烛?这就是官场上馈赠行贿的高明之处!这一枝金烛比四五根金条还重。不瞒你说,现如今二十几箱已经全部到了我的手中。"这好似晴空霹雳,华缨一下子呆坐在那里。聂国庆看着她,鄙夷地笑笑:"你高兴过头了吧,也犯不着这样神魂颠倒。只是要明白,从今而后,我给你富贵尊荣,你也别想再给我念什么紧箍咒,买婢纳妾、斗鸡走马、蓄优包娼,任我所行。你若驳了我的兴致,休怪我对你无情!"华缨说:"我只问你,这些东西是哪里来的?"聂国庆自斟自饮了一大斗酒,乜斜着醉眼说:"陇州而来,魏家而取,天之所赐,舍我其谁?"华缨不动声色地又问:"这么说,魏家的血案是你一手所为?""这又何怪?有福者享,无福者灭。天道不问,世道如此。""为你一人之福,那一百多口无辜的老壮妇孺都是无福该灭的?"聂国庆冷冷地说:"你也太不识时务,为供当今官家的一人之乐,仅花石纲死了多少人?公开施行,世人皆知。普天之下,还不是照样赞颂皇上圣明,爱民如子。我做这一点小手脚,还要暗策密谋,遮藏掩盖,不过是一百多个蝼蚁似的草民性命,直如小巫见大巫,这又算得了什么?何用大惊小怪!""你不怕千夫所指,有愧于心?""宁肯我负天下人,也不能让天下人负我!"华缨瞋目道:"我劝你悬崖勒马,改过自赎!"聂国庆大怒,吼道:"你当你是谁?纵有几分姿色,不过是个野女蠢妇。你有幸依附于我,才得有今天的好光景。你那哥哥我早看出他是个强梁匪人,为朝廷所不容。说好便好,若碍着我的好事,早晚我把你们全都收拾了!"说罢又奋拳相殴,只见华缨勃然变色,翩然而起,雪肤花貌,骤如怒目金刚。以下发生的事情,只有一个小丫头作为唯一的见证人,然而也是说不清,道不明。

且说这个小丫头因多偷吃了几杯酒水,夜间起来如厕。从主妇窗外经过,先是听见主人夫妇大声说话,好像争吵什么,后只见寒光一闪,如流星划空,灯烛尽灭。黑暗中似有电火明灭三匝,一切归于寂静。小丫头以为主人夫妇兴阑就寝,灭烛嬉戏,不以为意,回去复又呼呼大睡。待到天亮,家下人等俱已起床,还不见内室有动静,回想昨晚宴饮至午夜未眠,必是累乏思睡,也不敢去惊动。直等日上三竿,才觉着有异。因华缨平时不管怎样操劳,每天是黎明必起的。这才由管家婆婆前去叫门,叫了数声不见回应。一推,门是虚掩的,朝里一看,不禁惊怖大叫。众人闻声而至,排闼入内,只见主人聂国庆横尸地上,身首异处。主妇华缨已杳无踪影。更奇怪的是室内昨夜点燃的那些灯烛,好像一阵风吹过,被齐刷刷地削灭了头。

几年以后,当金兵的铁蹄践踏中原时,北方蜂起的义军中,传闻说有一支兄妹领导的队伍。他们并不勤王,却又抗金。烧杀抢掠的金兵来了,他们誓死抵抗;糟害百姓的官军来了,他们也坚决回击。他们只是想保一方乡土的平安,但终因寡不敌众,后不知所终。

十　米盛和普照寺

让我们还是回到开头说的清明那一天吧。鲍八承务为什么在当晚张王府的牡丹会上向崔知县等人说起"十千脚店"高风亮节的故事呢？因为那天下午他在虹桥一带游玩。这汴河在东京城内自西向东穿城而过，流出东水门以后，在虹桥以西，有一段转了个弯儿，是自北向南流的。这天下午，鲍八承务沿河的西岸信步而行。只见汴河水滔滔滚滚，在来往船只的桨声篙影中，闪动着绵绵不绝的细长波纹，还有许多小漩涡，泛起一圈圈儿的涟漪。这些水圈儿逐渐扩大，你套我，我套你，有的前涌，有的洄流，在偏西阳光的映照下，变成一朵朵镶着金边儿的云彩，浮动在水上，沉落在水底。鲍八承务看见河心有两艘大船，正在逆流而上。前面的一艘可能是货船，吃水很深，岸上有五个纤夫拉纤，还有船夫在船尾吃力地撑篙，这些努力终于使那船平稳地渐渐远去。稍后的一只大船，前后都安着长橹，各有六个人分列成两行，在号子声中协调而用力地摇。河中有动有静，也有安闲的。靠河的西岸就一溜儿停着五只大船。这些船看样子是等候装货上客，准备南下江淮的。眼前有两只就整日搭起跳板，使船和岸连通一处。如今就有一个人挑着一担东西走上跳板。他的后面还有一个手提食盒的仆佣和一个双手捧着一匹绢帛的小童也要随之上船，大概他们都是为南行做准备的。鲍八承务继续前行，看见有两个一主一仆模样的人，正在岸上一家小店门前的遮阳棚下说话。这个主人模样的人好生眼熟。他越走越近，认出来是他的同乡黄损。这黄损有好几年不见了，在原籍曾与他同学读过书，前年听说中了进士，在京城里做官。为什么在这里见到？他正想上前打个招呼询问一番，只见黄损向船上指了一指，好像有什么急事，目不旁顾地同那个仆人匆匆走开了。鲍八承务不便唐突，张开的嘴还没喊出声来就噎住了，只怔怔地站在那里，望着黄损的背影出神。这时就听见"十千脚店"临河的轩窗里有人喊他，接着就见米信从窗内伸出手来向他连连招手，叫他即刻上去。

　　这米信也是鲍八承务在京相交的一个又亲近又疏远的朋友。为什么？说来话长。米家的豪富是遐迩闻名的，大半个江南都有他家的米店粮栈，汴河上几乎每天都有他家的运粮船来来往往。米信长到十五六岁的时候，有一次他父亲米盛问他："你天天吃饭，可知道米是从哪里生出来的吗？"米信答："是从舂米的石臼里生出来的。"米盛说不对，让他再想想。米信想了想，又说："我知道了，这次一定说得对。米是从席子里生出来的。"因为他看见过他家的米仓，运来的米都是用席子囤起来的。他父亲气得瞪眼，家里的仆从使女无不掩口而笑。从此也在市井中传为笑谈。可是米信长到了二十多岁，却显露出了绝顶的聪明。京城这么大，他知道哪家酒楼的酒好馔精，哪家妓馆的角妓出众，哪座瓦子何种技艺高超，还有斗鸡、斗鸭、斗蟋蟀、叶子、双陆、打牙牌，没有不熟稔精通的。在这方面，鲍八承务和他有许多同好，还要靠他导游和向他学习。因此，算得上是气味相投的亲密朋友。可是在另一方面，米信虽然是米家的独子，他父亲米盛却是天下少有的贪鄙吝啬，纵使那千万缗铜钱生锈，也不肯多给米信一文。米信在外面花天酒地挥霍放荡的生活要靠借贷过日子。这也就是鲍八承务又要与他保持一定程度疏远的原因。

鲍八承务上了酒楼,只见米信正与二位衣帽鲜明的人对坐。桌上的酒肴自然是丰盛的,好像动得不多,话却说得分外热闹。米信打住话头,赶着做了介绍,一位是郑主簿①,一位叫刘廷让。二人也略略抬身示意礼让。鲍八承务就在对面坐下,添了杯箸,对饮一巡。略作叙谈之后,鲍八承务这才知道,郑主簿原籍浙西,家富万贯,是来京申请叙迁的;另一位刘廷让是赫赫有名的威州刘太保刘廷海的弟弟。刘廷海因平寇有功,被任命为威州刺使,现在京寓居。刘廷让就跟着他哥哥,为亲事都将。平时行为不检,常游于花街柳巷市井之中,有用不完的银钱和不敢惹的权势。只听米信继续和他们纠缠。米信说:"我已经说得口干舌燥了,不就是借贷若干银两,以救燃眉之急吗?至于让二位为难成这个样子,吞吞吐吐半天也不给个痛快话?"郑主簿说:"不是我不应允,只是……"米信说:"你顾虑什么?你看这汴河上,哪一天不有我米家十只八只粮船抵达京城!凭我米家的财势,还能赖你账不成?"刘廷让说:"小舍人②,你不要着急,你家的事情我是知底的。汴河上你家的粮船再大,米粮再多,你能动它一粒吗?"这句话噎得米信好像鱼刺卡住了喉咙,稍后才又急扯白脸地说:"你既知道底细,就该明白,这些早晚都会是我的!"刘廷让说:"可现在还不是。我们就怕没有这个耐心等待。"米信说:"这样吧,我再加二分利。"刘廷让和郑主簿还是摇头。米信急了,说:"你们难道不知道我家老爷子病重?我早晚一炉香,大相国寺里求过神,许过愿,祈望他老人家早一天驾鹤西去。我都有这个信心,你们还能没有?"刘廷让、郑主簿和鲍八承务听了,你看看我,我看看你,都不知道说什么好。米信见他们不语,认为他们被说服了,便说:"这样吧,请承务作保,我愿意给你们立一个老倒还的契约。"郑主簿不解,问:"什么叫'老倒还'?"米信

---

① 主簿:地方行政官署中的属官,总领文书之职。
② 舍人:对达官显宦家子弟的称呼。

说:"只要我家老爷子一闭眼,以气绝为准时刻,不等入棺,我就本利齐到,一文钱也不少你们的。这你们还不放心吗?"鲍八承务看越说越不像话,不愿再听下去,就借故起身道:"既然米家老弟有这样的诚心实意,要我做什么保人,岂不是多余的!我还有些急事,只好告退先行一步,你们谈!继续谈!"说罢也不容米信再挽留,便摇摇摆摆走出"十千脚店"。

这时候,上面所说的有关魏才、王三以及聂国庆的故事,一切都还未发生。脚店内照旧熙熙攘攘,热闹非常。饮酒品茗之余,闲客们添油加醋地传说着店内拾金不昧、失物招领的盛世义举,若不是躲避米信的麻烦,鲍八承务真想在脚店内多停留一会儿,感受这辇毂之下的高尚风气。但他终于不肯回头地走出了脚店的后门。他在附近的十字路口遛了一个弯儿,先是拦住一个正要过街的卖吃食的小贩。小贩把提着的行儿放在地上,又把擎着的笼屉架在上面,揭开笼盖,里面是热腾腾的包子。他买了几个,用布巾兜着。接着看了一会儿大车店的木匠正在忙乎着哧哧啦啦地刨木条和叮叮当当地修理车轮。他听见对街一个席地而坐的卖药老人,正对着一些围成半圈的人喋喋不休地讲得热闹,便也凑过去听听。那老者正指着地摊上的瓜蒌根宣扬它的奇效。说某某官宦人家的小姐因疮后余毒上攻,致使眼生内障,目不辨人。遍请名医,吃了多少副药,都无效验。后来由他荐此单方:将瓜蒌根研成细末儿,再加蛇蜕一具,焙燥成粉,一齐装入羊肝内,用麻皮缚定,然后用淘米水煮熟,分切开陆续吃下,十几天就痊愈了。接着又拿起一个小葫芦,倒出一点药面儿叫大家看,说这是他的祖传秘方,专治小儿疮痘,发热不退,面色晕黑,口唇冰冷,危症将殆。移时即能热退唇温,红润如常。什么药能比神水仙丹还灵验?你们可以五湖四海去打听,只有这种药是世上独一无二的。本来这个秘方在他家里只传男不传女,传儿子不传媳妇的。今天和大家有缘,说出来让大家长长见识。这种药是用狗蝇七只,还不能用死的,一定要用狗身上能飞的。擂细之后,用酒调服。这种专门生活在狗身上的蝇子,夏天极多,容易得到。冬天就没了影儿,到哪里去弄得？难道冬天就不治病了吗？这又是一个秘密。今天索性一股脑儿都公开给大家。冬天它们都藏在狗耳朵中,不说不知,又不可不知也……鲍八承务越听越觉着有点玄。汴京城里像这样摆地摊卖药的江湖郎中,何止几百几千,按他们自己说的,一个个都比太医院的太医们更高明,更有能耐,不知到底该不该信。可又一想,这也是国祚昌盛,能人辈出,济世益民,也是可喜可贺之事。鲍八承务不想再听下去,漫无目的地转过头来,看见路口店前有一匹马已经备好鞍辔,却站在那里低头悠闲地吃草。旁边有三个男人,把一些行囊往一头小驴身上驮。附近还停有一乘小轿,有一个妇女即将上轿。鲍八承务就站在那里瞎琢磨：他们是一家人吗？是进城还是出城？是扫墓归来还是来京探亲……鲍八承务百无聊赖,正在胡思乱想,却又看见米信兴冲冲地从"十千脚店"拐出来,想必是借贷成功,满面喜色,穿过十字路口,经过一座驿站大门前往东走。他知道距护城河不远,和普照寺紧邻,米家有一座大宅子。为了便于照顾漕运的粮食,如今米盛一家就住在那里。

　　鲍八承务猜得不错,米信确实从刘廷让和郑主簿那里借到了银两,当然也立了一份"老倒还"的契约文书。像这样的契约文书,米信到底给多少人签了多少份,连他自己也记不清,说不准。反正虱子多了不咬,他爹的身后事他都不想,他自己的身后事就更用不着想了。走到普照寺前面,只见佛寺正面的大门紧闭,东西两边的角门却开着。慧然和尚独自站在东角门口。见了米信,和尚低眉慈目,双手合十,念道："阿弥陀佛,罪过罪过！"米信从不理慧然和尚,觉得他颠颠倒倒,见人不是说"罪过罪过",就是说"善哉善哉",好像把世人简单到不是"善哉"就是"罪过"。他不信这一套,他爹好像也不信。米家虽然和普照寺只隔一堵墙,连阴沟里的水也是先流到普照寺里,再拐弯儿流出来。可是米盛从未给普照寺施舍过一粒米,他觉得米家只要给财神烧香上供就足够了。也许因为天下敬财神的人太多,财神也有照顾不到的地方。当米盛死了没有多久,米家就已经到了绝食断炊的地步。这一天,慧然和尚把米信叫到寺内,领他到了一所偏院的禅房。推门进去,里面有几大囤白花花的大米。慧然说:"善哉善哉,这是我给府上保存的几囤大米。"米信大为惊奇,心想和尚何时偷了他家的米,而且偷得这么多!慧然好像知道他在想什么,便又说:"罪过罪过,这米不是从石臼里生出来的,也不是从席子里生出来的,是从你家阴沟里生出来的!"米信问:"怎么是从我家阴沟里生出来的呢?"慧然说:"这是我过去每天把你家扔掉的从阴沟里流出来的饭粒收拾起来,淘洗干净,再把它们晒干,然后囤积起来,想不到这样快你家就用得着它们了!"究竟这几囤饭粒够米信家吃多长时间?以后有何生计?此是后话,不得而知。

十一 龙 主

　　鲍八承务在十字路口踅了几圈儿,虽然是人来车往,市声热闹,但对他来说,也已是司空见惯。正觉得没什么意思,忽听得十字路口东北角上的茶馆里,有几个人正说得热闹,引起他的注意。他走近些仔细看,只见邻近的两张桌子上坐了四个人,当中的一人正在指手画脚谈兴正浓,对面的两个人在凝神地倾听。他身后的桌子上还坐着一位,双手拢在袖里,好似心不在焉,一边听着一边望着街。鲍八承务认出这四个人中有他两个相识。正在说话的人姓龙名主,对面坐的其中一人是曾在他故乡全州做过司理的单飞英。

　　说起龙主,鲍八承务觉得他是一个异人,心中有一种莫名的敬佩和神秘感。他认识龙主,也有一段不同寻常的过程。那一天,记不清是个什么节日了,因为身逢盛世,风情侈靡,大宋朝的节日太多了。比如:每个皇帝的生日都立为"圣节",截至到宣和年间,每年就有了八个"圣节"。另外,还有官定的"节日",重要的就有元旦、上元、中和、天庆等节。再有就是传统节日,比如:立春、社日、寒食、清明、端午、七夕、中秋等等。再加上佛、道二教流行,又添了不少宗教性的新节日,有玉皇大帝生日、梓潼帝君生日、祠山张真君生日、东岳帝生日、释迦佛生日、崔府君生日……凡是节日,都是皇帝高兴，官吏张罗，百姓出钱，而且又都是给了一些有钱人多了一些宴饮游乐，出入舞场、歌馆、酒楼、妓院的借口和机会。总之，有这么一个节日的一天，鲍八承务邀了几位朋友，在孙羊店会饮。这孙羊店坐落在东水门内，属于"正店"一流，气派比脚店要大很多。就拿"彩楼欢棚"来说，虽不像虹桥桥头的"十千脚店"所搭的那样高耸引人注目，却宽展而又装饰得华丽多姿，许多尖顶扎有繁花舞凤，层层围栏下彩绸飘荡。这孙家正店以炮制羊肉著名，所以门旁的"川"字旗上写明"孙羊店"的店招。这孙家正店的楼上，都是被隔开的一间一间小阁子，就像今天所谓的包间雅座。能到这小阁子里落座的酒客，当然大多数是锦绣披体、衣帽鲜明的上等人物。鲍八承务和他的朋友们就经常在这酒阁子里通宵达旦的欢娱宴饮。这一天，刚刚酒过三巡，就听相邻的阁子内传出宽厚洪亮、调清韵浓的歌声。这歌声有时激奋向上，势若直干青云；有时圆转低吟，状如游丝袅空。鲍八承务好奇，就到邻厢去探望。只见阁子内只有一个男客独坐，布衣草履，状貌甚伟，面前清酒数斗，也无菜肴，独酌独饮，以指弹杯，击节浩歌，旁若无人。鲍八承务告诉了朋友们，大家希图新奇热闹，就一齐过去施礼相邀。那客人也不虚套推辞，就豪爽地过来相聚。寒暄之后，各通姓名，才知道这客人姓龙名主。又问乡里，龙主笑道："鄙野之人，何须道哉！而今弃家云游，随遇而安，已有多年了。"龙主酒量极大，众人敬他酒，也不推让，一饮而尽，连饮数斗，竟无醉意，而且对各种酒令无不精通。欢饮叙谈之际，有人问他在京师休歇之地，何处安身。龙主向窗外对过儿一指说："你们看见对街那个'久住王员外家'的店牌吗？我就在那个旅店客居。"从此以后，鲍八承务和朋友们时不时地会在孙羊店遇到龙主，有时龙主不在，他们也会遣人到旅邸去请。据去人回来描述，龙主的客房里，行囊简单，一室潇然，既无书籍，也无琴剑。众人越发纳闷，此人是文是武？猜测不透。有一天，鲍八承务又在孙羊店与朋友相聚，只见跟随龙主的唯一的一个老仆前来说：

"我家主人命老奴传话,屡承诸位盛情,无以回报,明日拟请诸君子同到郊外一游,略备薄酒素馔,以助雅兴,不知肯赏光否?"鲍八承务和他的这几个朋友都是每日无事找乐子的人,焉有不高兴的,连忙七嘴八舌地答应:"乐于从命!乐于从命!"第二天,大家仍在孙羊店门口聚齐。龙主早派老仆买了果酒饼饵,挑了一担食盒。众人随他闲步出了宋门,到达城东十五里的独乐冈。这独乐冈为什么叫独乐冈?何以得此名?其中还有一段故事。传说这里以前住着一位家道殷富的老翁,儿女皆已长大成人,各自婚嫁已毕,成家立业,老翁就从此不再过问家事,日日邀请故旧亲朋郊游野宴,饮酒为乐。按说这也不过是平常之事,算不得什么。奇就奇在当今皇帝徽宗赵佶一日微服出行,四处游逛,也到了这里,十分欣赏它的景致秀美,也听到了以上的传说,很羡慕这位富翁的福分,便说:"斯人岂独乐哉?"这一下不得了啦,皇上的话是金口玉言,随行的人员一传谕,此处便被命名为"独乐冈"。不过皇帝的话常常不是在字面上,而是要人去琢磨它的含义。比如他说的这句话就可以从三个不同的方面去品味:一是羡慕别人独乐,二是嫉妒别人独乐,三是喜欢自己独乐。但是,不管皇上也好,富翁也好,要想独乐是不可能的,独乐冈多年以来就成了京都士人和百姓清明前后郊游踏青的好去处。龙主领着众人来到这里,只见青容满野,绿草如茵,香花如绣,莺啼燕舞。他们就在柳下花旁,摆开杯盏,随兴所致,畅饮叙谈。其中有两个读书人,偶尔谈及经史中难解未通之处,龙主听到,随口而答,莫不解疑释惑,畅晓明白。这引起了大家的注意。鲍八承务这帮朋友多数是些虽读过几年书但半通不通的富家子弟,一是他们对龙主产生了惊奇,二是也有些恶作剧想要难倒他的意思。于是,七嘴八舌,凡是他们所记得的、所知道的,有关经史子集,以至稗官野史,有请他解释疑难的,有向他提出问题的,有查问典故出处的,有请求背诵某章某节的,龙主好像不假思索,迎刃而解,辩答清晰,弄得众人目瞪口呆,再不敢存戏弄之心,佩服得五体投地。有人就笑着问道:"以龙兄的学问,蟾宫折桂,易如反掌。难道没有到科场上去一试身手吗?"龙主摇摇头,过了一会儿才淡淡地说:"这些都是无用的学问,知与不知,于世无补。"随后站起身对大家说:"我们不谈这些乏味的东西了,换个方法来寻些乐趣吧!"他见其中一位随身带着一副弓箭,本来是作为射圃、投壶用的,便借过来看看,拉拉弓弦,试试张力。这时天上鸣声嘹亮,雁阵横空,龙主搭箭在弦,仰天一射,正中一只大雁的头部,那雁扑楞楞坠落在前方的地上,众人拍手叫好。自此鲍八承务视龙主为异人,有暇时也不断去访问请教。龙主很健谈,最爱谈些古今逸事、市井新闻,鲍八承务听起来就像在瓦舍、勾栏里听说书人讲故事那样入迷。

这时,鲍八承务看见茶肆里正说得热闹,当然不肯错过这个消遣凑兴的好机会,便也走了进去。龙主见他进来,也不起身,只是打住话头,向他点了点头,算是招呼。倒是单飞英因多年未与他相见,连忙起身让座,叫茶博士过来添点了一碗茶,并低声向他介绍说,同桌他身旁的这位是在州县衙门里当过多年差的老胥吏周改之,单独坐在附近另一张桌子上、抄着手不断向街上张望的人,是刚认识的一个官宦子弟,名叫向士肃。鲍八承务出于礼貌,都和他们点头致意。

单飞英见龙主止住了话语,安闲地呷茶,便说:"龙兄,上一个故事讲完了,这一个故事刚开了个头,怎么停住了?"周改之也在旁催促:"快讲!快讲!你是不是也像瓦舍、勾栏里那些说书人一样,卖关子要收钱了?"龙主笑了一笑,便接着讲下去。

十二　茶肆谈异

"刚才说到天人相通,顺逆之兆,日月之蚀,风雨雷电,天象变异,历代朝廷都认为是对人世吉凶的警示。所以自古以来,帝王遇到这种情况,都要避殿减膳,省身自责,以求顺天宁人,国泰民安。黎民百姓中,却不是这样,他们讲究或希望最直接的报应,比如雷劈不孝子的故事就有多处、多个流传。赌咒发誓,也是直截了当地说:如若不然,天打五雷轰!

"说到天打五雷轰,自然是雷公的职责。这里我倒要先问一句,你们说雷公是男还是女?改之老兄,你先别笑。自然你会说:这还用问?当然是男的呀!各处都不难见到雷神庙,这位尊神,赤发鸟喙,一手执锤,一手执钻,旁边还站着一位婆婆,手持双镲,连妇女小孩,他们都叫得出,这是雷公电母。雷公雷公,是公不是母,这还能有什么疑问!我说:错啦!

"你们别把眼睛睁得那么大,好像怀疑自己没有听清楚。是的,我的的确确是说,雷神不是男子,是女子。而且是个容貌姣好、英姿健美的年轻姑娘。你们别不信,听我讲完下面这段故事,你就会恍然大悟了。

"你们听说过十几年前雷劈'党人碑'的事件没有?噢,两个点头的,两个摇头的。鲍八承务和飞英老弟当年在京,也许是亲耳所闻。改之老哥和士肃小弟,也可能是远在他郡他县,不大清楚。那么,我们就先说说什么叫'党人碑'。

"这就要打头说起。先皇帝神宗熙宁年间,任用王荆公变法,此后历经三朝,争论纷纭,朝阁群臣,上下浮沉,几经周折,这也原不足怪。是非曲直,天理人心,自有公道。到了当今皇上,以继承先帝遗志的正统自诩,以绍述父兄的创法立制为己任,一心要做前无古人后无来者的英明君主。凡不符合己意的都斥为奸党异端。又听信蔡太师的建言,把元祐年间对新法有异议的臣子,尽称做奸党,就是其后在元符年间,对'绍述'有不同意见的人也收纳在内,由蔡京编定名单,共一百二十人。当今皇上亲笔御书,列名刻石,称做'党人碑',立碑在端礼门外,以诏诰天下。自然,凡是碑上有名的,不管是活着的,死了的,谪贬追遣,永远背上罪名、恶名。

"这'党人碑'这样重要,按照皇上和蔡太师的意思,是要垂之千古永为后世之训的,当然要找一个最好的石匠来刻。选来选去,选中了一个叫任民的著名石匠来刻。负责立碑的执事官把任民叫到了官署,交代了任务。任民把那党人的姓名看了一遍,禀告道:'小匠不晓得朝廷刻石立碑的意思,可是看这个名单里面,有许多是百姓们所熟知和称道的贤臣名将、文人学士。就拿这头一名做过宰相的司马相公来说,普天之下都称赞他,敬佩他是正直忠良,而今却把他列为奸党的首领,小匠怎忍心把他的大名刻在这"党人碑"上面呢!'执事官发怒道:'你一个小小的石匠,能够辨别朝廷里谁是忠谁是奸吗?'任民说:'小匠愚钝,不敢说能够辨别朝廷的忠奸。不过像司马相公这样爱国爱民的赤心,而今天下之人,就是妇人孺子,都是明晓明知的。举世都认为忠,朝廷独指为奸,怎能叫小匠不疑心呢?'执事官愈发恼怒,斥责道:'你懂得什么?皇上说谁忠谁就是忠,说谁奸谁就是奸。你一介草民,竟敢怀疑上谕的正确,岂不是大逆不道。再说,这是朝廷的命令,我尚且不敢违抗,你是个甚等样人,敢违抗吗?'任民还在犹豫,执事官喝命左右:'来

个人是女的,而且最小。如今我们七个男子却先走了,丢下小妹你一个人在后面。好不必说,要是不好,出了什么闪失,我岂不是先得罪于世人,后又负罪于家庭了吗?妹妹虽然年纪最小,可你一向的胆识、作为、人品胜过须眉,哥哥我打心眼儿里佩服你,怎么能轻视妹妹呢?'十五妹说:'这就好。我并不是说自己比别人强,只要哥哥不同乎流俗,把女子和男子一样看待,那么把我一个人留下,随后再走,也就不要有什么不安心的了。如不是这样,倒使妹妹觉得委屈了。'任民见十五妹执意如此,且理直情切,只得依允了她,连夜领着一家大小,奔山里而去。果然遵照着十五妹的意思,昼伏夜行,走了七天七夜,到了山里。大哥任重、大嫂安氏,见他们来到,喜出望外,忙着把大大小小安顿住下,烧火做饭,围灯夜话,叙说衷肠,又一同眼巴巴地盼望着十五妹的消息。

"花开两朵,各表一枝。再说汴京城这边,打从任民一家走后约五六日光景,这一夜忽然狂风骤起,乌云压城,在呼啸的风声中,黄沙扑面,打得人睁不开眼睛,行人唯恐避之不及,霎时街面上熄灯瞎火,空荡荡的连只鸡狗也没有。许多地方,天地如墨染,似乎又回到了开天辟地前的混沌一团。午夜时分,一道闪电光彻天地,好像'嘶啦'一声把漆黑的夜幕从上而下撕开了一道口子。炸雷巨响,震得屋瓦簌簌发颤,令人心魄惊悚。接着,白茫茫的大雨封天盖地,犹如滔滔黄河水被千百条蛟龙搅起,又被阵阵狂飚卷上了半天空,然后被无休止地摔在了地上。随后闪电乱舞,雷声交织,看不清头尾,分不出个儿。人人觉得,这闪电一道道好像钻进了自己的屋子里,这炸雷一声声好似打在自己的头上。闹腾了一夜,第二天天明,电灭雷息,风住雨停,除了满街是水是泥以外,市井的喧嚣,京城的繁华,和往常并没有两样。

"可端礼门外出了大事,那块'党人碑'断作了几截,碎石片满地,碑上的字已模糊不清。附近的居民纷纷传说,这块碑昨夜被雷劈了。这传说的核心,是说昨夜有人看见,在炫目的闪电照耀下,雷神头包红巾,身着红衣,在茫茫大雨中,好像海中的仙子,绕着碑走了三圈,只听一声巨响,天崩地裂,那碑火花四溅,轰然倒地,断裂破碎,然后那雷神张开红色的翅膀,飞升上天而去。这传说经过无数张口的传播和加工,更加活灵活现,扑朔迷离,以至于不少人到那里去烧香叩拜,其中有孝子和不孝子,有行善的和作恶的,有讲良心的和昧良心的。总之,是希望天雷不会劈到自己的头上。但这个传说也有几点让人疑惑的地方:一、'党人碑'附近的草木并没有烧焦的痕迹;二、碑面的字迹好像斧砍凿剜一般,以往雷神干的活儿从来没有这么细法过;三、雷神的形象好像观音菩萨,与庙里供奉的不大一致。不过,执事官去视察了'党人碑'后,一口咬定确系雷劈无疑。随后,言之凿凿地写了一份奏章,上报朝廷,皇上也怕这是上天示警,犯了天怒人怨。人怨可以不理,天怒可不敢不惧。于是也就不再追究,不了了之。

"再说任重、任民、安氏阖家大小十余口,天天盼望十五妹的到来,屈指算来已经七天,也不知她的情况怎样,会有什么意外,会出什么危险。因此,天天谈论,牵肠挂肚,望眼欲穿。还是安氏是个心细有主意的人,她说:'大家不必担忧。我料定再过三日,十五妹就要到来的。'任民说:'这就不对了。我们来整整走了七夜,她怎么能来得这么快?'安氏说:'兄弟怎么不明白?你们来是夜行昼伏。十五妹来必是昼夜兼程的。'大家听了,只是将信将疑。三日已过。这天上午,任重和任民正在屋子里谈话,只见小虎跳进来说:'爹爹,妈妈同一个不认识的人,在外面大松树下说话。我们这里是一向没有生人来的,怎么今天来了个生人?'任重从窗子里向外一望,只见安氏和一个又白又俏的美男子肩并肩、手拉手十分亲热地在那里说笑。任重不禁升起几分怒气,心里责怪安氏不讲妇道,男女授受不亲,怎么能干出这样出格的事情呢?难道她过去在娘家有什么情人不成?他刚要发作,倒是任民眼尖,拉住他的衣襟,向外一指说:'大哥,十五妹到了!'任重问:'在哪里?'任民说:

'这男子就是十五妹乔装改扮的。不信,你再仔细看看!'任重这才释然,欢喜道:'哎呀,我都认不出来了。咱们赶快去迎接她。'便一齐出门招呼。兄妹相见,合家团圆,十分高兴。到屋内坐定以后,安氏捧上了热茶。任民问:'妹妹说是要退而补过,究竟有什么法子呢?'任重说:'我知道了。十五妹是巾帼英雄,一定是为削碑留在后面的。若果如此,朝廷知道了决不会善罢甘休。你进山的时候有没有兵马在后面追来?'随即叹了口气,又说:'从今往后,这山里恐怕也要提心吊胆,不会有平安日子过了!'十五妹看见全家从欢喜转到忧愁的模样,便笑着说:'大家不必担惊受怕,我也不是巾帼英雄,本来是想要去削碑的,可是人不补天补,端礼门外的那块碑被雷劈了。朝廷若要追究,总不敢追到上天头上去吧!听说皇上也有些害怕,避殿减膳,诏求直言,宽大政令呢!'任重、任民听了,这才放下心来。一家人商量,今后隐居山中,长做避世的百姓。只有安氏是个有心人,事后在收拾十五妹东西的时候,发现了一件红色的斗篷和斧子、凿子。她没有声张,偷偷地把它们埋在了大松树下。那松树郁郁苍苍,长青不衰,即便是风侵雪压,更显出精神来!"

十三　藏假于真和藏真于假

听龙主讲完"党人碑"的故事,在座的人一时都默然无语。嘴里不好说也不敢说什么,心里却感慨万分。有这样永存天良的石匠,有这样敢做敢为的小女子,冠盖满域的万千须眉又曾如何,又该如何?可谁也不便明说什么,只用让茶闲聊来掩盖自己的心绪。单飞英笑着向棚边发话:"士肃兄,龙兄讲故事的时候,总见你抄着手不断地向外面街上瞭望,你看到了什么比龙兄的故事更精彩更引人的景物了吗?"向士肃说:"龙兄的故事发聋振聩,可是一想到我昨天亲眼所见的事儿,总是让我走神。望着这街上熙来攘往、纷扰无定的红尘人世,总在怀疑自己的眼睛所看见的到底是真是假?哪些是或不是形实相符、表里一致的东西?有时候耳闻目睹明明是真的,内里却藏假于真,欺世害人!"鲍八承务忙说:"向兄倒是讲起玄学来了!吾辈愚钝,还望点拨,你昨天到底看见什么啦?"向士肃喝了几口茶,把茶盏推到一边儿,又把身子转过来,背靠着外面,表示自己专心一意,向大家娓娓而谈:

"我昨天也是坐在这个茶肆,坐在这个相同的位置上,我喜欢看着街上热闹喧杂的场面:过往行人、贩卒负夫、车载驴驮、马驰轿行……我觉得活在世上特别的真实,特别的自在。看着看着,就看见一场更特别的热闹来,就像滔滔奔流的汴河上,骤然出现了一个漩涡,既引人注目又弄不清它下面到底隐藏了些什么。就见十字路口自城门方向向东而来,有一行气势汹汹使过街的人避闪让路又驻足旁观的队伍。走在最前面的是一个姿色艳丽的妇人,可是并不是靓妆美饰,而是蓬头散发,花容惨淡,不时哀叫哭泣。紧跟在后边的是一位身穿青色丝袍、挎剑牵马的武将,他手执马鞭切齿唾骂,骂几声就用鞭子痛击妇人的后背。他俨然是这支队伍的主人。再后面是十几名军卒壮汉,负着包裹,抬着箱笼,大呼小叫,招摇过市。据听到他们的叫骂和话语的路人在茶肆旁边议论,说是武将的妻子淫荡偷情,被当场捉住,奸夫逃走,武将就把愤怒发泄在妻子身上,鞭打厉骂,游街示众。

"看到这场热闹,我心里就有些嘀咕。俗话说,'家丑不可外扬',即便是妻子不贞,该打该休,也是自家关着门的事儿,何用这般扯旗放炮似的闹得满世上都知道?再说那些军卒壮汉抬着箱笼何由?是休了妻子还要抬着嫁妆或者家产摆阔?这些都在我心里成了一个谜。我这人最好打破砂锅问到底,弄不明底细心中就不得安宁。于是就派遣跟随我的老仆人尾随后面去打探,一定要弄清楚事实根由,一定要越详尽越好。

"到了傍晚,老仆人才回来回话。他说:'这不过是一场假戏真做的生意。将军也不是将军,妻子也不是妻子,军卒也不是军卒。'我仍然不能十分相信,明明看到的就是将军、妻子、军卒,难道他们是妖魔幻形,大天白日,朗朗乾坤,众目睽睽之下,竟敢公然混迹于世吗?老仆人是看着我长大的,便笑着说:'公子少不更事,听我讲完这件事的始末内情,就会明白这人间为什么叫花花世界。'

"浙西有位后生官人来京赶考,住在黄家客店楼上。因考期未到,需要等到明年。他父母的原意是要他提前进京,访师交友,切磋学问,增进学业的。因此就给他多多准备了银钱,还有四季穿戴、日常用品,也不乏珍玩玉器之类,装满了几个箱笼囊橐。小官人在京安顿下来之后,开始倒也循规守礼,每日在楼上念书写字。

十三　藏假于真和藏真于假

朋友不多，往来甚稀，烦闷之际，也不过是去到名园胜地，观赏游览，半日即归，从不在外面饮酒胡闹。住得长了，有时上下楼时，经常见到楼下有间客房的青帘下，有个妇女来往，年轻貌美，风姿妩媚，且顾盼之间，似能撩人魂魄。小官人不禁被其深深地打动和吸引。但相逢之时，妇人总是低头俯眉，羞怯回避。这更引起小官人的兴趣，便问店仆：'她是什么人？为什么只见她独自出入这间客房？'店仆皱着眉头对他说：'官人刚来不久，还不知道情况。一店中都为这个妇人所苦，已经有三年了！'小官人十分惊讶，更要追问个明白。店仆接着说：'那年刚过完上元节，有位将军带着妻子，就是这位小娘子，来此住进了客店。开支用度，十分大方，人又豪爽，深得店东和店内上下的敬重。过了几日，将军说要往京畿近郡勾干公事，相约多则半月，少则十天就回来。把几个军卒也都带了去，只留下小娘子住守客房。谁知一去就杳无音信。小娘子独自一人，又无亲朋可依，开始还有几个钱用，后来就无着无落了，衣服尚有旧的可穿，饭可一顿不吃也不行。你想，她是有地位的小夫人，怎敢撵她出去？没办法，店主人只好免费每天供她两餐，只盼着将军归来，一并结算也就是了。谁知春盼到夏，夏盼到冬，她的丈夫还是不见踪影。店主人也觉得供应吃力了，便央告住店的客人，钱多的帮衬几个，钱少的管一两顿饭，就这样轮流供给，你说是不是个大累赘！这孽债不知到什么时候才是个头。'小官人听了，心中暗暗十分喜欢，不禁生出一种疼怜爱慕之情，便说：'既有此缘由，为何不早对我说呢？'店仆说：'因公子进店不久，店主人还不好意思向你开口呢。'小官人急急问：'能不能让我见见她，认识一下这位小娘子？'店仆摆手说：'这怎么行，她是良人家的妻室，丈夫不在，怎能轻易见人？就是帮助过她的人，她也是请店主人代为致谢，从不和人谋面交谈的。她是那种饿死迎风立，宁死不失节的贞烈之人。'小官人越发敬重赞佩，便说：'那么，我送给她一些饮食可以吗？'店仆说：'当然可以，公子若有此善举，不仅救了她的急，也为小店减轻了负担!'于是,小官人当晚就叫了些酒菜汤饼,装了几个食盒,命店伙计送到楼下妇人的客房里去。过了一会儿,店伙计捧来一杯酒,说是妇人感激难中相助,敬谢小官人一杯。小官人十分高兴,美滋滋地喝了下去。自此,小官人不断地送饮食给妇人。后来索性嘱咐店家,妇人一日三餐由他包了,并要好生相待,费用无论多少,一并结在他的账上。但他几次请店伙计转达,想要谋面一叙,都被妇人以'夫出在外,男女有防'的理由婉言谢绝。虽是如此,却也不断送些茶、酒、果、蔬给小官人,甚至天寒天暖,也曾要店伙计转达增减衣服之嘱,这越发使小官人心情难耐。说话又到了禁烟节,又叫寒食节,京都人家庖厨灭火三日,皆以冷食当餐。前一日,妇人也按习俗给小官人送了枣糕、炊饼、异果、饧糖之类。小官人当晚在客舍内独自饮酒,孤寂难耐,更加动情于妇人,便使店伙计传话,再三邀请妇人登楼一叙。完更之后,妇人这才盛装来见,灯烛之下,更显得唇红齿白,香腮如雪,眼流媚波,意表情态。小官人如痴如醉。妇人却持身甚正,坐下来陪着喝了三杯酒,便要起身告退。小官人不能自已,怎肯罢休,便拦住说:'今夜有缘相会,怎能辜负此良宵?既是解语花,难道雨露恩泽就不能使春意萌动吗?'妇人却步,面带红晕,含笑说:'郎君的情意,妾早已知之。郎君的恩德,对妾如起死回生,虽转世百生之身,图报犹自嫌轻,今夜怎敢以贱躯自重,只是遭夫弃置,恐郎君以残花败柳视之,他日有污郎君清名!'小官人说:'这是哪里话,小娘子如妙龄仙子,我好比刘、阮入天台,这是我三生有幸,怎能说"轻贱"二字?'于是妇人当晚就留在了小官人的客舍中。第二天,小官人又要约会相见。妇人悄悄上楼来说:'你我情洽意欢,我也盼着夜夜相聚,只是我若每天上楼下楼,店里人多眼杂,必然令人生疑,传出许多闲话来,倘生出什么嫌隙,不是坏了你我的大事!'小官人一时没了主意,又舍不得和妇人不来往,便问如何是好。妇人说:'依我之见,你不如搬到楼下去,和我隔壁而居,这样就可以夜夜相聚了。'小官人欣然相

从，叫来店伙计商量。店伙计说：'公子有缘，楼下邻室的那个客人刚巧走了，那两间房原是套房，里面有门相通的。平时是紧锁的，公子住进去，我可以把门打开，这样就方便多了。'小官人大喜，重重赏了店伙计一些银钱，当即把箱笼囊橐、金银细软全部搬到楼下去，自以为从此就可以无妨无碍了。

"当晚，小官人就过到妇人这边来。妇人早早就准备了酒菜，二人浅斟慢酌，绵绵情话，直到三更时分，收拾残肴，洗漱已毕，刚要就寝，只见人声喧嚷，灯笼火把，已经进到院子里来。将军领着军卒回来，像擂鼓一样敲响房舍的门。妇人吓得脸色煞白，小官人张皇失措，躲避不及，妇人连忙示意他躲到床下面去，小官人顾不得许多，就一头钻了进去。这时，房门已被擂开，将军大踏步边骂边朝里走：'你个小贱人，老子在外奔波辛苦，回来你还磨磨蹭蹭地不赶快开门，难道你养了汉子？'妇人吓得不敢做声，眼睛都不由自主地往床下看。将军一屁股坐在床沿上，大声呵斥说：'还不快去给老子端洗脚水来，让老子烫烫脚舒服舒服！'妇人连忙去端了盆热水放在床前，替将军脱了靴袜，把脚放进盆里。将军却抬脚把妇人踢倒，又骂道：'小贱人，你也不摸摸水是热是凉，难道想把老子烫死！'说罢，三脚两脚乱踢，霎时水花四溅，弄得满地都是水。一盆水差不多都泼到了地上，流到床下面去了。小官人因为和情人相会，穿得锦衣华服，十分讲究。这时生恐把衣服弄脏了，下意识地在床下挪动着身子，弄出'嗦嗦'的响动来。将军跳起来，厉声问：'为什么床下有动静？'妇人期期艾艾地说：'大概……大概……是猫狗吧！'将军冷笑说：'对，一定是你这个小母狗把公狗引到屋里来了！'说罢，掀开床单，一把将小官人抓了出来。小官人吓得嗦嗦发抖。将军找来绳索把他捆绑起来，又叫送来酒菜，令妇人跪在桌旁，咬牙切齿地说：'老子才走了几时，你就败坏门风，做出这等猪狗不如的事来！天亮我就把你们这对奸夫淫妇送到衙门里去，先游街示众三天，然后一刀一刀剐了你们！'接着，自斟自饮，喝几杯酒,就拿起马鞭抽打妇人几下。妇人哀哀哭泣,也不分辩。过了一会儿,将军喝醉了,伏在桌上呼呼睡去。妇人停止了哭泣,起身蹑手蹑脚走到小官人身边,悄声说:'今日之事,虽然是我害了公子,但也是公子先有意向我,我们情深意投,并不相怨。妾身卑贱,原不足惜,只是若送官府,张扬于世,恐郎君一生的前程和功名岂不毁于一旦?'小官人说:'事已至此,还有什么方法可想?我们双双殉情了吧?'妇人说:'这你就太迂拙了,能逃脱一个,总比双双束手就死强!'说毕就上前解开小官人的绳索,又打开后窗,催促道:'你快逃走,他醒之后,有我顶住,他也不会穷追你的。'小官人跳出后窗,急不择路,逃命去了。还自己庆幸脱离了险境,心中还着实感激和牵挂那妇人。第二天,就是我看见的那一场过街表演。"

听到这里,鲍八承务说:"我明白了,这是一场仙人跳的骗局。不过,我还有一点糊涂。这帮人财物既已到手,事主又已逃跑不问,销声匿迹岂不是更好?干吗还要表演这场闹剧?"向士肃说:"这大概也是做贼心虚所致,他们怕若是不言不语,抬着背着这么多东西出城,好似一伙强盗行径,反而会引起巡城军士的怀疑,怎能如此顺利地通过东水门?"单飞英点头道:"有道理,有道理,不是说欲盖弥彰吗?更不如大喊大叫,就像当朝王少宰府上一样,在家中设置应奉司,公开卖官,而且明码标价:'三百贯买通判,五百贯买秘阁。'习以为常,反倒使许多人认为,这也是进仕途的正路了。"龙主接着说:"由此我倒想起了一句谚语:'见怪不怪,其怪自败。'我觉得这话说错了。应该是:'见怪不怪,必受其害!'"单飞英说:"不过,这群流氓无赖骗子之间,那位假将军的妻子,却也是个钟情的受害者。"向士肃说:"单兄,你是多情总被无情误了!什么妻子,原本就是个雇来的粉头儿。她的多情都是做作出来的,只是为了哄哄小官人那样的大孩子罢了,比起那伙泼皮无赖,她才是个最高级的骗子。"

坐在一旁一直不做声的周改之,这时忽然说:"士肃贤弟说了一个藏假于真的故事,我这里却有一个反其道而说之的故事,就是藏真于假。人常说:真的假不了,假的真不了。可是有些时候,假的就能成真。可谓:'世事本来无假真,皆在眼明与眼昏。'而且这个故事的主角,说出来会吓你们一跳!"众人瞪大眼睛忙问:"是谁呢?"周改之说:"就是我自己!"大家越发不解和好奇,忙叫添了茶,催促他快说个明白,周改之不紧不慢,说出了一段诡秘的往事:

"我是个杀人犯!你们相信吗?别摇头,这不是玩笑话,我的的确确是个杀人犯,可表面上却仍然是个'清清白白'的人。直到今天,我若不说破,是没有人知道真相的。那么,我以前从没有对人说过吗?没有,怕的是复勘重审,追逃治罪。今天敢说,难道不怕了吗?诸位,老朽已经到了知天命之年。历经两朝圣主,三次覃恩大赦,讲出来也无妨了。

"我年轻的时候,不好好读书,整日走狗斗鸡,使枪弄棒地逞强胡闹,在故里落下个恶名。那时候,我和一个女子交好。那女子倒也是个良家女孩儿。开始我们如胶似漆,山盟海誓,后来却被一个富家子弟所夺。那女子渐渐为其所诱,贪图人家的钱财势力,开始冷淡不理,以至断绝往还。我愤恨不平,曾找那子弟斗殴,又因他人多势众,被其所伤,心内越发愤怒,就潜伏在他家门前,趁他夜间归家时杀死了他。

"那时候,我父亲在县衙门里做押录,知道了以后就对我说:'你恶行奸状有名于乡里,且你和被害人有仇隙是众所周知的事,想逃脱凶罪是不可能的!'我还犟嘴:'好汉做事好汉当,我一人承担了,虽死何惧?'我父亲呵斥我说:'你以为你一个人死了就算了,还要连累全家受害呢!'我说:'那我逃走好了!'父亲说:'法网恢恢,你逃过今天能逃过明天?逃过今年能逃过明年?逃过三年五年能逃过十年八年?'我说:'死又不成,逃又不能,那怎么办?'父亲说:'你听我的好了,先把你杀人的刀藏好了。明天我把你绑捆起来,送到县衙。过堂之时,只要县令随便一问,你就服服帖帖地认

罪画押,千万不可有片言的抵赖与狡辩。否则你会受到严刑拷打,白白受罪,于己于事都没有任何好处!'

"当晚,父亲和我就把刀埋在床下。第二天,把我送到衙门里去,我就被关进了监狱。我父亲向县令请了长假,对上司和同事以及外人都说:'我不忍看着这个逆子受刑,我要走开浪迹他乡,等到他的案子审清问明,按律处决了我再回来。'

"我父亲到了数百里之外的他郡。早年他曾给郡守当过幕僚,便以养病为名,住了下来,逐渐地和那里的人事也熟了起来。过了一段时间,我父亲打听到衙门里的司理正在审理一桩大辟案件,已将近结案,囚犯终将判处死刑。我父亲又打听到司理夫妇酷爱赌博,而且赌瘾很大,常常夸口找不到对手,不能尽兴。我父亲是一个赌博高手,使假作弊,无所不能,就联络买通了司理的赌友和贴近的人。他们异口同声地都把我父亲如何如何有钱,如何如何善赌,不断地往司理夫妇耳朵里灌,弄得司理心里痒痒的,非要跟我父亲赌一场不可。于是,约好日期,为了公平,又请好见证人。司理把父亲请到他家里,从黄昏一直赌到第二天天亮,司理先赢后输,越赌越大,结算下来,共输了二百千钱。先兑现一半,约定过一天再偿还全部余欠。到了日期,父亲又到了司理府上。司理一筹莫展,拿不出钱来。父亲笑道:'赌博本来是交朋友,寻快乐的,钱算什么?'不但不要司理的余欠,还把前天赢得的全部退还给他。另外,又多馈赠他一百千钱。司理夫妇极为感动,相见恨晚,把父亲当做最好的朋友。可是很不好意思这么办,不知道父亲为了什么。父亲说:'实不相瞒,我的确有件事情想请您帮忙。我家中有个儿子,本不曾杀人,却横遭诬陷,被关进了监牢。但因凶器不获,案情不明,我儿子也无法证明自己的清白,因此久拖不决,恐将冤死狱中。听说您正在审理一个案件,据已有的罪证而论,已足当死罪。即使再加上一两项罪名,于囚无谓,于君无损。假如因此而能使我儿子脱离牢狱之灾,受到再生之恩,不仅我本人,我们全家都铭记大德,永世不忘!'司理是个官场老手,听到这里,心情释然,就说:'我当是什么大不了的,此事不过是举手之劳,易如反掌。我知道该怎么办的,仁兄放心,包你儿子无事。'

"再说我这边。开始过了几堂,县官问什么我招什么。可等到追索凶器的时候,我说杀人的刀被我埋在床底下。结果派人去搜去翻,掘地三尺,也不见踪迹。连我自己也纳闷,明明父亲和我一起把刀埋在了床底下,怎么会不翼而飞了呢?事后才知道,这也是我父亲心计高明的地方。他瞒着我把刀从床下取出来又埋在了别的地方。这样就会用我自己的口供反而制造了两个疑点:口供和事实不符就是案情不实,杀人凶器找不到就是证据不全。加上我父亲在衙门里的人缘好,就有人说:这案子必另有隐情,不能草率判决。县令也怕万一有纰漏于自己的官声不利,于是就拖了下来。果然,过了几个月,他郡有文书到来,说是那里捕获了一名流窜作案的惯犯,罪恶累累,口供中有一条是招认了在你县杀死了一个富家子弟,事实清楚,证据确凿,本人均供认不讳。因其有数十条人命官司,现经上司勘定,已予以死刑处决。特此行文奉告贵县,以便连同结案。这样,我自然就成了蒙受冤枉的清白之身的好人,从监狱里放了出来。其后,我也在州县衙门里混过多年的差使,在金州,我和单飞英贤弟还做过同事。你能知道或者怀疑过我是个杀人犯吗?不会,至今已有四十多年了,人们都认为我是个谨慎怕事的人。你们说,我这不是藏真于假吗?如果假了一辈子,真的倒成了假的了!"

在座的茶客听了以上的一些故事,都不禁扼腕叹息。深感于人情难料,世事反复。鲍八承务说:"我以为盛世日久,天恩浩荡,民风淳厚,人情和美。哪料到还有这么些个假人假事,假官假案,假义假情。止不住让我怀疑,我们到底还是不是太平盛世?"向士肃说:"当然是太平盛世。不过,我们只要留点儿心眼,防假、识假就行了。"

大家喝着茶,又说了一会儿闲话,才散了。出门的时候,鲍八承务和向士肃一见如故,成了莫逆之交,相约着明天一同寻个地方再去找乐事。

十三 藏假于真和藏真于假

十四　妻妾赌局

　　到了第二天，鲍、向二人果然如约相聚。向士肃还带来了一位年轻人，介绍说：这是李衙内，他的父亲曾做过开封四厢使，和京中的许多要员显贵都是极熟悉的。鲍八承务听了肃然起敬，且喜这位李衙内为人随和，应对机灵，见多识广。不多一会儿，鲍八承务就和他很投契。

　　三人商量到哪里去玩。李衙内说："繁华街衢、酒楼歌馆，我们都厌烦了，不如到城外去。"向士肃说："城外我也去了几处，不过是亭榭池塘，芳草碧树，画桥流水，细柳粉墙。还不都一样？"李衙内说："你才看了几个？东京的园林馆苑最著名的就有玉津园、一丈佛园、麦家园、王家园、金明池、凝碧池、百花台、吹台等二十多处，加上其他的大小都算在内，不下一百余处，且不说还有许多私家花园。有人说，京城四周，皆是园圃，百里之内，并无闲地。这也不算多么夸张。这些地方，各有各的特点，各有各的胜景。你游上三年两年，恐怕也领略不过来呢！"鲍八承务问："既然如此，那我们今天到何处去好呢？"李衙内说："我看还是去东城外吧！咱们先去虹桥附近的王家园，然后再到麦家园，再向东北到东御园。你们看如何？"鲍八承务和向士肃也无可无不可，就由李衙内做向导，随着他转悠了一整天。当然，其中也不少了歇息和饮馔等等。

天近黄昏的时候,三个人往回走,李衙内说他知道一条小道,可以抄近路回城,就领着鲍、向两人拐进一道曲折幽径,穿密林、拂草莽、踏石磴、过小桥,忽然来到一处宽阔地带,前面有个池塘。有几个马夫在池边洗马,那些马匹个个膘圆骨壮,毛色鲜滑。待到三个人走近的时候,几个马夫都站正身子,叉手唱喏,恭恭敬敬地施礼。鲍八承务觉得很突然,也很奇怪,因为他并不认识他们。再看向士肃,也是一脸的茫然。只有李衙内笑嘻嘻地摆摆手,指着说:"他们是王朝议的家人,朝议和我家是世交,我到他们家就跟在自己家里一样。"鲍八承务知道朝议大夫是正五品官,在他交结的官员当中,像这样的品阶还是不多的,于是就先在心里生出许多尊崇和羡念来。李衙内是何等机灵的人,见鲍八承务有些动容,便接着撺掇道:"王朝议过去曾在东南大郡为官多年,家中累积的资财,何止千缗万贯,虽不能说富甲天下,可能与其相比的也为数不多,更难得的是他热情好客。现在致仕在家,但仍喜广结宾朋,他家有一大群妻妾,无奈朝议年老多病,无力照应,个个都寂寞难耐,若有宾朋交往,必受到十分的欢迎。我们虽游了一日,也不过是花树山水,余兴未尽,何不到朝议府上,一夕欢乐,定当别有滋味!"鲍八承务和向士肃本来也是每日无事找事的闲人,听他这样一鼓动,还有什么不乐意的。于是李衙内就过去对马夫们说:"这是我的两位知交,我们要到使君府上去拜会。"马夫们便把马牵过来,请三个人上了马。李衙内一马当先,在前面引路。那些马都是驯熟的,鲍、向所骑也都顺溜地跟着跑起来。从小路转向大路,又从大路拐下小路,经过两个坊曲,也不知跑了几里许,到了一座大门前。李衙内下马说:"请二位稍候,待我先进去报知一声。"说罢便往里进。看样子李衙内确实和朝议府上很熟,因为守门人和奔走的仆佣们看见他不但不加拦阻和问询,反而也都恭恭敬敬地施礼,任他大摇大摆地往里走。

鲍八承务和向士肃也在门前下了马。马夫们从后面赶来,接过缰绳，把马牵走。等了一会儿，只见李衙内出来说："朝议小睡刚醒，听说二兄枉驾过访，十分高兴。只是老病倦懒，不能以冠戴迎访，请能允许以便服相见！"二人说："这是什么话，我们来讨扰他老人家，心中已经十分不安。若以大礼相迎，怎能经受得起，倒是无地自容了！"三个人正说着，只听里面一迭声地传呼："请贵客进府！"接着就见一个青衣小童走来，先躬身施礼，然后转身带路。进了大门，别是一番天地。只见高堂华宇，画栋雕梁，回廊曲折，庭花扶疏。也不知有几层院子，也不知有多少房舍。穿过了两个穿堂，还没有走进客厅，只见台阶上已经站着一个老翁，头戴裁翠纱帽，身穿直领缘皂、黄裳绢带的野服，脚登云头青履，一副士大夫的休闲打扮。只是老态龙钟，行动维艰，只是略微拱了拱手，说："贵客来临，蓬荜增辉。恕老朽迟暮之年，多有怠慢。"鲍八承务和向士肃知道这就是王朝议了，连忙上前叩拜，王朝议忙叫李衙内拦住，让至客厅，吩咐设席摆酒，不大一会儿工夫，满桌的美酒佳肴、精果细馔，俱已齐备。席间，王朝议意态随和，也不多让，饮与不饮，尊客自便。也无家姬舞女，只有三两小童供役使。鲍八承务和向士肃当着高贵的主人的面，也不敢猜拳行令，大呼小叫，放胆热闹，越发拘束起来。好在这种冷场面没有维持多久。酒过三巡之后，王朝议咳嗽连天，喉间痰涌气堵，呼哧呼哧像拉风箱一样，喘不过气来。过了好一阵儿，上气不接下气地说："真是歉疚得很！二位初次惠顾，本当终席相陪，尽欢而饮。怎奈我这老病缠身，不能很好地尽东道之谊，惭愧！惭愧！"鲍、向二人忙说："您老何必拘礼，按情理说，我们都是您的晚辈，仓促来访，已经是很冒昧的了，又蒙这样丰盛的款待，所赐厚意，不知该怎么感谢！"王朝议说："那么就请李世侄代我招待，我暂时失陪，进去略微歇息一会儿，吃点药将养将养。平复之后，一定再出来咱们作长夜欢聚。"三人忙都站起来说："请便！请便！"王朝议就由两个小童扶着，颤颤巍巍进内去了。

  本来让一个糟老头子陪着，这桌酒吃得就没有味道，如今主人退席了,只剩下三个客人,就感觉更加乏味。想走吧,无法向主人告辞,何况已到深更,恐怕城门早已关闭。真是走也不是,不走也不是。李衙内看出了鲍、向二人的心情,便笑着推杯站起来说:"这酒咱们暂且不吃了,我领你们在院子里转转。今夜夜色幽好,花香袭人。咱们自己风雅一回,莫辜负了这良宵境遇。"鲍八承务说:"这合适么?"李衙内说:"怎么不合适,俗话说:主随客便。兴他失陪,就不兴我们闲逛?何况王朝议是个极豁达的人,知道了也不会怪罪的。"于是三个人就离席,在院子里信步闲走。赏景品花,边谈边走,不知不觉由李衙内引着,走完一道红槛回廊,穿过一个垂花月亮门,进入到另一个院子里。忽然传来一阵阵软语娇音的欢笑声,夹杂着呼三喝四的叫喊,只见上房堂屋内,门窗洞开,明烛高照,中间放了一张铺了红毡的大案。七八个美貌女子围住桌子,正在掷骰子赌博为戏。鲍八承务和向士肃正在疑惑间,李衙内却三步并作两步跑进了堂屋。众女子看见他,七嘴八舌地和他戏谑和吵闹。有的说:"哎哟,怎么是你呀,像条偷嘴吃的猫,悄没声地进来,吓了我一跳!"有的嗔怪他:"李衙内,你是不是又来搅局呀?"李衙内笑道:"我哪有那胆量敢来得罪众位娘子和姐妹们?再说我那本事到你们跟前,是孔夫子搬家——净是输(书)!我也没有那么多钱送给你们。""那你来做什么?""今晚碰巧了,我带了两位知己朋友来。你们只管玩你们的,也让他们进来见识见识。怎么样?肯不肯赏这个脸啊?"众女子齐嚷道:"不行!不行!我们不过是消磨长夜,关着门自家玩玩,怎能让外人厕身其间,我家老爷家规严谨,无由去干犯,不是自己找死?"李衙内说:"不要紧,他们都是朝议座中的上客。朝议现在正在后堂睡觉,怎能得知?即便知道了也未必怪罪,这点面子还是会给的。"众女子一时缄默,互相看觑。有一个年纪略长些的点了点头,李衙内这才回到院子里,把鲍、向二人请进了上堂。

一走进宽敞高大的厅堂,鲍八承务便觉得有点眩晕,眼前豁然开朗,一片光明。灯烛交映,耀如白昼。几位靓妆女子明眸皓齿,粉黛生香,云鬟高耸,珠翠摇曳,绣衣生彩,裙裾飘忽。丫环们捧巾执拂,往来伺候。真令人目不暇接,眼花缭乱,如入天宫仙境一般。众女子也不和他们多交谈,又重新开始下注掷骰子。赢者自乐,输者生嗔,但都娇态可爱,令人心动。鲍八承务是个嗜赌的老手,冷眼旁观,见众女子的博弈技能不过平平。看了一会儿,不禁心动手痒,难耐起来,便暗暗扯了一下李衙内的衣襟,悄声说:"如此乐事,旁观有何趣味?何不与佳丽共此盛会,以度良宵。"李衙内低声回答说:"不可!她们都是王朝议的爱妾,内外有别,平时也是难得见宾客的,今夜能看见此景,已算是有幸的了。再做非分之想,实难从命!"又看了一会儿,鲍八承务越发技痒难忍,便又和李衙内商量:"你我合伙一博,赢了平分秋色,输了由我独家承担如何?"李衙内说:"你当我就甘于观阵,不想出手?只是我几次输在她们手下,被她们耻笑。你如能赢,为我出了这口恶气,大快我心足矣,其他尚有何求?只是……"李衙内面有难色,停了停,才又接着说:"你我今日是出来闲游,并没带多少银钱。没有本钱,怎能去赌?"鲍八承务说:"这个不用你发愁。不要你拿一文钱。我身上有些银两。不瞒你说,我怕寓所里人杂失窃,把一些'钱引'也都带在身上了。"李衙内懂得,这"钱引"就是可兑换的纸币,原名"交子",是大观之年朝廷下令,改名为"钱引"的。心中暗暗高兴,却不露声色,随口又问:"常言道:长袖善舞,多财善贾,你能有多少呢?"鲍八承务笑笑,拍拍自己的身上说:"虽不能说腰缠万贯,我这总也不下于百贯、千贯吧!"李衙内说:"好!平常她们都是些不正眼瞧人的观音菩萨,今天也叫她们知道知道咱马王爷这三只眼!求她们是无用的,待我略施小计,不怕她们不让咱上台面!"说罢,李衙内就从兜里掏出一贯铜钱来,放在手里又是搓,又是揉,又是摇得咣啷咣啷响。一个女子看见了就笑着嚷道:"快看哪,咱们的手下败将又心急难耐了!你还有胆量敢过来一决雌雄吗?"另一个女子也笑着说:"我看你干脆把钱送过来算了,也免得那双臭手把骰子污了!"李衙内笑道:"不管你们怎么激我,我也不跟你们计较。今晚我身边就有一位高手,你们要是能赢了他,我就甘心情愿拜倒在你们石榴裙下,怎么样?"众女子听说一齐嚷起来:"来来来!你搬来救兵也无济于事,这杆降旗你是举定了!"李衙内就把鲍八承务推到案子边。鲍八承务作揖说道:"多谢众位小娘子抬举,今晚不才就陪大家取个乐子!"于是,年长的女子就派一个丫环去看朝议是否睡去,一有动静就立刻赶过来报知。然后大家放心重新下注开局。几番轮流投掷之后,各人都小有输赢。随后注就越下越大,场面也越来越红火。可是众女子的运气好像一齐都背起来。不多久,她们先后把面前自己的银钱都输光了。这时,向士肃拉住鲍八承务的胳膊肘说:"鲍兄,适可而止。此处不可久留,我们赶快离开吧!"鲍八承务正在兴头上,哪里肯住手。众女子也一齐哄闹,不愿作罢。说:"怎么?怕我们没有钱了不是?这也太小瞧人了吧!"有人就把钗珥簪环取下来,往案上一扔说:"这不比钱还值钱!敢不敢以此为注,再来一博!"向士肃又想阻拦,鲍八承务连听也不要听,把他推开,继续开局,场面更其火爆,众女子好像疯了一样,也不顾自己的体面。有拍手叫好的,有放声喊点的,有击案叹气的,有娇嗔相骂的。可是局面仍不见扭转,不一会儿,她们的金银珠宝首饰都统统堆到了鲍八承务的面前。鲍八承务更是志得意逞,高兴得心驰神往,飘飘乎如羽化而登仙了。这时其中有个最年轻最美丽的女子,含怒起身,跑到屏风后面,捧了一个银葵花酒樽出来,放在案子上。这个酒樽如果盛酒,能容一升,可见其大。这时里面却是填满了珠宝。小女子指着它说:"我就用它来孤注一掷!"她的话音刚落,众女子就一片哗然。年长一些的斥责她说:"你疯啦?这是朝议老爷的东西,你能做得了主?胆敢拿它做赌本?"也有的说:"你赢了固然好,你要输了,看你怎么向老爷交代!"也有的说:"算了吧,咱们认输得了。不光是运气,技不如人嘛!"可是这位小丽人偏不服气,撅着小嘴说:"我偏不信!愿与贵客最后一决。赢了,我与姐姐们扬眉吐气;输了,我甘拜下风,明日受到老爷的唾骂鞭打,我也无怨无悔!"李衙内俯在鲍八承务的耳边说:"这是朝议最宠爱的小妾,她就是挥霍了半边家财,朝议也不会把她怎么样的。这笔财咱可不能让它跑了!"向士肃又上前阻拦,可是鲍八承务这时已如箭在弦上,不得不发,并且心里做了盘算:我已经赢了这么多,它不过是一个空酒樽,能装有多少东西?我就是输了也没有不够赔的。何况,这个小女子赌技最差,输得最多。赢她易如反掌,又有何惧?于是便说:"既然小娘子如此豪爽,那么在下就斗胆奉陪了。"就将骰子递与小丽人。众女子连忙说:"不妥!不妥!客先主后,还是贵客先掷吧!"鲍八承务也不再推辞,说:"恕我就僭越了!"拿起骰子两手对掌,放在手心里搓了搓,然后握在一只手里,轻轻撒手一掷,一双骰子"当当啷啷"落在玉盘里,说来也怪,那骰子并不翻身,并排稳稳当当坐实了两个六点,这是骰子上的满点儿。按当时的赌规,这叫"地王"。地厚载物,无所不容,是要通吃的。李衙内跳起来拍手叫好。众女子瞠目结舌,一时气氛好像凝结了一样。过了片刻,她们好像清醒过来,年长的女子收起骰子说:"算啦,算啦,这不过是消闲之戏,何必非到山穷水尽不可。贵客高抬贵手,放我这位小妹一马算了!"鲍八承务还没有表态,小丽人反而不依,正色说:"姐姐怎么说这样不害臊没道理的话!赌场如战场,赌规如军令,一言如千钧。我不管明日死活,今晚是要走到底的!"说罢就来抢骰子。二人争来抢去,骰子就掉在了地上。李衙内就赶紧钻到案子底下把骰子捡了起来,交与了小丽人,说:"说得好,一言千钧,我们这位鲍兄输了也是不会赖你账的!"鲍八承务料定小丽人也不会掷出什么好点儿来,便接着说:"对,说的是,咱们赢要赢个志气,输要输个心服。"小丽人说:"那你们大家可要瞧清楚了!"说罢轻抬玉手,先撂下一颗骰子来。那骰子在盘里翻了两个过儿,仰面朝天坐了一个"幺"点儿。众人"嘿"然叹了一口气。小丽人却不慌不忙,将两个纤指捏着另一颗骰子,轻轻一捻,扬手一掷,那骰子"叮当"落入玉盘,在里面滴溜溜乱转。众人瞪大了眼睛,只听小丽人娇声呼喊:"幺!幺!"果然那骰子越转越慢,最后停下来,也坐了一个"幺"点儿。两个红"幺"并排,日月当空,乃是一副"昊天"。地载天覆,只有唯一的"昊天"才能盖着"地王"。瞬间的静默之后,众人一齐拍手喝彩。事出意外,鲍八承务一时呆若木鸡,小丽人掂起银葵花酒樽,"哗啦啦"往案上一倒,里面滚出原来装得满当当的金珮银饰、珠玑翠玉、玳瑁琥珀之类。李衙内在旁代为折算了一下,大大小小物件总合起来,价值至少也相当于三千缗。鲍八承务把原来所赢众女子的首饰都返了回去,又加上自己所带的银钱,还差一半。最后把身上的"钱引"全掏出来,才略当其值。虽然如此,但鲍八承务并不气馁,像这样在赌场上输得精光甚至负债的情况,也并非这一次。因为风水轮流转,一时背时不等于永久背时,小丽人一次走运也并不可能次次走运,像他这样的老手,接着赌下去自信是会把钱从众女子手里再赢回来的。李衙内看出了他的心思,便掏出几两银子给他说:"不要泄气,她一时侥幸算不得本事,天亮前跟她们见高低!"众女子复又情绪高涨,一致嚷嚷着准备再博。正要开局,忽然听见朝议在后堂连声咳嗽。早些派去探看朝议动静的那个小丫环急急从屏风后面跑出来说:"老爷醒了,好像听到了什么,问我外面是何动静?我说是娘子们在一块儿刺绣说笑。他要出来看看,幸好刚一欠身就咳嗽痰喘不止,你们快去伺候吧!"众女子闻听大惊失色,如鸟儿乍林,纷纷奔走入内。年长一些的赶紧收起赌具,小丽人推着李衙内说:"引着贵客快走!快走!今夜所见千万不要泄露一字一句,不然我等死无葬身之地了!"李衙内领着鲍八承务和向士肃慌不择路,踏花践草,翻栏越槛,跌跌撞撞回到了客厅。幸亏那几个童仆,有的因熬夜太久,偷懒躲开了;有的蜷缩在廊下呼呼大睡,总算没有人看见他们的狼狈相。三个人坐到天亮,也无心再饮酒。王朝议一直也没再出来。

天亮以后才派了一个小厮出来传话说，因旧病复发，不能再出来陪客，有失礼数，十分歉疚，诚邀贵客过几天再来相聚，一定尽情款待，以谢今日之罪。鲍八承务和向士肃连忙告了讨扰，并要小厮禀告朝议，表达感激之心。离开了王朝议宅，临回城的路上，李衙内再三说："扫兴！扫兴！昨夜不巧，让王朝议搅了局，他那老病一时也好不了，过两天我们再来，找个隐秘的地方和这群美人放心大胆地好好乐一乐！"

鲍八承务回到寓所以后，一日一夜，食不知味，寝不安眠，王朝议宅的所遭所遇，所闻所见，越想越觉得疑惑，越想越觉得蹊跷。仔细琢磨起来，其中的许多环节都可以打上一个问号。想来想去，就在他心里聚成了一个大问号。他决定去找向士肃一同探讨一下，谁知向士肃回家以后，也和他一样。向士肃虽然没有输钱，但也是个从头到尾的参与者，何况俗话说得好：当局者迷，旁观者清。当鲍八承务兴高采烈头脑膨胀的时候，他也不知为什么身上反而有点发冷。回来后，他也像猜灯谜一样，在家里猜了半天，有些谜底也猜不透，所以倒先来找了鲍八承务。鲍八承务问："这个李衙内，你交往有多久了？"向士肃说："约摸有半年吧。""前日你是在哪里遇上他的？""在宋门外仁和酒店内。""他是个真衙内，还是个假衙内？你把底吗？""说不好。不过，听他说过他府上的地址。"既要顺藤摸瓜，那就先从根上摸起。于是二人决计先去找李衙内。按照向士肃记得的地址，果真找到了李府，问李衙内可在府中？守门人说："少爷经常出门会友和游玩，十天半月也难得回来一趟。近日外出，已有四五日不见人影了。不过，老爷在家，二位稍待，容我进去通禀一声。"二人忙说："不必！不必！"离开了李府，两人寻思着，看来李衙内倒是个真的。可他为什么不再照面，而且也没有回家，那么，他在这件事情上，究竟扮演的是什么角色？难道像演出提线木偶戏一般，一切都是由他牵线和排兵布阵设置好的陷阱？二人忽然醒悟，纵然这个李衙内是真的，那个王朝议和他的妻妾们以及王宅必定是假的,这更加促使他们一定要寻根追源,"打破砂锅问(纹)到底"。

鲍八承务和向士肃竭力回忆那天回城时所走的路线,也就是李衙内黄昏时领他们所走的捷径。好不容易先找到了那个沐马的池塘,可是已经不见有马匹和马夫。越过塘边,顺着那天骑马奔跑过的路,走了好一阵,总算又找到了王朝议的宅第,可是大门紧闭,敲了半天也没有人应,转了一匝,上下打量,只见屋宇整齐,树木葱郁,门前整洁,看样子不会是一座废宅。好在周围还有民居,他们就找了几家打听,住户都说这确实是王朝议老爷的宅第。朝议大人为官多年,身为士大夫,深为乡里敬重。他家境富有,光宅第在京都就有好几处。他居无定处,依兴所致,随意迁居,前两日还见他家里人出出进进,今儿个不知又搬到哪里去了。鲍八承务和向士肃听得目瞪口呆,那么这个朝议大夫也确实是真的了。但是,他们还是有些一头雾水,一时转不过弯来,想不明白或不敢去想这里面有没有玄机。其实,明眼人一看就清楚。这件事情本来没有什么可存疑的,宋朝人洪迈就曾将它记录在自己写的书里,虽然有的人名做了小小的改动,但都说得明明白白。不过,也许因为众所周知的原因,这个故事的结尾,在《夷坚志》这本书里却变成了如下这样:"遽走王氏宅审之,屋空无人。询旁侧居者,云:'素无王朝议者。畴昔之夜,但恶少年数辈偕平康诸妓,饮博于此耳。'始悟堕奸计。"于是变成了一个老套的诈骗案。但据王朝议的后人,几百几十几代孙所述,祖宗中在北宋宣和年间为官者,确有其人其事。家姬消夜闲玩,鲍氏偶然参与,赌场上输赢,均属正常之事。洪迈所言,实属诬妄。若否定了王朝议,那我们这些子孙是从哪里来的?岂不也成了"子虚乌有"? 然而这属于民间传说。按具有"正统"眼光的专家的指导意见,民间传说应该"去其糟粕","批判"地接受,是不能完全作数的,因王朝议不是"名人"、"要人",所以后来就没有人再去考据;又因为这件事情缺乏"历史价值",也没有引起学术争论。

十五　汴水筝缘

　　鲍八承务赌输之后，他把自己关在寓所里，一连几天都不出门，心情糟糕透顶，他并不懊悔，而是觉得窝囊。自己这个久经猎场的老手，却被一只美丽的小鸟啄了眼睛。尤其是他还没有弄清楚，或不敢去弄清楚，甚至怕弄清楚这是不是一场骗局，这反而使他更加心灰意冷。回想以前身临辇毂之下，看什么都觉得新鲜、甘美，如今却好像对着一碗发馊的剩饭，令人恶心。加上囊中空虚，像过去那种悠然游荡的生活，已经难以为继。因此，萌生了返回故里之意。这时，他想起了他的同乡，就是清明那天，在茶肆后面汴河边上看见的黄损，他记得黄损和那个状如仆人或船夫的人说话的近旁，停着一艘大客船，船舷和岸上之间搭着长长的跳板。黄损急匆匆的样子和他向船上一指的姿态，使他感觉到他八成是要南归或送重要的亲朋离京南下。若果如此，则自己可以搭个便船，省却许多盘费，而且漫漫的苦涩的归途上，也能有一个说话消遣的老友。于是他决定到那里去找黄损。

　　鲍八承务到汴河边上两次，都没能见着黄损，那条停靠的大客船的确是黄损雇用的。虽然舱里面收拾得窗明几净，光洁敞亮，但还没有一个人上船。船家说黄大人这几天忙得很，究竟要上些什么人，不知道，何时起程，也不知道，要往何处去，都不知道，只吩咐他们在这里等待。这些都使鲍八承务如对丈八金刚，摸不着头脑，只好每天都去打听消息。只有到了后来，在漫漫的水上旅途中，鲍八承务和黄损对烛夜谈,才知道在黄损身上发生了一个曲折离奇的故事。本来在茫茫红尘中,每个人都有自己的故事,有的是可对人言,有的是不足为外人道也。鲍八承务觉得自己的故事是属于后者。你想,一个大输家,落到眼前这种凄怆的地步,还有什么可说的,而有意思的是他觉得黄损在自己的故事里,是个大赢家。大输大赢,天壤之别,却殊途同归,坐在一条船上,飘荡在烟雨迷蒙的汴水上。

在离京的前几天,黄损的确忙得手脚不识闲儿,在短短的几天里,他做出了成婚、辞官、离京、归隐的几项重大决定和行动。依常人常事来说,即使单独进行其中任何一项,也许要经过几个月、几年甚至大半辈子的思考和掂量。而他,对于富和贵,竟能弃之如敝屣,而且如此果断和感到爽快。早先连他自己也没有想到会是这样。有人说:人生如博弈。还有一句话说是:观棋不语真君子。在黄损人生的这一局中,到底他是大赢家还是大输家,各位君子心中有数,就不必说破了吧!不过,从表面上的结果来看,黄损觉得自己是赢家,是胜者。但是,在对弈中,有赢家必有输家,有胜者必有败者,奇怪的是同局中的其他一些当事人,不管是本方的也好,支招儿的也好,对手也好……其中有权倾朝野的三司使孙用之,蜚声京城的清音社班首薛大母,艳压群芳、才艺绝伦的裴玉娥,佛门高僧不空法师等,他们都认为自己是赢家,是胜者。世事犹如多棱镜,各人所看到的不尽相同罢了。

话还要从根上说起。这黄损的祖上几代都是科举出身有功名的。虽然官位大小不一,俸禄高低不等,而"诗书传家"这一自古以来推崇的门风是代代相继的。到了黄损的父辈,仕途受挫,家道中落,而这种门风却依然扬厉不衰。在父母和师辈的严厉督育下,黄损自幼熟读经书,旁及琴棋书画,无不通晓,且因生得风姿韶秀,性格谦诚洒脱,在乡里早有才名。不幸父母早亡,家境困窘,又无兄弟姐妹,只剩孑然一身,他索性变卖了家产,遍游名都大邑,拜师访友,切磋学问和技艺。有一天,到了京城汴梁,正在街上闲走,忽然听得背后有人叫他,回头一看,是个穿着破烂衲衣的老和尚,托着一个缺了角的钵子。和尚说:"你不是全州的黄损吗?""正是小生。"黄损仍然是恭敬谦和地回答,"请问师父,您怎么会认得我?"和尚说:"老衲云游四方,曾到府上去化过缘。多蒙令尊令堂垂青施舍,多有照顾,那时你还幼小。你不记得我,我是认得你的。""师父现在哪个宝刹?""出家人四海为居,随遇而安,今日得见小郎,也算有缘。不知能否给老衲一些施舍?"黄损摸了摸身上,为难地说:"惭愧得很,我出远门在外,囊中拮据得很,也多靠朋友资助,实在难以为力。"老和尚说:"既然如此,老衲就不打扰了。"老和尚转身而去,走了几步,黄损又在后面叫住他:"老师父请留步!""小施主还有什么话说?"黄损从脖子上取下了一个用红丝绦系着的玉坠,双手捧上说:"小生无以奉献,心实不安。师父如不嫌弃,就将这个拿去,变卖几个钱,也好供斋念佛。"老和尚将玉坠接在手中,端详着说:"看样子这是你祖传之物,无价之宝。难道你舍得吗?"黄损说:"救难扶危,理所当然,何况师父是慈悲为怀的高人,什么宝贝比起这个也是无足轻重的了。"老和尚合掌道:"阿弥陀佛!小施主慧根未断,天缘必成,外魔难侵,善自珍重!"说罢收起玉坠,也不致谢,扬长去了。黄损本是豁达之人,也不以为意。虽然失去了祖传之宝的玉坠,也并无悔意。

　　黄损在东京停留的期间,因喜乐知音,也不时到瓦舍勾栏去走走。这瓦舍勾栏是艺人、乐人演艺的地方,他们大都是民间艺人,和达官富室的家内艺人、朝廷教坊的官府艺人相区别。黄损最初还不清楚为什么叫"瓦子",后来才知道它虽是固定的娱乐场所,但作场的艺人们时有更换,看客和听众来往其中,川流不息,因其来时瓦合,去时瓦解,易聚易散之故,所以起名叫"瓦子"。京城内的瓦子,名气大的就有十余座,比如新门瓦子、桑家瓦子、中瓦、里瓦、北瓦、朱家桥瓦子、保康门瓦子、宋门外瓦子等等。每座瓦子里面都设有若干勾栏,少者一两所,多者十余所,是分开的演出场所,四周用栏杆围起来,也叫做"棚"。其中规模最大的,如中瓦内的莲花棚、牡丹棚,里瓦内的象棚、夜叉棚,可容纳数千观众,可见盛世的热闹繁华。黄损最喜欢去的是莲花棚,当时是由薛大母为班首的清音社在这里演出。清音社是专门演奏清乐的,尤以筝曲最为出名。抚筝的女艺人名叫薛琼琼,被誉为"乐界第一手"。有道是"曲有误,周郎顾"。听得多了,黄损琢磨出薛琼琼仍须有增益进取的地方,便找到清音社的下处与薛大母、薛琼琼切磋交谈。薛大母尊他学识不凡,薛琼琼喜他风流倜傥,一来二往,便成了红颜知己、莫逆之交。黄损又为薛琼琼谱了新曲,增了琴韵,使薛琼琼的筝艺百尺竿头,更进一步,名噪东京,无人比肩。谁知好事却变成了坏事。因薛琼琼的名气太大,被教坊司看中,召进宫去,做了一名皇宫的供奉乐手。上命一到,三个人都五内如焚,而又不敢违抗,薛琼琼含泪入宫,从此再也见不到其身影。黄损深感落寞,打算离京回家。

就在这个时候,原来在京做官,才不久被差遣外放为荆襄守帅的王炯,素慕黄损的才名,便差人送了一封信来,聘黄损去做幕僚。黄损家中本已无亲人,回不回家也无可无不可,便应其聘择日赴幕。这日到了汴河边,打听雇船之事,谁知这几日汴河上的船只,许多都被朝廷征用,一时难以凑手。正在为难踌躇之时,忽见有一大船泊在岸边。这条船樯高帆新,房舱多间,朱阑油幕,篷窗雅洁。询问之下,知道船主人是一姓裴的商人,要到四川去做生意,正好路过荆襄。黄损喜出望外,便求见船主,说明原委。船主见他是一读书的士子,又是去荆襄守帅麾下任职,也就欣然允诺。黄损回去取了简单行李,按约定的时辰上船,解缆出发。

船行了一日,黄昏时分泊在柳岸边。这是一个临时的小码头,附近并无村镇,水上三五邻舟,沙岸明净,水流平缓,柳枝摇曳,绿丝拂舟,点点白鹭栖息在洲渚上的菰蒲之间,景致十分幽雅。入夜之后,半月当空,银河横斜,水上轻烟缥缈,远处朦胧生姿。黄损睡不着,推开舷窗,向外眺望。忽闻邻舱之内传出一阵筝声,这筝声始而欢快,如歌如舞,继而凄婉,如泣如诉。才闻莺啭春柳,又听鹃啼空谷,妙音传情,动人肺腑。黄损听她的指法、神韵十分像薛琼琼的,且有过之而无不及。他十分好奇,便悄悄地靠近前舱,从隙缝里向内张望。只见舱内整洁雅致,案上几部图书,鼎内一缕兰香,银盘红烛,绡帐纱帏,一个十三四岁的女孩子,端坐在那里抚筝。这女孩子虽然尚未及笄,却依然能够看出清丽婉媚,风姿天成。黄损不敢久停,只得退回到自己的舱内。过了一会儿,筝声停止,烛灭人息。但黄损却一夜不能成眠,这筝声一直响在他的耳边,这女孩的容貌,一直在他眼前晃动。他说不清楚为什么一见之下,自己就神魂俱荡,心里充满了这个筝声和这个容貌,再也容纳不下其他任何东西。这叫忘物,这叫专一,他耐不住内心的鼓荡,便起身点灯,写成了一首小诗:"生平无所愿,愿作乐中筝,得近佳人手,不弃伴终生。"末尾署上了姓名。天亮之后,趁女孩临窗对镜理妆之际,从缝隙里投了进去。

　　第二天,黄损怕引起船主及舟人的疑心,又不知女孩子的心意怎样,一上午忐忑不安,也不敢接近前舱。中午时分,船靠在一个集镇旁,船主带着仆人上岸去买酒菜。船夫们有的在后舵旁做饭,有的或倚或躺,在那里打瞌睡。黄损注意到前舱的窗户慢慢开启一半,女孩子微微探身,向他招手。黄损喜出望外,连忙趋向窗前。女孩儿向他摇手,示意他不要说话,只低声嘱咐道:"今夜请君等待,月上柳梢,依约前来,奴奴有话要对您说。"黄损点头,悄然而退。从这个时刻以后,他只觉得太阳落得慢,又只觉得夜色黑得晚。等到月牙儿悄然升起,清光微明,轻风徐拂,人静虫鸣,黄损闪至窗前,只见窗扇已经全开,女孩儿露出半个身子,素妆简饰,如芙蓉照水,更显得清丽淡雅,韵姿高标。她并不羞怯,倒是大大方方地先开口:"奴奴先有一言相问,不知君子可有妻室?"黄损说:"父母早丧,孤单一人,身世飘零,哪还能谈得上婚娶。"女孩儿说:"如

此可见上天佑我。我姓裴,名叫玉娥,是商人的女儿。早年丧母,父亲虽然疼爱我,自幼延师教我琴书,但他的交往,无非都是些贩夫贩妇,且媒妁论婚,都是以财富多少来选定。商家子多浪荡轻浮,为我不齿。君,谦和士子,是我仰慕的人。又蒙惠赠诗篇,也看出您的一片真情。因此不羞自荐,愿结白头之好,但望他日不要有负于我!"黄损情如潮起,内心激动,指着河水说:"同结连理,誓死不渝。你我之言,河神可证。他日我若有违盟约,死在水中任鱼虾吞食。"玉娥喜道:"既有此言,奴奴也就放心了。倘不如愿,只有相从于地下!"接着又说:"家父现在船上,管束甚严。舵手船夫,人多眼杂,许多事不能尽言。我意已决,十日后船沿江西去,必泊云水崖埠头,那时,家父和船上的人一定会上岸登山去龙神庙烧香祭神,要半天才能转来。君如能按约前往,届时相候,当随君去,决无反顾。"黄损点头道:"我记下了,一定按时前往,决不会违约的。"玉娥迅速关上了窗户,黄损虽然恋恋不舍,但夜深寂静,恐为人发觉,也回到自己的舱内。第二天,船到荆江,船夫通知黄损,该是他离船上岸的时候了,黄损内心十分留恋,但也无可奈何,只得向船主辞别,道了谢,拿起自己简单的行李上了岸。他不忍离去,假装整顿东西,在岸上徘徊,看见玉娥在窗中以目相送,脸上已有泪痕。不一会儿,轻舟挂帆,如飞而去。黄损注视着白帆消逝在茫茫天际,恨不得化作江水,逐浪追踪前往。

　　舍舟登陆,又走了两日,黄损到达荆襄守帅的衙门。王炯见他到来,十分高兴,设宴款待他。酒席上王炯与他谈话,总见他好像丢魂失魄,神志恍惚。有时候语言迟钝,似听而不闻,有时候又差三落四,答非所问。王炯只道他是旅途劳顿,身体不适,便也没有十分在意。等到吃完了饭,品茶叙谈之时,黄损忽然向王炯提出了一个令他十分意外的请求。黄损说:"请大人准我十天半月的假,我想去看望一个老朋友。"王炯笑说:"看朋友有什么要紧,以后日子长着呢。眼下军务繁忙,有许多事等着你去筹划办理呢!这样吧,馆舍都已经给你安排好了,你先去休息,其他的事,明天再议。"说罢便命人送黄损去歇息,黄损到了住处一看,深深感到守帅的优待,房舍收拾得很整洁,一应用具齐全。同时还派了几个供他使役和守卫门户的士兵,可是黄损却坐卧不宁。他哪里能够安下心来休息,眼前尽是滔滔的江水,逝去的飞舟,船上玉娥的倩影,脸上的泪痕,期待的目光。他不能失约,一定要去再见到她!不然抓到手里的幸福就会稍纵即逝。入夜以后,黄损辗转难眠,几次起身走到大门口,都见那尽职尽责的士兵,在门外严守。他想来想去,不敢硬闯,万一报告给王帅,就会招来说不清的麻烦,那可要耽误大事。最后他转到后院,见那后墙尚不甚高,就借着墙边的一棵树,攀缘上去,跳墙逃走了。

  天亮之后,黄损看看后面,并无有人追寻行踪,但他仍然小心翼翼,不敢走大路官道,只拣江边的小路西行,披草莽、踏荆棘也在所不顾,遇到樵夫牧童,便向他们打听道路,边问边行,风餐露宿。但总因步行难以快速,乡路野径又无车马可雇,屈指算来,时间很紧,黄损内心如焚。最后两天披星戴月,日夜兼程,好歹如期赶到了云水崖码头。码头上客舟云集,黄损仔细看遍了,并没发现他要找的船只,心头一下子凉了半截,难道自己来晚了?还是那条船改了水路?正在彷徨落寞之际,忽然看见稍远处在一水崖旁,单独泊有一条船。这条船半隐在垂柳和葛藤的浓绿之中,但那模样是极眼熟的,黄损急忙赶了过去,果然是裴姓船主的客船。只见只有玉娥一个人站在船头,身上柳丝披拂,藤叶半罩,好像绿荫中的一只彩禽,眼巴巴地望着,何时等来伴侣,比翼飞向自由自在的蓝天。

  不待黄损走近,玉娥早已看见了他,欣喜地向他招手。黄损三步两步跑下水崖,来到岸边,那船是用缆绳系在崖下一棵柳树上的,船岸之间的距离虽不很大,却因水流湍急,那船有些摇晃。黄损急不可耐地要登上船去,玉娥连声嘱咐他要小心。黄损便抓紧缆绳,借此多一点跨越的力气。谁知就此一举,生出一桩意外的天大祸事,那缆绳因使用日久,雨淋日晒,有些发朽。绑在柳树上的一段,因船身颠簸拽动,绳套在树干上磨来磨去,靠里面已经朽断了两股,加上黄损的抓扶用力,就突然断成两截,缆断船发,如脱缰之马。这系船的半截缆绳虽然还在黄损手中,但船重力猛,不能自持,黄损被拽得栽了一个跟头,缆绳从手中脱出。那船没了挂碍,加上水势汹涌,顺流乘风,转眼间去若飞电。玉娥在船上哭泣呼叫,黄损在岸上追奔狂喊,赶了有十多里,眼看那船逐水漂荡,渐远渐小,若显若没,最后消逝在白茫茫的天际。黄损心急火攻,一头栽在岸上晕了过去。

玉娥的父亲和船家等人祭神归来,不见了船只,发现了树上的半截绳套,判定是缆断船漂,急忙雇了另一只船,顺流而下,寻了数日不见踪影。玉娥的父亲只此一个宝贝女儿,如何不心疼,伤心过度,一病不起,不久也就死在异乡。

再说黄损醒来,发现自己躺在深山的一座古刹里,卧榻旁有一老僧打坐,见他醒来似有所觉,合掌低眉,念了一声:"阿弥陀佛!"随即又入定不语。黄损摇摇晃晃坐起来,开始还有些头晕,过了一会儿,神志完全清醒,也不知自己睡了几天几夜,腹内觉着饥饿,只见床头放着一钵米饭,尚有余温,也不暇多顾,捧起来把饭吃了。放下钵子,刚要相问,倒是老和尚先开了口:"红尘未了,此处莫停,速去!速去!"黄损端详那老和尚有些面熟,便问:"我好像在哪里见过老师父?"老和尚说:"有缘相逢,无缘则离。人世无常,离合无定,小施主不必多问。"黄损想起玉娥遭劫,定无生还之理,不禁万念俱灰,便"扑通"一声跪在老僧面前,恳求道:"弟子心空意冷,愿皈依佛门,求高僧剃度收留。"老和尚问:"小郎君为何想以此了结一生呢?"黄损道:"不瞒师父,弟子与一女子情结生死,有约云水崖,不幸缆断舟脱,女子为急流漂没。情缘被斩,生意俱灭,万宗皆空,还有何念?"老和尚微哂道:"你可知我的法号吗?"黄损道:"愿闻高名。"老和尚说:"我法号不空,我尚不空,你有何敢言皆空,黄

卷青灯,非你所适。"黄损复又礼拜说:"弟子愚钝,请圣僧指点迷津。"不空和尚说:"若大丈夫,当置身青云,经国济世。岂可为儿女事,一时困顿,便自暴自弃。何况姻缘之事,月老红线,早已系定,钟情不移,断而能接;情而不坚,不断自断。"黄损说:"师父说得自然有理,可是我现在孑然一身,囊无分文,叫我怎样行处?"不空和尚说:"我早已为你准备好了行李一囊,银二十两,今年京城开科,你速去赶考吧!"黄损感激万分:"我若得中,一定回来答谢师父。"不空和尚说:"你走之后,我有些俗务要办,也要离开本寺了。"黄损问:"今后还能见面吗?"不空和尚说:"相濡以沫,不如相忘于江湖。他日有一物当应奉还,望善自珍重吧!"说罢,命人拿来行李盘缠,自己再也不理黄损,闭门念经去了。

  日后在很长一段时间里,玉娥的生死成了黄损昼夜萦怀的大事。他常常嗟叹红颜薄命,遭此大劫,命途多舛,天道不公。他哪里料得到玉娥的遭劫,却是他们姻缘结合的一个关键性的转折点。虽然此后山穷水复,崎岖坎坷,等待他们的还有许多艰难和打击。为什么这样说?试想,如果不遭劫变,玉娥的追求自由,私许终身,他父亲将以为是奇耻,是绝对不能应允的。又假如缆绳不断,两人如约效文君、相如之奔,也为世不容。于家于世,都无立身之处。不过,这都是旁观者的揆情推理,也作不得准。现在就来看玉娥是怎样脱险的,此后又在喧嚣的红尘中遇到了一些什么人,发生了一些什么事儿。

  当时,船只失控,被急湍冲激,如箭离弦之时,眼看在岸上跌跌撞撞追赶不及的心上人黄损渐渐被抛在看不见的黄沙柳岸之中,玉娥哭喊呼救得不到任何回应,只有茫茫烟霭,滔滔急流,风起浪高,惊涛呼啸。单身一个弱女子,在一只孤舟之上,在风浪里颠簸,在漩涡里打转,真如天崩地坼,人寰毁灭了。不知道过了多久,到了一个险滩,失舵的船被风推浪涌撞在一块礁石上,轰然一声巨响,桅断船裂,玉娥也昏了过去。幸好这只破船在冲过险滩之后,

江流渐缓,水道转折,因而被风吹到了岸边。这时,岸边正有一条船为了躲避风浪也停泊在那里。船上一位中年妇女发现了半在船板上,半在水中漂浮的玉娥,连忙叫船夫将人打捞上来。一看是个气息奄奄的幼女,虽然花容憔悴,而姿质不俗,妙丽天成。她连忙亲手将女孩抱进自己的舱内,给她盖上自己的锦被,又熬了些姜汤米粥,亲手给女孩灌了一些,如此细心调养,过了大半日,看见女孩微微张开了眼睛,她才长长地出了一口气,这位中年妇女不是别人,正是知人明事,京城清音社的班首薛大母。自从薛琼琼被选进宫之后,她好像被人夺走了自己生命中的一部分。她无心再弄清音社,为了舒缓一下自己的心情,便只身游历江南,探亲访旧,寻个自在。

玉娥醒来,虽觉得身仍在舟中,但又不是自己船上的模样。身边守着一个人,既不是父亲,也不是黄损,却是一个自从母亲早年去世以后,只有儿时才留下一点记忆的那种慈亲神情的中年妇女。她抬起身子想要问问,女人对她摇手,要她不要费力气说话,又轻轻扶她躺下。薛大母见玉娥虚弱,又怕触动苦处,心恸神伤,因而并不急于想了解什么,只是不断地抚慰她。夜里和她并榻而眠,叫她不要害怕,不要胡思乱想,等养好了身子再说。

过了三天,玉娥已经能够起来活动了,神志也清醒了,记忆也清楚了,便将前前后后的事情毫无隐瞒地对薛大母说了一遍,并拿出了贴身珍藏的用油绢包裹好不曾被水沾湿的诗笺让薛大母看。薛大母看见字迹和黄损的署名,高兴地说:"黄损是我的故交,你既和他有这样的情缘,你就如同我的女儿一般。"玉娥道:"妈妈救了我,就是我的再生慈亲,我一辈子都要报答您。只是黄郎不知道我的下落,或者以为我已罹难,一定痛不欲生,还有我爹爹也会日夜悬念,我要去寻他们。"薛大母说:"你到哪里去寻?再说孤身弱女,行动不便。况且漂泊在外,世道难料,倘再遇到什么险恶,何以自处?依我说,你不如跟我回到京师,那黄损是个有志气的读书人,待朝廷开科,他必定会进京应试,到那时打听他的消息也就容易了。等你们良缘玉成,再传信或一同去拜见你的父亲,岂不更好!"玉娥听薛大母说得有理,也就同意了。此后和薛大母情同母女,处处相依相靠。

　　回到东京,薛大母本有一所小小的宅院,只留有一个守门的丫头,见她们回来,十分高兴,做事也格外勤谨。自琼琼进宫,薛大母南游之后,这里已经好久没有旁人来过了。玉娥每日大门不出,深藏屋内,摒弃脂粉,素服荆钗,以刺绣为事。对薛大母侍奉甚谨,早晚问候,添衣送汤,事必亲躬。薛大母见玉娥温静娴淑,心志坚贞,是个外貌柔美而内心极有主意的女孩儿,且孝道纯真,便也视同己出,凡事不勉强于她。虽然薛大母也知道玉娥的筝艺不在琼琼之下,但失去琼琼也让她心里凉了半截,她再也无心无意去弄清音社,便也安心居家。隔些日子把玉娥的绣品拿到街上去卖,换些日用,也足够三人糊口。有一天,薛大母出门上街,玉娥在家独坐,忽然听见小丫环在院中喊叫,急忙从内室走出,只见一个老和尚拦也拦不住,径直闯到堂上。玉娥看他相貌古朴,矍铄有神,知是异人,连忙制止住丫环。那老僧大步登堂,不请自坐,玉娥施礼问:"老师父到此,是来化缘,还是要用斋饭?"老僧说:"不钱不饭,为人释难,有情无情,无媒自见。遇水而分,遇火而合。命运多舛,迷途何返?"小丫环见他混说,尽讲些听不懂的话,认为他是个疯和尚,更加害怕,便要出去叫人。玉娥的心却像筝弦一样,骤为拨动,忙说:"不要怕,这是位老神仙,你赶快到厨下去烧水,沏碗洁净的茶水来。"丫环走后,玉娥跪在老和尚面前,顶礼膜拜,说:"小女子确有宿缘未了,望老师父指点迷津。"老和尚也不搭话,掏出一个红丝绦系着的玉坠交给玉娥,嘱咐道:"这是你的护身之宝,要贴身戴好,万勿遗失,也且勿告人,勿轻易让人看见,日后自有灵验,切记!切记!"说罢也不等茶来和玉娥的恳留款待,径自起身,飘然而去。玉娥便将玉坠戴在小衣内的项上,从此日夜不离,连薛大母也没有告诉。

寒来暑往,眼看又过了一年。春闱开科,各地的举子纷纷汇聚到京城。且不说应试的日子,进入礼部贡院立即闭户锁门,禁止出入。每人一间号房,一几一凳,仅能容身,也不供应茶汤饮馔,饿了啃干粮,渴了喝砚水,人人都弄成了乌嘴鸡。黄损就受了几天几夜这样的煎熬,总算交了卷,像放生一样地放了出来。等到放榜的日子,举子们熙来攘往,络绎不绝地前往探榜,这也是尽在情理之中的事。因为有宋以来,科举之制不同于唐代。唐朝进士及第,并不立即授予官职,能不能当官,还要经过吏部考试。大文学家韩愈中了进士之后,就曾经三次应试于吏部,都没有通过。十年之中仍为"布衣"。还有中了进士二十多年都未能当官的。可是宋朝不然,进士及第就是入仕之期。所以有哪个应试的举子不盼望自己一登龙门,赫然显贵呢?榜前或呼或叫,或哭或笑,或疯或闹,成了引人注目的景象。同时,在这些士子的周围,出现了另一道前代所未有的奇特的亮丽风景。只见车盖云集,宝马嘶鸣。许多达官贵人,富豪权势之家,有的是主人亲临现场,有的是派仆人窥伺打探。他们要干什么?这就是宋朝特有的婚姻习俗,榜下择婿。因为当时的现实是:"满朝朱紫贵,尽是读书人。"一旦中了皇榜,就可以得美官。进士未来的前程远大,所以成为达官富室的最佳女婿人选。他们不仅盯住皇榜前,还跟踪进士们的游踪。比如皇帝赐宴金明池,他们便出动"择婿车",赶到金明池路上,争相选择新科进士做女婿,王安石就有两句诗描写这种景象,道是:"却忆金明池上路,红裙争看绿衣郎。"可见这"拉郎配"源远流长,也颇有悠久的传统,自然其中有不少登科的士子或为富贵所诱,或为权势所逼,不管在家有没有婚约,最终屈志相从或违约变心。

说到这里,让我们回顾一下前面开头不久讲到的方渐和苏幼卿的故事。结尾说方渐后来果然中了二甲进士,按说有情人终成眷属,也该是顺理成章的事情。幼卿慧眼发现的嘉木,用自己的心血浇灌成良材,也该慰藉如愿了,谁知一场变故,却使这一切走了样儿,变了形。怎么走了样儿,变了形?就是这榜下择婿。方渐禁不住诱惑,利欲熏心,投靠豪门,做了乘龙快婿,抛弃了幼卿。幼卿建造的个人心灵天堂,被社会的重击粉碎了。但她并没有殉情,而是不知所终,后来有人说在尼庵青灯黄卷旁见到过她,也有人说在杏花烟雨江南见到过她。因她的亲戚朋友很少,这仅是一些稀有的传说而已。

此时黄损也遇到同样的情况,既然进士榜上有了他的名字,而且他又年轻貌俊,于是也就成了捕捉对象。三司使孙用之就派人紧紧地盯住他,三番五次地派门客和媒妁去说合,要把自己的独生女儿嫁给黄损,甚至把黄损"请到"实际上是拖到府中,摆出琳琅满目的嫁妆和金银珠宝首饰让他看,但黄损闭眼不看,誓死不允。孙用之还封官许愿,保证运用他在朝廷的势力影响,可以让黄损仕途快捷,立致显赫。但黄损说,我只知道进士是"天子门生",听从朝廷和国家的安排,这是唯一的正当仕途,不知道还有什么"快捷"仕途。孙用之虽然气急败坏,却也无可奈何,只好放弃,另选了一名进士做女婿。

黄损得中之后,被授予金部郎的官职。这金部郎乃是户部的一个属官,长官是户部尚书,而户部尚书还要受辖于三司使。三司是指盐铁、度支、户部,这三个有关国计民生的重要财政经济部门,在上面合而为一,都归三司使管理,而孙用之就担负着这样一个权高位重的官职。黄损是个勤政缜密之人,过了不久,就在自己的职务范围内所接触到的库藏出纳,权衡度量之数,以及参掌天下给纳的钱币,按年计数入库的事务中,发现了孙用之贪污受贿、变公为私、纵欲暴敛的不法行径,就向朝廷递上了一份检举弹劾的奏事。孙用之的赃滥,本来是人人皆知的事,可以说是公开的秘密,只是因为他善于阿谀奉承,皇帝也是睁一只眼,闭一只眼。如今这窗户纸一旦被黄损戳破,朝野大哗,怨生中外,幸在宋代不轻易诛杀大臣,便把他免职,居京休闲。由是黄损声名大振,有女待嫁的官宦、富室看他少年高第,才貌双全,前途无量,没有不想攀这门亲事的。于是东京城里请媒人来议婚的,前一拨儿走,后一拨儿到,踏破了门槛,但都被黄损婉言谢绝。渐渐地高门大户中由怨生谤,流传出另一种讥评,说黄损生性怪异,倨傲自大,名实不符,终将自毁。黄损听了一笑了之,也不以为意。旁人哪能知道,在黄损心里,虽然不知道玉娥的生死下落,但他仍然专情不二,任何女子都不能替代玉娥在他生活中的位置。他说不清自己是希望还是绝望,是等待还是空盼。总之,他觉得目前还没有任何一种力量,能把他和玉娥分离开来。

孙用之致仕之后,在京闲居。他并没有收敛自己的行为,闭门思过,安分守己。而是在醇酒美女,声色犬马上,走另一条贪欲享乐的道路。他还招致了一班门人清客,尽是些鸡鸣狗盗之徒,好主意没有,坏主意出尽,帮他网罗策划,以满足他的私欲。这一天,有一个门客在街上闲逛,他觉着繁华看尽,无事无聊,为了猎奇,就离开闹市,尽钻一些冷街僻巷,东张西望。偏巧遇见薛大母和玉娥相伴在街上买些绢帛纱罗,五色丝线之类。他一见玉娥便惊呆了,他料不到在这陋巷僻地,竟然有这样绝色的美女,好像在浣纱溪边遇到了西施,广寒宫中见到了嫦娥。这个门客过去也常逛瓦子勾栏的,他认识薛大母,而看客如流水,薛大母并不认识他。他便悄悄尾随着她们,见进了一所小院,便记下门楣地址,如获至宝,认为可以在孙用之那里邀功请赏,捞一勺稠的了。

回到孙府,这个门客利用如簧巧舌,先叙说了一番自己如何尽心尽力,劳苦寻艳的过程,又绘声绘色地描述了玉娥那绝代佳丽、红尘尤物、世间难寻。孙用之如何不动心,随即找来一个媒婆,带了十几个丫环,捧了五百两黄金,由门客领着,前往薛大母家下聘。谁知吃了闭门羹,薛大母隔着门缝问明了姓氏、来由,和玉娥商量之后,就根本没有给他们开门。任凭门外的人怎样花言巧语,利诱威胁,里面不为所动,毫无回应,好像碰在一道岿然峭立的石壁上,不能逾越一步。孙用之得到了复命，恼羞成怒，便派了数十家丁，气势汹汹地前往薛家，破门而入，将玉娥抢到了府中。孙用之见到玉娥，喜出望外，遂大宴宾客，对众人说："我得到这样的美女，当老此温柔乡，虽神仙的洞天福地，也不愿往矣！"当晚，进入新房，要玉娥侍寝，玉娥胸有成竹，早有所备，先是哀告说："大人钟鸣鼎食之家，也曾身居高位，一向以体恤庶民自诩，为何强迫我这样一个弱女子呢？"孙用之说："我是喜欢你，抬举你，才这样做，你如从了我，今后富贵尊荣，一生都享用不尽！"玉娥说："人各有志，不可强夺。小女子本是低门贱户，布裙劳作，固所甘愿，不求富贵。何况大人后堂姬妾玉立，佳丽如林，岂少我这样一个平凡的女子吗？恳求大人开恩，放我回去。我将广为传布德音，一生不忘您的恩惠！"孙用之哪里听得进去这些，见玉娥依旧布素缟衣，云鬓不理，却比那些浓妆艳抹，精心靓妆的女子们更为娇丽动人，便按捺不住，上前亲自动手要去为玉娥解衣。玉娥后退一步，"嚯"地从身上掏出一把寒光闪闪的利剪，高举起来说："大人如若再向前一步，苦苦相逼，小女子将以颈血染红大人的衣袍！纵死九泉，也志不可夺！"这突如其来的举动让孙用之一下子惊呆了，他想不到这个柔美的女子竟有这样的烈性。要搁一般的女子，即使有些姿色，冒犯于己，对孙用之来说，处死三五个也不算回事儿。可是眼前的这个裴玉娥实在是太美丽了，孙用之觉得这个已经被他占有的天姿国色的"宝贝"可不能轻易被毁掉，他在深深的贪欲惑恋中还希冀有一线希望。于是态度便缓和下来，不再进逼。叫来丫环仆妇，叫她们好生伺候，心想以后再慢慢劝说，过上一段时间，玉娥也许会改变心意的。

　　说来也巧也奇，在孙用之获得玉娥之后，日子并不平静，先是孙府内接连三次失火。火是从空中掉下来的，幸喜不曾伤人，也没有酿成大灾。市井百姓中就有传言，说是孙府要遭天焚。同时，孙用之也觉得身体有些不适。本来他是个纵欲无度的酒色之徒，时不时地犯些虚喘气短,头疼脑热之类的毛病,是很自然的事情,也无须惊怪。但此时孙用之惧怕"天惩",又因玉娥坚贞不从,使他的快意不能得逞,便更加在酒色上发泄,一来二去,心情郁郁恍惚,三分病症也让他想成十分的了。这一天,孙府的一个小童又到街上去抓药,走出药铺的时候,一个老和尚叫住他,问:"你是孙府上的人吗?""是啊。""是给你家大人抓药的吧!""是啊。""你家大人病得不轻啊!""轻不轻我也不知道,反正这些日子三天两头叫我来抓药。""回去对你家大人讲,他就要大难临头了。这些药都不治他的病,死期将至,无谓老僧言之不预!"小童回府,将此话禀告了孙用之。孙用之闻听大惊,赶忙四下里派人去寻老僧,找了三天也没有找到。孙用之格外着急,以为是神仙显世,缥缈无踪。第四天头儿上,老僧却不请自到,排闼入内,直到客厅内正位坐下,孙用之闻报,慌忙更衣整冠,出庭膜拜。见老僧面容清癯,白髯飘胸,衲衣古朴,心中先有几分敬畏。献茶之后便试探着问:"弟子身陷迷津,何以自拔?望老法师指点。"老僧说:"府上有灾吗?"答:"有灾,三次失火。"又问:"大人有恙吗?"答:"有恙,病疼缠身。"老僧说:"这就是了。不过,这些灾病都不是人力所能救治的。根源不除,徒劳无益。"孙用之听着有些奇怪:"敢问老法师何出此言?"老僧说:"我近日看到,府上有精灵之气溢出,内室必然有祟!"孙用之想了想,说:"家下人等,聚居已久,并无异样,何以言祟?"老僧说:"你再想想,有没有什么变故?"孙用之迟疑地说:"只有新近纳一小妾,尚未圆房,有家有业,来路清楚,还能有什么怪异?"老僧说:"正是此女,并非凡人,乃是一个玉石精灵所化,专能妨天尅主,收留之家,必遭灭门之灾!"孙用之半信半疑地说:"哪能啊?她分明是一个标致的美人儿,饮食举止与常人无异,能有何证说她是玉石精灵?"老僧说:"大人如若不信,现在就可以派婢女去查验,此女贴身之处,必佩有玉坠一块,若先询问,定然矢口否认,必不示人。要强迫搜身,方可看到。"孙用之便马上吩咐叫几个丫环去执行。丫环们先去问玉娥，玉娥果然说无有。然后解衣搜身，才见内衣里面贴身处真的有个挂在项上的用红丝绦系着的玉坠。把玉坠拿到了客厅，孙用之看到之后，又听了搜查的经过，他暗里思索：玉娥被锁在深闺，老和尚并未见过，更何况内衣里戴的玉坠儿，贴身的侍女尚且不知，怎么老和尚知道得一清二楚。玉娥的否认和掩盖，也和老和尚事先所说的相符。他越想越深信不疑，越想越悚然惧怕，更把老和尚看成是神佛显灵，虔诚听从，便说："多谢老法师禳灾去难，弟子当遵命而行，立即除掉此女，以保家下平安。"随即喝命："来人！快去架上干柴，把裴玉娥给我活活烧死。叫她化成烟，变成灰，永绝后患，叫她不能祸害于我！"老和尚摇手制止："你错啦，万万不能这样做！"孙用之说："她是妖物，为何还要姑息？"老和尚道："天遣此物，必有其意。你若硬去除掉，那是逆天而为，不仅不能消灾，反而会招致更大的祸害！"孙用之说："那怎么办呢？"老僧说："不可除，只可移。要找一个替代的人，让他承受其祸，方能保你无虞。"孙用之一下子拿不定主意，沉吟说："让谁替代呢？"老僧问："大人在京城有没有仇人？"孙用之不假思索："仇人倒有不少。"老僧说："打枝儿先掐尖儿，你最恨的仇人是谁，就把此女赠给他，让他当受其祸。"孙用之最恨黄损检举弹劾，让自己丢了官职，久欲报复，无从下手，如今有了这个机会，怎能错过，便说："多亏老法师提醒，我倒想起一个合适的人来。"老和尚合掌道："阿弥陀佛，甚好甚好，欲办从速，早离早好！"孙用之叫人拿来布帛银钱，要厚谢老僧，老和尚看也不看，听也不听，拂衣而起，径自去了。

　　第二天，孙用之就打发人把薛大母叫来，对她说："你不是不愿意把你的干女儿嫁给我吗？好，我成全你们。现在我要把玉娥收为我的义女，把她嫁给我一个忘年之交的朋友，你意下如何？"薛大母一时摸不着头脑，不知为什么会有这样的变化，问："大人说的朋友是谁呢？"孙用之说："就是新科进士现任户部金部郎的黄损，是个年轻的俊才。他原和我有些旧隙，我想尽释前嫌，以示友好。要你去说合,一定要让他答应。"薛大母一听,心中暗喜,表面上却又不能露出马脚,便装作冷冷地说:"大人有命,我怎敢不遵。我一定尽力,如若办不成,可不要怪罪于我!"孙用之说:"你能言善语,应酬机敏,焉有办不成之理!三日之内,我要等你的消息。"薛大母说:"我当从命,但去之前,我要见一见我的女儿。"孙用之说:"这有何难?我正想要你去说服她呢!"便立即命丫环引路,带进后堂,在一密室中见到了玉娥。玉娥看见薛大母,像见到了天涯之隔的至亲的亲人,悲喜交集,泣不成声。薛大母叫丫环退到外面去等候,单独面对玉娥,悄声说:"告诉你一个好消息,孙用之要放你出来,把你赠给一个朋友,你从此可以得到自由,如愿以偿了。"玉娥蹙眉道:"妈妈怎么能说这样的话?我被强迫来到孙府,所以没有立即寻死,是因为我尚有一念之存,盼望能等到黄郎入京,见他一面,以了却昔日之盟。如果无此机缘,还要我辗转于虎狼之穴,我宁肯即刻死去,决不惜命!"薛大母说:"你先不要着急死呀活呀的,听我告诉你,孙用之说的这个朋友,不是别人,正是黄损。"玉娥摇摇头:"我却不信,以黄郎的为人,怎肯与这样的佞倖贼人结交为朋友?"大母说:"我听得真真切切,他说的分明是黄损。"玉娥说:"天下重名重姓的多了,怎见得这个黄损就是我的黄郎?"薛大母说:"据我所知,这个黄损并非真正是孙用之的朋友,而是一个新科进士,当了金部郎的官职后,弹劾了他的贪滥不法之举,使他罢官丢职。孙用之十分忌恨他,听信了一个老和尚之言,认为你是妖冶不详之物,因此要以你相赠,移害于他。"玉娥问:"那个老和尚是什么样儿?"薛大母说:"我也没见过。不过,我琢磨来琢磨去,这个老和尚好生奇怪,他好像并不是在为孙用之,而是在成全你们。"玉娥听此,心中已明白了八九分,也就转悲为喜。薛大母道:"明日我就要去见黄损,空口无凭,你把那张诗笺拿给我吧!"玉娥就从贴身之处,将诗笺取出交与薛大母。

翌日,碰巧是个官员们休沐的日子,薛大母找到了黄损的住处。黄损见了薛大母十分高兴,也十分意外,连忙让座上茶说:"我曾向熟人打听,都说不知道你的行踪,到底怎么回事。"薛大母说:"说来话长,以后再慢慢告诉你吧。今天我来是想直截了当地告诉你……"说到这里,薛大母转了转念头,心下思忖:这黄损虽是故人,却今非昔比,他是新科进士,现又身居显位。多少人在功名利禄面前,变了一副心肠,换了一副嘴脸,何况他和玉娥分离已久,生死两茫。玉娥倒是痴情不改,可他是否旧情仍在呢?倘若他屈身权贵,毁弃鸳盟,有负于玉娥,那就必须另作打算了,方不能使玉娥再受伤害。这也难怪,薛大母是个久处江湖的人,看惯了人情反复似波澜的世道,怎能不多长几个心眼儿呢?于是她决定探明虚实,再做定夺,便一转话锋,把刚才本想竹筒倒豆子直通通的话且压到肚子里去,转个弯子说:"有一桩重要的事情来通知你。"黄损说:"既然是通知,那就一定是决定了的事情了?"薛大母说:"当然是决定了的。孙用之大人要与你冰释前嫌,为了表示诚意,愿与你联姻,现把我的女儿认为义女,厚赠妆奁,嫁与你做妻室。既成姻亲,今后相互扶持,不愁不青云直上,永列朝班。我这卑贱之人今后也能在你们两方面都沾光了!"黄损问:"琼琼已供奉内廷,你哪里还有什么女儿?"薛大母说:"我在江南又得一女,美艳非常,才艺超群。"黄损脸色骤变,据案立起道:"想不到今天要刮目相看于你了!你竟然和孙用之沆瀣一气,想出这样的圈套来。看在过去相识的那一段缘分上,请你马上离开!"说罢就呼唤下人送客。薛大母却坐着不动,说:"相公不要急躁,你难道不想知道我女儿的芳名吗?"黄损说:"管她叫什么,我心中只有一个芳名,任何女子都休想取代她!"薛大母笑起来:"也罢,你不愿意也就算了。其实我女儿也早就许配给了别人,你如不信,这里有定情的信物为证!"说罢就掏出诗笺来,在黄损眼前晃了晃。黄损看着这物件很眼熟,便夺过来一看,自己倒一时纳闷了,迫不及待地追问:"你怎么会有这个东西!你女儿叫什么?"蒋大母笑道:"叫裴玉娥,是我从水中救出的,说这

也没什么用了。你既执意不从,我就告辞了!"说罢起身假装要走,黄损一把拉住她,跪在她面前说:"恩人!恩人!你是我们的大恩人!"薛大母便把事情本末叙说了一遍,黄损自是喜从天降。

洞房花烛之夜,黄损和玉娥相拥相对,恍如隔世。黄损见玉娥内衣里贴身戴的玉坠儿,更为惊奇,询问之下,知是老僧所予。夫妻二人忆及往事,方悟前前后后,不空法师有许多相助。不禁嗟叹良久,心存感激。

黄损和玉娥成亲之后,本来是一桩千古佳话,人间喜事,同时却传来了一个坏消息。由于蔡京的举荐,朝廷又要起用孙用之,于是黄损就上了一纸呈文,奏请辞官为民。对此,许多人颇有微词,认为黄损是骤得美妻,惑于家室,锐气削减,为惧怕一个孙用之,才出此畏缩退避之策。其实,孙用之的复出,因其一端,最根本的是黄损看到了当朝之中不仅一个孙用之,数十数百以至数不清的孙用之,位列要津,满朝虎狼,像蔡京这样的大奸臣,拜太师,封国公,窃弄威柄,害人无数,世人罪其为六贼之首。并非缺少忠贞耿直之士,前赴后继,冒死劾争。其结果却是屡罢屡起,依旧当国。为什么?黄损不敢往深处想,又不能不往深处想。最后他明白了,天下之权,集于人主,寡人独夫,金口玉言,一言可兴,一言可亡,无论明昏,莫敢逆鳞。他黄损就是死一千次,又有什么能耐?既然不能兼济天下,还不如独善其身。于是他和玉娥商量,决意辞官归里,隐居山林。

在船上,黄损向鲍八承务只是叙述了上面这个故事的过程,有关自己的内心活动,他不便说,也不想说,他甚至设想,即使说了,像鲍八承务这样只读过一些死书的人,定然不会理解。而鲍八承务听完了这个故事的结局赞不绝口,黄损有情人终成眷属;玉娥与命运抗争,终得好报;薛大母古道热肠,功不可没;不空法师玩弄奸邪于股掌之上。他们都真真切切的是大赢家,而黄损心里却苦涩地想:他也许斗败了孙用之,但他输给了这个社会!

十六　百鸟接驾

还是回到清明节的那个下午,茶肆里的四个人散伙以后,鲍八承务和向士肃一同离去。龙主和单飞英相偕回城。他俩结伴向西而行,过了十字路口,又经过一家"饮子"店,店旁有一棵惹人注目的长满木瘿粗大古拙的老杨树,这老杨树的上部却新枝丛生,绿意盎然。靠树坐着一个不起眼的老人,他很瘦弱,把挑担放在旁边地上,大概疲惫已极,倚着树根垂头歇息。龙主不禁心中一动。这样的古杨,这样的挑夫,东京城内外每日在他眼前映过的,何止以千万数,但他从来不曾注意过他们。现在他却感悟到,这些古木,老而不朽,经历过无数次风折雷劈,却并不能阻碍它们增加年轮,吐发新枝。这些挑夫,赢而不衰,一路走来,蒙受了多少风尘苦难,虽然疲惫,但他们歇息之后,仍然会挑起担子,向前走去。这才是真正的东京,而并非春花秋草、冠盖锦衣的东京。单飞英哪知道龙主想这些,他对另一处发生了兴趣,便扯扯龙主的衣襟,向右边一指。龙主回过神来,只见古杨后有一座凉棚,里面坐着一位占卜的先生,背后垂着三面布招,上面写着:"神课"、"看命"、"决疑"。正有位求卜者坐在他面前长条桌子的横头椅子上和他说话,周围站有三四个听众。龙主对东京是极熟的,便说:"噢,是他! 此人名叫谢石,是很有名的一位算命先生。"单飞英说:"我也是知道他,才让你看的。今天他怎么坐在这里算卦?"龙主说:"他在京都的东西南北城中都有卦店或卦摊,这一处是最简陋的,有一大帮徒弟在他的名号下经营。"单飞英说:"听说他不仅会八卦、六壬之类的占卜,还精通测字,以及看面相、手相等相术,无所不能,无所不知,预测吉凶祸福是极灵验的!"龙主微微冷笑道:"如此说,我们就过去看看!"

两人走近,只听坐着的那个人说:"先生的卦算得真准!您还记得吧,我是前些时为打坟地官司前来求卜的,第一次卜了个'贲'卦,您说:为贲欠土,你这个官司是打不赢的。果然在县里因为证据不足,我打输了。我不服,上诉到府里。又来求卜,您给算了一卦,遇'蒙',您说:这是个好兆头,和前卦不同。'蒙'是冢上有草,坟头上能长草,你这官司必赢。果然我在府里打赢了。我那时说过,如果真的打赢了官司,我要送双倍的卦钱给您。今天我就是来送钱的。"说罢就掏了些银钱出来,摆在桌上。周围的人听了看了,都"啧啧"称赞,莫不叹服。这时又来了一个人,他好像怕别人占了先,人未到声音先到,一个劲儿地嚷嚷:"请让让!请让让!"先前坐的那个人见又来了求卜的主顾,便忙站起身来施礼告别,让出位子来。后来的这个却并不坐,还未站稳就说:"先生,听说您拆字如神,我要问事,求您拆个字!"谢先生眼也不抬,不紧不慢地说:"那么,你就随便写个什么字来。"这人说:"我这里早就写好了!"说罢从怀时掏出一张纸来,摊开在桌子上,龙主和单飞英都看到那上面写的是一个"也"字。谢石把字看了看,问:"这字不是你写的吧?"这人说:"不是我写的。"谢石又说:"这是闺阁中内眷所书,对不对?"这人很惊讶:"对,是内眷所书。先生怎么能知道?"谢石摇头晃脑地说:"焉哉乎也,是语助。所以知道定是尊驾的内助所书。尊夫人运交三十一岁,是不是?"这人更其惊讶,说:"是呀,内人今年三十一岁,确实交了好运,有孕在身。先生怎么又能知晓?"谢石说:"因为这个'也'字,上面是'卅',下面拐弯一横,平伸为'一',所以可知是盛年三十有一。但我看尊驾眼下有些难处,想迁移回乡

十六 百鸟接驾

而力不能及。"这人说:"太对了!我正为此发愁呢!先生真是灵验如神!"谢石说:"这没什么。因为你这个'也'字摆在这里就明明白白说明了。""何以见得?""你看,'也'字注水则为池,有马则为驰。如今只是个孤零零的'也'字,缺了这两样儿,池运则无水,陆驰则无马。岂不是想迁动而不能如愿?所以如此,恕我说话难听些,尊驾的家产,原很丰饶,而今快要荡尽了!"这人面有愧色说:"不瞒先生,正如所说。难道这些也是从这个'也'字上拆出来的?""是啊,你看,'也'字有土方为地。现今土没有了,不是家产已将荡尽么!不过,你今天来找我拆字,都不是为了上面这些,而是另有所问,还没有讲出来,对不对?"这人连连点头:"对,对,我是来问,贱内怀孕过月,产期已过,却不见临盆,是吉是凶望求指点!"谢石郑重地抬头向这人脸上望望,低头向"也"字望望,又抬头向对方脸上望望,再低头向"也"字望望,忽然击案一声,把周围的人都吓了一跳,只听谢石嚷道:"哎呀!奇怪!奇怪!""先生,为何吃惊?""这是一件怪事。本来我不想言明,恐吓着你和周围的朋友。虽系人命关系,但也需要自愿,能否允许我把测到的都讲出来?"这人脸都吓白了,一迭声地求告:"请讲!请讲!"看客们也都帮腔:"先生既知,请快言明!"谢石指着"也"字说:"你们看,这个'也'字,傍虫为虵字,他家娘子过期不产,是为蛇妖所祟!"这人急得站了起来,手足无措地说:"了不得!那怎么办哪!大人的性命且不说,我家三代单传,孩子的命要紧啊!"谢石摆摆手,让他依旧坐下,不紧不慢地说:"不要慌,不要怕。今天你幸亏找到了我,我有法子可以祛灾去祸。"这人说:"只要能够救治,我当重酬先生!"谢石拿起笔来,在一张黄表纸上,画了一道符,又在一个挂囊中翻拣出一包药,递给求卜者,说:"回去以后,这道符挂在尊夫人的床头。再把这包药分三日服下,自可驱妖顺产。"这人千恩万谢,加倍付了卦钱,又付了药钱,愁眉宽解,高高兴兴地走了。周围的人莫不叹服神课灵验,啧啧称赞。龙主看看单飞英,见他也同样看得入神起劲儿,便微微一笑,也没去扰他,且往下观。

接着又来了一个人。这人好身量,好气派,油光滚圆,衣帽簇新。走路好像螃蟹一样,横起膀臂,叉开两腿,把众人一分,站到卦桌前面来,尖着嗓子说:"谢先生,久仰!久仰!大名久已传遍京都,只是无缘得见,今日咱家特地来向你请教!""何言请教,有什么需要释疑解难之处,您尽管说。"来人伸开巴掌,把一张纸叭地按在桌子上:"就是这个字,你拆拆看!"谢石低头一瞧,龙主和单飞英也同时去看,只见那上面写了一个大大的"朝"字。谢石沉吟不语,来人瞪着眼问:"都说你灵验无比,你怎么不说话啦?"谢石慢吞吞回答:"这个字我不敢拆,也不便说!""为什么?""就为这么一个字,我若拆开了,说白了,说不定会立致显贵,也说不定会刺面充军。连我自己的命运也难以测知了!""不要怕,但讲无妨。只要你说准了,说对了,包你有福可享!"谢石站起来,对着字拜了三拜,然后说:"依我看来,这个字并非尊驾所写。朝字拆开来看,为十月十日,此月此日所生的人乃是天人,凡人不配也无由会写出这个字来。此字乃当今天子御书。您是一位中贵人,是遵圣命来考查我的,是也不是?"说得周围的人不禁大惊失色,都不由己地往后退了数步,反倒是引起了单飞英的兴致,拉着龙主又往前靠近了一些,中贵人哈哈大笑说:"果然不虚大名!咱家李彦,的确是从宫中来的,奉官家之命,来试探先生的。耳听为虚,眼见是实。说是神课,亦不为过。"谢石说:"那么,刚才有些冒犯,不会治我的罪吗?"李彦摇头说:"不会!不会!怎么能呢?你也不用自己测自己,你的好运就要来了!"谢石问:"皇上天生睿智,洞察一切,还相信卜筮吗?"李彦说:"怎么不信,不但信而且喜欢。当今圣上在未登基前当端王时,就曾命人拿了他的生辰八字,到大相国寺去遍问吉凶。当时有个浙江人陈彦算出他为'天子命',后来果然应验,天子大喜,就对陈彦封官加爵,后来做官做到节度使。你说这个算命的就凭这一算就交了红运大福,比起那十年寒窗苦读经书的士人可就强多了!"周围的人像听天书一样听他讲这些故事。这个太监是不是得意忘形,顺口胡诌呢?可也别冤枉了他。他说的倒是真的。后来谢石果真被召进宫去,徽宗皇帝让他给左右的宦官以及宫嫔们看相测字,不仅大加赏赐,还给他补了个承信郎的官。更有甚者,宋徽宗后来在吏治上还推出一项"新措施",就是任命侍从以下的官吏时,先将他们的八字交算命先生算一算,推出其"五行休咎",然后才决定用或不用。于是,一时之间,算命先生们比吏部还要厉害,有的竟指着官吏们的鼻子说:"你们的升黜穷达,就在我的可否一句话之间!"自然,算命先生们的腰包里就可想而知了。这些旁枝后话,不来啰唆多讲。现在仍然继续来听这位中贵人还会摆活些什么?谢石说:"那时候若是要我算,也会算出皇上是天子命的,像我们这些人都是能慧眼通天的。当今圣上是仙班中的东华帝君转世,是玉帝特敕的真命天子,到下界来就是要他做教主道君皇帝的。因此君临天下,臣服四海,该当有万年寿福的!"李彦拍掌笑道:"先生说得太对了!今上不仅朝野尊奉,万民景仰,连禽兽都知道他是真命天子!若不是我亲眼所见,说出来恐怕人们皆以为是稀世奇闻,不可置信呢!"谢石说:"愿听上差所告,以广吾等见闻!"李彦眉飞色舞地说:"宫内东北角有座艮岳寿山,以前也叫万岁山,是个周围十多里的大园林,里面累土积石为山,凿地开河蓄池,修建了二十多年才完成。你们知道的'花石纲'就是为这里运送珍异花木竹石的。不但有灵璧、太湖的奇石,还有江浙的奇竹异花,登州莱州的文石,湖湘之间的文竹,四川的佳果异木,至于楼台殿阁更是不可胜数。你若是身临其境,只觉得山高林深,千岩万壑,想不到在京都这坦荡的平地之上,竟有这世外的人间仙境,这都是人主有道,才能出现千百年来罕有的盛世景观。不仅万民沐浴恩泽,连禽兽都感召有知。就来说有一天,我们伺候万岁爷在寿山里面游玩,刚走到一处山林旁边,车驾仪仗还正在行进,只听得扑扑棱棱,呼呼啦啦,遮天盖地飞来成千上万只山禽水鸟,有些落在路两旁的草地上,有些栖在夹道的树枝上,有些停在周围的山石上,都一齐朝着皇上的御辇点头鸣唱,更有十几只鹦鹉落在皇上面前的伞盖上齐呼:'万岁,万岁,万万岁!'又有几十只八哥儿落在两旁的扇掌上,此起彼伏地喊着:'万寿无疆!万寿无疆!'你们说,哪一朝哪一代的皇上能有这样的天威?生活在今朝今世,真是几辈子的造化……"

单飞英正听得津津有味,却被龙主强拉着离开了卦棚,他一边走一边嘟哝,老不情愿地说:"龙大哥也真是的!为什么不让我听完?"龙主说:"他那些胡吹海嗙有什么听头!"单飞英问:"他说的难道不是真的?"龙主说:"是真的。"这一下把单飞英弄糊涂了:"既然是真的,那么,以前只听说过有百鸟朝凤,可是谁也没见过。现在却真的出现了百鸟朝龙,可算得上是太平祥瑞,盛世奇观了!"龙主微微冷笑说:"你道那些禽鸟真的是感恩戴德,齐集飞来朝贺的吗?""这不是眼见为实:群翔云集,瑞禽迎驾,还能呼叫'万岁'的呀?""不!这都是人教的!"龙主的这一句话,真使单飞英目瞪口呆,如堕五里雾中。单飞英过去虽然当过许久的官,现在还准备继续当官,可都是外郡远州的差事,对皇宫里的事知之甚少。只要一联系到这个红墙围起来的处所,他都感到一种无限的神秘、崇敬和信任。而现在不知怎的,龙主的言语和态度,却使他意识里发生了迷惑和动摇。他摇摇头:"我却不信!什么人能有这样的神道魔法?"龙主说:"不是神道,也不是魔法,其实说穿了,这个法子也很平常。"单飞英急不可耐地催促:"龙兄快讲!愿闻其详。"龙主问:"你见过黄雀衔帖吗?"单飞英说:"见过呀,不就是街头的算命先生,笼子里养着一只黄雀,找他算卦的人,只要说出生辰八字,那黄雀立时就从众多的帖子中一嘴就把你的属相帖子衔了出来,上面有吉凶休咎,算命先生再批讲一番。""那只黄雀生来有这样的本领吗?""当然没有,我不知其所以然,但想来一定是人教的。""对,不过这只是一鸟之驯,最简单的玩意儿,说到这里,你还能不明白

十六 百鸟接驾

吗?"单飞英迟疑地摇摇头:"不大明白。一鸟之驯,尚且可以;千万只禽鸟,如何可驯?"龙主说:"我的一个朋友薛老头就善于此道。这位老薛人称'百鸟王',他熟悉各种禽鸟的鸣叫、习性、食料、活动,现在宫里当差。午后我还见他和善于艺花的马老朘相将着出城而去。""他一个乡下老翁,还能在宫里当差?""如今什么人不能当官儿?何况他比那些鸡鸣狗盗之徒不知要高出多少倍!这万翔云集,瑞禽迎驾就是他的把戏。"单飞英骇然咂舌:"这难道不是天意,也是人为而成?"龙主冷笑道:"什么天意?这不过是弄出来欺哄天下人耳目的东西。祸首就是童贯!"单飞英不解地:"这和童太尉也有关系?到底是怎么一回事?"龙主说:"你听我从头到尾跟你说来:当初艮岳寿山修成之后,四方州县进贡的珍禽异鸟不下千万只。这些鸟原来自由自在,栖息在山林中,翱翔在天空里。如今被囚养于园囿网罗之下,行止无序,饮啄失常,赢死大半。剩下的一些,有善鸣善叫的也成了哑巴,善翔善舞的也畏缩一隅。有时皇上来游幸,御驾未到就听到了钟磬齐鸣,辇毂辚辚,只见伞盖幢幢,人影杂沓。那些鸟儿哪里知道恭迎圣驾,只道是大祸临头,唯恐避之不及,能泅水的钻到了水底,能飞翔的藏到了密林,一时躲得无影无踪,落下个大煞风景。皇上嘴里不说,心里老大的不高兴。童贯看在眼里,急得抓耳挠腮,昼思夜想怎么能取悦于皇上。于是有人就给他出主意,把老薛头找了来,说:你不是百鸟王嘛,现在把你送到宫里艮岳寿山去当差,把那些鸟儿摆弄好。它们要是再不知好歹,躲着皇上,你这个当王的就有罪,杀头!不由分说,就把老薛头送了进去。这老薛头也真有能耐。他先吩咐人把园囿内各处摆的鸟食都撤了,又叫人把鸟们能吃的果子、虫子都尽量清除干净,让鸟儿们饿上几天。然后分门别类,把各种鸟儿喜欢吃的不同食物,摆在游赏的御道两旁。饿急了的鸟儿,在别处找不到吃食,自然都集中到御道两旁来啄食。日复一日,成了习惯。这还不算,老薛头又叫人定时摆放,让鸟儿们来早了来晚了都吃不到。只有听见钟磬之声飞来,才有吃的。日复一日,又成了习惯。这仍然还不算完。在鸟儿们集中起来争相抢食的时候,用几辆车子,上面敲锣打鼓,吹奏音乐,前后夹以旗幡伞盖,招摇而来。开始,鸟儿们自然惊飞四散,但耐不住饥饿,仍要回来抢食。日复一日,又成了习惯,任你山摇地动,它们也不怕了。最后老薛头叫把御道两旁的鸟食也撤了,只把食料集中到几辆蒙着帷幔的车上。等鸟儿们飞来后,从车内向外撒食儿,不出两个月,这千万只鸟儿都习以为常了。它们为了等食、争食,有的落在车帷上,有的栖在伞盖上,甚至有的站在人的肩上、臂上,挥之不去,惊之不飞。说到这里,你该明白,为什么会有千翔云集,恭迎圣驾,为什么会有那么多鸟儿冲着御辇探脑点头。至于八哥学舌、鹦鹉能言,这也是人所共知的事。只是喊些什么,说些什么,不过是背后教它们的那些人的传声筒罢了!"单飞英听罢,叹了一口气,好似变戏法的人被拆穿以后,看戏法的人很觉得无味。不过,他还是想守住一点自己的信仰,便说:"这都是下面的人蒙蔽圣听。皇上毕竟是帝位天授,自是与凡人不同。要不刚才一个'朝'字,算命的谢先生怎么一眼就能拆出是御书生辰?"龙主笑道:"亏你还是个读过书做过官的人,这么简单的道理,还能识不破?如果我当算命先生,这一卦也能拆字如神的。"单飞英道:"龙兄真会开玩笑,我却不信。"龙主道:"你听我说,其一,先说这个来拆字的人,只要你略微用心观察,便看出他不官不民,衣着尊贵,神态卑琐,人过中年,颔下无须,声若妇人。这就有七八成的把握,此人是个出宫的太监。"单飞英颔首称是。龙主继续说:"其二,他拿出了一个'朝'字,但凡读过书弄点文墨的人都知道,当今皇上是个大书法家,他的字自成一体,明眼人一看就能分辨。且是由太监持来,这就又有八九成的把握,这是御书亲笔。再说其三,我先来问你,你可知道'天宁节'吗?"单飞英说:"我怎能不知道,我朝的每位皇帝都以生日建立'圣节',比如每年的二月十六,是太祖皇帝的生日,称为'长春节'。十月七日是太宗皇帝的生日,称'乾明节'……传至今上,在元符三年四月十一日就建立了'圣节',叫'天宁节',原本生日是五月五日,因为避俗忌,改用十月十日。"龙主说:"对,你知道得很清楚。这也是天下尽人皆知的事。所以这个'朝'字拆开来,就可以有十成把握地说,此月此日所生之人乃是天人。"单飞英说:"即便是这样,撇开此事不说,刚才咱们眼见耳闻,谢先生给别人算的卦也是很准的,难道也是猜测的吗?"龙主说:"这个也不难解。就拿前边求卜的那个人来说:这人气质儒雅,显然不是一个仆人,也非贩夫走卒之流。但他拿出的这个'也'字,笔力柔弱秀媚,似是妇女所书,所以诌出了一套'焉哉乎也,是语助'之类的话,说它是贤内助所为;接着又说运交三十一岁,这是几方面堵漏的话,可以说成是今年芳龄三十一。如果过了三十一,那就说是当年已经交运。如果不到三十一,那就是今后到了年头必定交运。再看这人内里浮傲,外表寒酸,必是一个破落户无疑。所以从'也'字上生发出池运无水,陆驰无马,家道中落,有些难处的话,让你服服帖帖,入了他的彀中。至于妇人过月不产,也是常事,不过这人偏偏性急,又相信了他什么蛇妖为祟的胡扯,花了钱,拿走一张无用的符咒和一包吃了不治病也不要命的药,过些天妇女平安临产了,谢石的声誉就又多了几分神奇。如有不测,则说是妖气太重,命该被灾。主家只能自认倒霉。"单飞英惊叹道:"谢石尚且如此,东京城内这类的江湖骗子究竟有多少?"龙主道:"神宗时代王荆公就说过:仅在京城一地,卜者以万计,这还不包括巫师在内。天下有多少?可想而知。这些人不耕不织,不工不商。上至出入宫廷宰执之府,下至迷惑贫富百姓之家,装神弄鬼,诈骗钱财,甚至图财害命,借口祭神驱鬼,不惜以杀人祈福。真是成了如韩非子所说的'五蠹'之类的人……"

两个人边说边走,说说停停,停停走走,到了挨近城门的一个十字路口。这里不像茶肆和卦棚那边的安闲,蓦然间进入了一个热闹的境地,正在高谈阔论的龙主差一点被一辆正要拐弯的三只牛拉的席棚车撞着。前面拉套的一只牛虽然被一个车夫牵着,可能因为后面还有一辆车子跟得太紧,车夫的鞭声催得前面的这只牛在车子惯性的驱动下,庞大的身躯虽然微微后坐,却仍然不能不往前冲。向前弯曲的牛角尖划着了龙主的袍袖。单飞英连忙扶住龙主,向街旁闪避。二人住了话语,留神观看周围的纷扰。由于这里接近护城河,街面逼仄,人马车轿就更为拥挤。前面牛车近旁,就有一个戴大檐儿遮阳帽、手执团扇、骑马的年轻官员,只好让仆从在前面张臂喝道,马夫紧紧拉着马缰,才能小心翼翼地前进。对面街口两张大伞下,一处卖鲜花柳枝,一处卖大饼。邻近席棚下的饮食摊坐满了顾客,一头小驴子从棚下面探出半个身子,似乎好奇地看着街上的动静。街口靠北是一条与护城河交汇的小河,河上有拱形小桥可通。河那边就是普照寺。寺旁连着的也是一溜儿店铺,清明时节,虽是到了下午,店家的生意还是不断。一群猪在小桥对过被赶往这边。这使龙主联想起,有一天黎明,他有事经过南薰门。这道门因正与皇宫的大内相对,寻常士庶的殡葬车辆都不许经此出入。可是他却遇到了从近畿赶来的猪群,从此门进入京城,一拨儿连一拨儿,每拨儿都在万头以上,前后数十个人驱赶,浩浩荡荡,堵街塞衢,蔚为壮观。可见京城里每天需要宰多少猪,供多少肉!

  单飞英却被街对面的景象所吸引。那里是一所驿站,小河从门前流过,正对大门也有一座小拱桥把它和街道相连。洞开的大门十分宽敞,可以顺畅地通行车马。眼前院子里就有一匹驿马卧在地上休息。大门两边相邻的墙头上,交叉插着一排削尖了的刀形竹片,使这个驿站显得有点森严。但是门口的情况却是松懈的,一些卷起的旗帜和收拢的伞盖斜靠在墙上,几个闲散的驿卒,有两三个坐在门外的石条上跷着二郎腿望街,有两个干脆倚着墙或躺在地上呼呼大睡。这时只见刚才在谢石卦摊上拆字的宦官李彦,大踏步地走过来。离驿站门口还有几丈远,就大声呵斥道:"起来!

起来！都给我起来站好！瞧你们这副样子，哪像个当差的？简直是一帮混吃的猪狗！"几个驿卒，开始还有些迷糊和愕然，从睡梦中惊醒的人甚至横眉立目，想要看看是谁竟敢太岁头上动土,这样吆喝他们！及至看到了李彦，他们熟悉这位权势炙手的中贵人，便立时低眉顺眼，乖乖地分列成两行，在门前站好。只听李彦对他们说："后天，提举广州市舶司的宋大人就要到了，你们要小心伺候！"几个驿卒一齐答应："是！"李彦一边从驿站大门口走过，一边又回头喊道："告诉你们驿长杜十二，我有事要找他。要紧！要紧！"驿卒们又一齐答应："知道了。"李彦向城门方向走去。单飞英的目光随着这位中贵人的身影移动，却发现驿站西旁的街心里停着两乘小轿。前后几个仆从，担着食盒、行囊，牵着一匹备有鞍鞯的马。一位下了马的年轻官吏正和轿内的人说话。另一乘小轿内已经姗姗走出一个姣好女子。单飞英觉得十分面熟，连那个年轻官员的背影也觉得熟悉，便冒叫一声："符郎贤弟！"年轻官员闻声转过身来，单飞英立时惊喜万分，这正是他的挚友卞符郎。下轿的女子也向他微笑，轿内的人也掀起轿帘，露出一张清丽的笑脸望着他。单飞英向他们奔去，好像在他乡逢到了自己的家人一般。单飞英和他们寒暄几句以后，便向龙主招手，龙主只好走过去。单飞英介绍说："这是我最要好的朋友符郎贤弟和他的宝眷。这位龙大哥是我最敬重的兄长，我们知交知心，都不是外人。今日相逢相聚，可谓有缘有幸！"卞符郎和龙主连忙相互拱手致礼，下轿的两位丽人也大大方方地上前拜见。这使龙主感到她们有异于俗人，不像一般人家的内眷和闺秀那样，见了生人常常露出一种羞涩和局促。单飞英问卞符郎："全州一别，数年不见，贤弟何时进的京城？"卞符郎说："去年磨勘，留任京职。今日清明，携眷出城踏青方回，不意在这里相逢。请二位兄长到敝宅一叙，如何？"龙主道："贤弟出游一日，想已劳累，怎好再去搅扰！"卞符郎说："哪里，哪里，能聆清谈，已属有幸，何言搅扰？"单飞英道："你们二位都不必客气。这样吧，

十六 百鸟朝驾

请符郎兄的宝眷先行回府。今日我做东,我们三人到孙羊店谈他个痛快,也喝他个痛快!"龙主还在犹豫:"这……"单飞英扯住他的袖子说:"走吧,走吧,就依此而行!"于是,卞符郎就安排妻妾上了轿,吩咐仆人们小心跟随,把马也牵了回去。然后三个人就步行向东水门内的孙羊店走去。走过十字路口的时候,龙主瞥见路北普照寺的门前,慧然和尚站在那里,好像在等待什么。龙主和慧然是很熟的,只有他了解慧然和尚是一个与众僧不同的佛门弟子,他常常干出一些出人意料的不僧不俗的事来。而恰恰是这些,使龙主觉得他是一个难得的独具禅心的和尚。因此他和慧然十分投契。以他的敏感,他料定慧然和他的普照寺一定又发生了一件不同寻常的事。等有了时间,他会过来问问,这并不是爱管闲事,而是他会从这些事里参悟到什么。

十七　城门听讼

龙主和单飞英、卞符郎相伴着向西而行,望见那雄伟高大的东门就在眼前。城楼上层层斗拱,雕栏围绕,飞檐如翼,青壁朱门。两边相连的城墙虽然是用土筑起来的,但是却宽厚坚壮。这东京城的修建还有一段小小的故事。当初,宋太祖赵匡胤在陈桥兵变,黄袍加身当了皇帝之后,将东京汴梁定为都城。下诏扩大城址,修建新城。承旨的大臣和领役的工匠费尽心血,反复商讨和修改,画成了一张施工图上呈御览批准。这新图十分精密细致,可以看出城墙笔直,走势方正,角楼巍然,四面有门。城内市井坊里,井然有序,如绳列界画一般。谁知宋太祖看后大怒,拿起笔来在上面涂抹殆尽。自己找了一张大纸,在上面画了一个大圈。这个圈也不圆,也不直,曲曲弯弯,有的地方向里凹,有的地方向外凸。迂曲纵斜,很不美观,并且在旁边御批了四个大字:"依此修筑。"建成之后,朝野都觉得这城修得太难看,更不明白为何非要这样修,但因为是钦定,谁也不敢说什么。到了宋徽宗政和年间,奸臣蔡京擅权,专以诌佞媚上为事,以利于修筑宫室苑囿为由,奏请扩大规模,重修城墙,为了显示"豫大丰亨"的太平盛世气象,一改前观,城墙周旋数十里,一概方正取直,如绳如矩。陴堞墙垣,藻饰斐丽,好看是十分好看,可是过去的坚固朴实,荡然无存。修成之后,徽宗皇帝龙颜大悦,论功行赏,写记颂成。若用现代时兴的话来说,可谓几大标

志性建筑之一或世界排名第几来自豪。也可以想见当时的张皇和得意。谁知到了靖康之难,金兵的统帅粘罕斡离不率军扬鞭城下,一看城墙便哈哈大笑,说:"原道东京城固若金汤,谁知竟是这般易攻。"即命令在四角架起大炮,城是又方又直的,一炮打过去,城墙上一溜儿都被摧毁,宋军根本站立不住,任你再忠勇壮烈,也只能死于非命。至此人们才醒悟到宋太祖的良苦用心,假使城墙有曲有直、有凸有凹,能够彼此照顾,即使敌军接近一处,也可相互支援,便能易守难攻,不至于那么容易的全线崩溃。这是后话,当然龙主他们这时更不可能料到。

　　这三个人在路上躲车让马,走着走着接近护城河。这护城河又叫护龙河,宽十几丈,河两岸遍栽杨柳,连土城墙上也栽了许多柳树。春初古干新枝,绿意萌发,可以想见那种烟柳满皇都的景象。城门外架在护城河之上的是一座平桥,因为是进出城门的咽喉,这里更是拥挤。龙主最同情那些车夫挑夫们,更准确地说,这种同情带有某些下意识的崇敬和理想。因为从他们的身上,他总是能体味到一种对生活的坚韧努力和对命运的挣扎抗争。眼前正从平桥上经过的就有一辆重载的串车。一匹瘦驴在前面低头伸颈奋力拉套,车前一个车夫驾辕拉挽,车后一个车夫扶把相推,人和牲口十分努力地协同前进。车子上高高地装满了货物,被蒙上了一幅宽边的布罩,布罩上印有许多"宝通堂"的字样。龙主知道这是提举京都榷货司田利进家的堂号。榷货司是管贸易的,至于是官家贸易还是私人贸易,在田利进那里有时候是不分的。如今这一车货物不知又是送到什么地方去牟利。这辆车占据了桥的中心,前呼后应,鞭声喊声、车辆吱吱扭扭的艰难转动声,却并没有对趴在桥两边栏杆上向河面上望水观鱼的人们有丝毫的惊动和影响。龙主十分感叹东京经常可以看到这么多有闲情逸致的人,他们似乎不愁衣食,有着用不完的时间和广泛的兴趣爱好。串车迎面而来,龙主和单飞英、卞符郎不得不避在一旁让它通过。这时,忽然听见车后面城门外有人连声高喊:"冤枉!冤枉!"串车走过之后,这才显露出有一仆佣模样的老年男子,正在向一位出城的官员喊冤求告。这位官员骑一匹肥壮的驴子,头戴宽檐翠纱笠帽,身穿白色凉衫,正值壮年,面貌英俊而带有剽悍之气。守城门的军卒都很熟悉他,他是东京巡使衙门的巡官汪实。今日清明,想是偷得半日闲,只带了两名随从,一人牵驴,一人挑食盒,也想到郊外去游玩。这位拦路喊冤的人,却偏偏认得他,跪在地上不住地向他高喊:"汪大人,汪大人!你要与小民做主,小民有天大的冤情啊!"守城的一名军卒连忙赶过来在后面呵斥他:"快住口!喊什么?这里是你喊冤告状的地方吗?"汪实倒是并没有因为扰了他的清兴而恼怒,反而摆摆手,叫军卒别再干预,然后下了驴,在城门边上的一块石头上坐下,命随从把喊冤的人叫过来,好像这里就是他的衙门,他可以画地为牢,随时审案。龙主对看到的这个情况发生了兴趣,他本想留下来听一听,可是单飞英和卞符郎却拉住他一劲儿催促:"龙兄,快走吧!快走吧!孙羊店客多,去得晚了恐怕就找不到好席位了。"龙主只好打消念头,跟着他们进城。谁知从城门洞里,迎面又过来一队骆驼,驼峰两边都搭着驮子荷载着成包的粮食和货物。为首的一头被人牵着,后面的相随鱼贯而行,有七八头之多,城门洞一时过不去。单飞英叹道:"真是越急越不出汗,又遇到这样的阻塞!"卞符郎是南方人,识惯了舟帆樯楫,看见骆驼,不禁骇然大呼:"这些庞然大物,是从哪里来的?又要到什么地方去?"龙主笑道:"你只知道长江里的船,哪知道沙漠里的舟,它在塞外可是重要的交通工具。比如运粮吧,一个人只能肩负六斗,驴驮一石,马骡一石五斗,而一匹骆驼可以驮三石。不仅如此,还可以作战,昔日五代后晋时,晋辽之战,辽军大败,辽太宗在乱军中骑一匹白骆驼才得以逃走。如今辽朝用的车还有许多驼车。"卞符郎道:"这么说,这些骆驼是从北方来的,这些粮食和货物,也是要运送到北方去的吗?"龙主道:"是啊,如今号称辽宋通好,实际是以物易和,

常年以来,辽朝的粮食多数是由我朝供给的。"说话之间,骆驼队已经全数通过,他们三人也就走进城门,向孙羊店而去。

城门外正进行着一场别开生面的案件审理。两名随从,一个放驴去了,一个把食盒担子往地上一放,倚着城墙打起了瞌睡。没有衙役,只有坐在石条上的"主审官"和跪在面前的"申诉人",问问答答:"呜呜呜……""你哭什么?""冤枉啊!冤枉……呜呜呜……""你哭就冤枉,不哭就不冤枉啦?再哭,咱家拿驴鞭子抽你!""……""你是哑巴!还等什么?说!姓甚名谁?""小人杨忠。""家住哪里?""京畿封丘县八角镇。""你有什么冤枉?""不是小人冤枉,是小人的主人冤枉。""你家主人冤枉,为什么他不来告,倒要你来出头?""小人的主人想告而不能来告,只好叫能来告的小人我来告。""绕来绕去说的什么鸟话,咱家不懂!""反正小人就是要告状!""既要告状,为什么不到县衙去告?""告过了!""为什么还要告?""他判得不公!""为什么又单要找我来告?你知道我是什么官儿?""不知道。""我不过是个京城巡官。""巡官也是官,是官就要与民做主。小人认定,大人您这个官就会为民做主!""你认识我?""不认识。""那你怎么知道?""这我先不说,我只求大人您先答应我。""答应你什么?""为我做主。""这要看什么事儿。""小民若没有血海深仇,诉天不应,求地无门,就不会来京城,更不会来找大人您!""好!我答应你!""这我就放心了!""为什么?""大人不知京畿乡里流传着一句口头语,说是:'得千金不如汪实之一诺。'由此深知大人是个侠义之士,清正之官!""唉,由此一语,我汪实死亦无憾,那就快把你的冤情诉来!"

这杨忠本是个不识字的粗人,年纪又迈,说话未免颠颠倒倒,啰啰唆唆。若照直将他的话记录下来,未免首尾不顾,头绪不清。汪实听了半天,在心里打了几个转儿,才弄清楚这件案情的始末。

在封丘县的八角镇上,有个方圆几十里地都知道的老门富户。说是老门,是由于自远祖以来,就一向标榜诗书门第,号称"簪缨之族",世代出仕为官的不少。但宦海浮沉,起落不定,甚至远谪近戍,家境时好时坏。只是到了近几代,才弃官从商,家道日渐发达。但族人衰微,到了戴献可这一辈,就成了单传独门,又由于经营不善,生意败落,只剩下一些田地庄户,然而还是富甲乡里,远近闻名。因为既没有官场做靠山,又没有族人相扶助,好像一块肥肉孤零零地挂在那里,当然免不了招来狐帮狼群,觊觎戴家财富的人不在少数。但戴家是本分的,富而施仁,和谐邻里,也从不触犯法律,好像无隙可入,无机可乘。

八角镇上有一暴发户,名毛烈。此人身躯壮伟,力若熊虎,且工于心计。曾在武学中习过武,拳脚殴斗,能敌十数人,然其志不在执戈披甲,报国御敌,而是在镇上开了屠宰、烧锅、油坊、赌场等业。虽然也已算得上有数的富户,可是却贪心无厌,日夜阴谋暗算怎样聚敛钱财,扩张家产。戴家就成了他窥伺的首要目标。他先是买通几个毛贼,趁戴献可出行时,佯装拦路抢劫,并约定只许伤,不许死。几个毛贼也不知这是个圈套,就在施行时,他突然出手,将贼众杀死,救回戴献可,戴家自然是对他感恩戴德。戴献可重伤卧床,他每日登门慰视问候,荐医送药,关怀备至,十分得戴家的信任,出入内宅,也不再避讳。暗地里他却买通郎中,在金枪药内掺上了毒剂,戴献可的伤越治越厉害,溃烂化脓,殃及内脏,不久身亡。戴献可只有一个儿子,名伯简,只有十八九岁,原在乡校读书,倒也循规蹈矩,聪明刻苦。毛烈唆使一班无赖恶少,诱引伯简混迹市井,浪游豪饮,或则昼博赌场,夜宿娼家。伯简少不更事,恶习易染,学业荒废,用费无度。毛烈便以关心照顾为名,无钱给钱,欠账代还,怂恿放纵,任其胡闹。伯简瞒着母亲,拮据时便以田地家宅作抵押,不上一年,产业荡尽。献可的妻子虽是中年,风韵犹存,毛烈欺她孤儿寡母,几度威胁利诱,企图玷污霸占,她不愿受辱,悬梁自尽。伯简无亲无家,流落街头。杨忠是戴家的老仆,原在老宅供役,后因年老,献可让他去看守祖茔坟地。这祖茔周围约有十余亩田产以及松柏树林,统由杨忠管着。献可也不要他收缴租米,只保证每年按时按节的上坟祭祀用度即可。杨忠偏是个极认真的人,收支用项簿记分明,无一毫欺瞒,无一毫差错。历年来已有了一些积蓄。他性虽忠厚,心却机警,也是居安思危之意,以备主人不虞之需。戴家的突遭败落,乡人多有议论,其中原委,杨忠也打听明白。他将伯简接到自己家中,以小主人之礼对待,原想避祸远灾,使其恢复学业,改辙更新,他日重振家门,复仇雪耻。谁知那一群无赖,像苍蝇叮着腥膻一样,又追逐伯简而来,诱使放荡,日夜嬉闹。伯简也不思悔改,以为还有家产可供挥霍,仍复妄为,杨忠哭谏了几次,只是不听。无奈之下,杨忠愤而挺身,将毛烈等人上告到县。知县受了毛烈贿赂,判为戴家田产质押变卖,有文书在卷,合法合律;毛烈谋害献可,逼死人妻,查无实据;伯简放荡,系自身不检,并非引诱。杨忠代主告状,以下干上,实属不规,并系诬告,杖责四十,念其年老,罚金自赎。杨忠虽然免了挨打,却又被敲去了一笔钱。杨忠不服,上告到府。府里也受了贿,并和县里是沆瀣一气,驳回诉状,维持原判。毛烈又使人警告杨忠,这状已经告到头了,若再滋事,他和小主人必遭灭门之灾。杨忠一介草民,老弱无援,别人劝他忍气吞声,尚可保全一二。但他不愿意让老主人和夫人含恨地下,小主人沦落再遭不测,决心誓死抗争,即便弄个鱼死网破。这才进京来找汪实。

　　汪实弄清了杨忠所说的冤情后,一言不发,站起来拿着鞭子,叫仆人把驴牵过来。杨忠一看又急又慌,忙问:"汪大人既然答应了小人,为何不审了?"汪实说:"审完了。"杨忠疑惑:"不到大堂上去审?"汪实指着地说:"这里就是大堂。""也不到衙门里去审?"汪实指着城门楼子:"它不比衙门威风?"杨忠看汪实一副要走的样子,更着急了:"那,大人您就不管了?"汪实说:"三天以后,你仍在这里等我!"说罢,跨上驴,带了仆从,一溜奔郊外去了。

　　过了三天,杨忠早早来到东门前,谁知汪实到得更早,也没带一个随从,一个人仍然坐在石条上。见杨忠到来,便站起身来说:"跟我走!""去哪儿?""去告状!"杨忠不解:"我就找您汪大人告状,还要去找谁告状?"汪实说:"去找皇上告状!"杨忠一听,吓得差一点坐到地上:"我的妈呀,借给我个虎心豹胆,我也不敢去。""怕什么?我带你去告!"汪实大步前行,杨忠只得哆哆嗦嗦跟在后面,向城内走去。

汪实把杨忠领到皇城承天门外西边的一个衙门口,那朱红大门上挂着一面大鼓。杨忠并不知道,这就是登闻鼓院,是代皇上受理官民申诉的机构。四方诉讼在州县不能得到公正判决的,有冤不能伸的,可以到登闻鼓院去击这登闻鼓,由鼓院主事官司谏正言受理,进状奏请皇帝裁决。不过,这登闻鼓却很少有人去击。原因是:一、愚民们很少有人知道这个东西;二、即使有人知道,也无钱、无路或无胆去击。到了宣和年间,就更无人去击。因为蔡京一班奸佞擅权当国,他们大赞大颂皇帝盛德,天下承平,吏治清明,百姓安康,哪有什么苛政和冤狱?即使有人击了登闻鼓,也不去奏闻。皇上整日耽于游赏之乐,谁敢去打扰清兴?偏是今日这个汪实不识时务,领了杨忠来击登闻鼓。杨忠年老力衰,且又畏缩胆怯,敲了几下,好像打棉花包一样,并不很响。汪实瞪起眼说:"你这样击法,里面能听得见?"便夺过鼓槌,高高扬起,连击数声,倒是惊天动地,震耳欲聋。谁知那鼓年久失修,鼓皮遭风吹日晒,雨淋霜浸,已不很结实,怎禁得起汪实力大,几槌下去,把个鼓面敲了个大窟窿。这时,里面出来个官员,斜着眼问:"干什么?"汪实说:"乞恩雪冤!""你是何人?"汪实报了姓名和官职。又问:"你有什么冤枉?"汪实说:"不是我有冤枉,是他有冤枉。""有奏状吗?""有!"汪实掏出奏状说:"他不识字,这是我为他代写的。"那官员又斜了一眼:"哼,你这巡官倒很清闲啊,都回去吧,十日后来听消息。"

还没有等到十天,汪实那里已经得到了回音。倒不是杨忠的案子有什么处置,而是开封四厢使宣布了一道命令:罢黜汪实的巡官职务,遣送出京城,永不再叙用。杨忠那里也有了回音。十天头上,他还没有走近登闻鼓院,便被守候的军卒抓住,说他无赖流民,扰乱京师,挨了一顿鞭子,逐出城门。杨忠哭哭啼啼出了东门,茫然回顾,不知所措,心想不如投到护城河中,一死了之。忽然看见汪实仍然坐在那块石头上。杨忠奔过去,刚要倾诉,汪实道:"你不用说,我知道是怎么一回事了。"说罢,抓起身旁的朴刀行囊,站起来说:"你跟我走,这案由我来判,会给你个公正的了结!"

　　汪实先要杨忠领他到小主人居住的地方,找到一家半娼半赌的窝子,伯简正和那一帮狎邪之徒呼三吆四地斗牌,边上还有些浪荡女人在别人的怂恿下,撒娇献媚向伯简讨赏要钱。汪实问杨忠谁是这伙人的首领,杨忠指着一个坐在当中敞衣揎臂的家伙说:"这个泼皮最坏!"汪实排闼而入,直至座前,一把揪住那人的衣领,像拎小鸡一样拎出门外,掼在地上,将刀搁在脖子上,厉声说:"好好人家的子弟,让你引诱坏了!弄得家破人亡,产业荡尽。说!戴家与你们何仇何恨?你们一味纠缠,还不放过!我今日一刀宰了你,看谁敢不断了这个邪念,让你到阴间给他们领个头儿!"那人在汪实的脚下吓得浑身筛糠,哀求说:"大爷饶命!大爷饶命!小人们不过是图些吃喝玩耍,引诱戴家小主人,都是毛大爷让我们干的!"汪实喝道:"什么猫大爷狗大爷!是毛烈么?""正是!正是!"其他人开始时是被震得目瞪口呆,后来醒过劲儿来,一齐跪在地上,磕头如捣蒜:"大爷饶命!小人们再也不敢了,今后再也不来了!"汪实掏出一锭银子扔在脚下,说:"你们拿去干点正经营生,若再游手好闲、坑蒙拐骗,我认识你们,这刀可不认识你们!"那帮人抱头鼠窜而去。汪实又让杨忠领他到镇上,来到毛烈门前。毛烈门前是一个广场,平时用来拴马和停车。汪实命守门人进去叫毛烈出来,可等了半天也不见毛烈露面。于是,汪实就把桩子上的马都解开,一声呼啸,驱赶奔走,又单臂把车辕擎起,推动车轮,将车统统抽翻在一旁。这些烈马重车,在汪实手下,如同玩具一般。守门人见如此情景,急忙又入内通禀,毛烈这才大摇大摆地出来。他见马逸车翻,反不以为意,拱手施礼说:"壮士好力气,好身手!下人们不懂事,多有怠慢,有何见教,毛烈愿意领受。"汪实高高地坐在一辆侧倒的车厢上,指着说:"毛烈,有人将你告下了,你可知罪?"毛烈说:"笑话!我有何罪?原告在哪里?"汪实指着杨忠说:"原告在此!"毛烈道:"他一个下人,知道什么。该不是胡言乱语,想来讹诈!"杨忠到这个时候也豁上了,投水自尽的心都有,还怕什么?便理直气壮地说:"毛烈,你害我主人,欺我主母,霸占田产,诱坏孤子,狠似豺狼,毒如蛇蝎,十恶不赦,还说无罪?"毛烈哈哈大笑说:"我有没有罪,自有官府来审来判,而且已经审过判过。你们算什么?在这里儿戏胡闹!"汪实说:"毛烈,你听明白了!岂不闻古时候画地为牢,削木为吏,知耻的人都不愿面对。可像你这样无耻而又自以为得计得势,官府和牢狱对你不会起作用的人,我今日就是审你判你。你罪有应得,速来受死!"毛烈也不答话,"倏"地出腿,一脚把车蹬翻,那车厢翻了两个个儿,车辖辘像风车一样打转,杨忠在旁被毛烈这样大的力气惊呆了,不禁"呀"地叫了一声,心想汪实一定会被压在车底下,这种车皆系坚木所造,轴粗身长,轮高厢厚,要两三头牛才能拉得动呢!哪知汪实早有戒备,在毛烈出腿之前,他一跃而起,越过毛烈的头顶,在广场中央飞速落地,持刀而立。这时惊动了不少人来围观。毛烈反过身来,袒衣攘臂,怒视汪实。汪实扬声对众宣告:"今日相决,系我二人之事,不管胜负怎样,生死如何,有敢上前帮助毛烈的,我必杀之!有上前相助于我的,我也必杀之!"然后对毛烈说:"你虽行同禽兽,而性刚技高,我若一刀杀你,你必不服。不如我与你徒手角斗,让你力穷而心服,再来受刃!"毛烈听罢哈哈狂笑道:"果如此,在毛某手下,你必无生路!我会让你力穷而心服!"汪实插刀在地。二人运臂飞腿拳脚相交,奋力相击,互有伤害,仆而复起不知道多少次,自上午一直打到中午,前晌打到后晌。毛烈力不能敌,最后卧地不起,哀告说:"我服了！我服了！求你饶我一命，我的家业随你享用！何况你与我并无恩仇，你若杀我，大宋律条必不能容你，你也得一死！"汪实喝道："快些住口，我原当你还有点烈性，却是个怕死的懦夫！你以为用你的钱财什么时候都可以买你的命？我还要告诉你，我现今已不是大宋的臣，也不再做大宋的民！"毛烈说："那你是谁？有何职何权来处置我？"汪实说："我只是天地间的一个人，来行使公道的职权，处置一个害人的畜生！"说罢拔刀挺刃，将毛烈杀死。

毛家将血案报到了县里。第二天知县坐了轿子，亲自带人到八角镇上来勘察。要按一般的情况，即使乡下人被杀死，知县也未必到现场查看。只是毛家财大势大，知县过去受了人家不少的好处，不得不做做样子，心想不过是去看一看，说几句安慰的话，然后宣称"凶手潜逃，派人缉捕"也就是了。

知县一行出城刚走了七八里地，经过一个黑压压的树林旁，汪实突然持刀出现在轿前。一个衙役自恃身强力壮，上前捕拿，被汪实揪住衣领，像拎小鸡一样拎起来，将头抵到路边的树上，碰掉了三颗牙齿。其余的衙役见状惊得如泥塑木雕一般，汪实喝令知县下轿，以刀划地，数其罪状说："你搜刮民脂，鱼肉百姓，乱增赋税，中饱私囊，此罪一也！你贪赃枉法，草菅人命，收受贿赂，反复曲直，此罪二也！你勾结恶绅，戕害无辜，恣意妄为，苛政如虎，此罪三也！有此三罪，死有余辜。"话语落地，手起刀落，杀了知县，掉头而去。等汪实走得没影儿，那些衙役回过神来，这才慌慌乱乱，抬了知县的尸首逃回城去。

汪实从此也再无踪迹。过了若干时日，黄淮之间某地的山林湖荡中，出现了一股强盗，他们到处贴出告示，说："专杀贪官，不扰清廉。"可据说周边几个县的县官没有一个不跑的。后来，朝廷得到奏报，忧虑那里匪患严重，民不聊生，准备派大军镇压。可说来也奇怪，匪区里的老百姓却没有一个出来逃难的，大官们多一事不如少一事，虚张了一番声势，也就不管不问了。

十七 城门听讼

十八 剑 客

　　前面说到的龙主、单飞英、卞符郎三个人走进城门,眼前就让人感到一种与郊外不同的气派:店铺鳞次栉比,车轿拥挤喧阗,人物繁杂众多,市声热闹非凡。你看:紧挨城门,大包的货物堆在路边等待搬运;几匹卸了套的驴子站在那里。满载货物的串车停下来休息;代写书信的铺子里,老儒生坐着在听一个乡下人诉说,也许是要给他戍边的儿子写封信;对面棚下"剃剪工"正在为人修面。孙羊店门前更是热闹,小摊贩一溜儿排开,几乎堵住了门,卖柳枝、杂花的,卖甘蔗的,卖蒸梨枣、黄糕、饮食果子的,吆喝唱卖之声不绝于耳,引得诸般人等、妇女儿童或买或看,笑语飞扬。龙主他们正往前行,对面走过来两乘轿子,前面的小童开路,轿旁有婢女随行,后面是一位骑马执扇的官员,跟随着众多的仆役。这一行人气势煊赫,这会儿出城去,显然不是上坟,也不是踏青,不知要去做什么。龙主三人只好向右避让。这紧邻孙羊店的一间店面内,堆满了酒桶。这里兼售硬弓,一个剽壮的汉子正在试弓,两臂伸展,拉如满月。旁边的两个人不住地叫好,这两个人却分别都是他们的熟人。卞符郎和其中的一位最熟悉,是他曾在威州做幕僚时,州宰被人尊称为刘威州的弟弟刘廷让,另一个就是和龙主一同寓居在王员外家的郑主簿。这五个人在此相遇,都十分高兴,彼此又相互

介绍和寒暄了一番。龙主问:"二位清明节怎么不出郊游玩,倒在这里闲站?"郑主簿说:"休提,休提,刚才在城外十千脚店里被米信缠住,弄得烦心败兴,最后不得不舍了几两银子才得脱身!"卞符郎说:"既如此,我们何不一起去孙羊店痛饮几杯。我和廷让是多年不见,也好叙叙旧。"刘廷让说:"本应如此,不过今天就不讨扰了。"又指着试弓的人说:"我还有要紧的话和他说呢!"郑主簿也说:"天到这般时间,我也觉着乏了,得回去歇息歇息。改天吧,我设席!我设席!"龙主三人见他俩推辞,不好勉强,便不再相让,自去孙羊店。郑主簿也自回王员外家。只有刘廷让留下继续和试弓的汉子说话。

你道刘廷让为何有这么大的兴趣?原来他哥哥刘威州致仕闲居在京,虽是养尊处优,但性情好奇,酷爱结交方技侠士之流。廷让整天在市井间厮混,经常物色些奇怪人物引荐给他哥哥。他见试弓的汉子有这么大的臂力,便心有所动,趁机相询:"请问尊姓大名?"汉子说:"我叫张怀。"廷让竖起大拇指:"真是好力气! 好本事!"张怀说:"我这算什么?要比起一个人来,就好比牛犊与熊虎之分!"刘廷让忙问:"你说的是谁?"张怀说:"您见过剑客吗?"刘廷让摇摇头:"只听说过,从未见过!"张怀说:"算我这辈子有缘,眼下就认识了一个!""那你快说,此人在哪里?""现就住在丰宜坊的旅店内,人们呼他为处士,实即剑客!""你能不能领我去见!"张怀有些为难:"恐太冒昧,剑客不轻易与人结交,待我先去通个信儿,改日再给您回音。"刘廷让急不可耐:"不! 你现在就领我去,我自会应酬。"

于是,张怀当下就领刘廷让去到丰宜坊。进了旅店的大门,只见有七八个人围成一圈坐在地上。其中有一人相貌奇特,格外引人注目。这人深眼窝儿,浓眉毛,紫黑色脸膛,黄绺腮胡须,目光炯炯有神。张怀向刘廷让示意,在耳边悄声说:"他就是剑客!"刘廷让上前向众人施礼。别的几个人都连忙站起来,只有黄胡子仍然箕踞而坐，头也不抬，眊矇着眼问："你引来的是什么人啊？"张怀忙答："这位是刘昆仲。"黄胡子说："刘威州在蜀平寇有功，在成都府路是很有声望的。那就请坐吧！"便引廷让也夹在众间席地而坐。不大一会儿，一个人取了一个大木盆来，放在当中，又拿来两坛酒，统统倒在木盆里，盛了满满一盆，又有一个人取了一个案板来，也放在中间，然后抱来半扇熟羊肉，扔在案板上。拿酒的人在每人面前放了一个粗瓷大碗，用木勺将碗倒满。切肉的人手持短刀，将羊肉切成大块。黄胡子说了一声："请！"端起大碗，一饮而尽，然后伸手抓起一大块肉，如虎狼吞食，连咬带撕，大嚼起来，其他的人也是如此。只有廷让，平日山珍海味，烹炒煎炸，对着这样的酒，这样的肉，如何能下咽？他偷偷看了黄胡子一眼，只见黄胡子对他扬眉瞪眼，若有怒色。没奈何只得举起碗来，勉强喝了少半碗，又挑了一块最小的肉，吃了下去。酒喝得差不多的时候，黄胡子对天长啸，发出些非吟非唱听不出歌词的声音，不由得令廷让肃然起敬。众人也屏声静气，不敢妄动。最后，黄胡子从屋内捧出一把短剑，那剑出鞘后寒光闪闪，冷气逼人，舞动了几下，复坐下对众人说："今天让你们见识见识我这把剑，少说也已经杀了六七十人，都是些贪吝聚财、食言侮人之辈。"黄胡子用手指头弹弹剑，铮铮有声，清越泠泠，然后随手拿起一根羊胫骨，以剑削之，如削泥土朽木一般。廷让看了，心生寒噤，脊背发凉。酒肉吃喝完毕。黄胡子也不谦让，独自回屋，高枕偃卧，少时鼾声如雷。众人也不敢再留，悄声而退。

　　刘廷让回到府中，将此说与了哥哥。刘威州本来就崇尚异人奇士。他是多年的富贵权臣，按说见过的各样人物也够多了，可是他从来没见过剑客，只从志异志怪的书上或是从讲史说书人的口中听到过，说这类人来去无踪，一道寒光，穿户透垣，取人首级。现在眼前就出现这么一个，他如何能放过。就命廷让再去，无论如何也要把剑客请到府中来。刘廷让只得又去找到张怀，张怀说："不行!处士一向不与豪门往来,况且我怎敢冒昧去说,万一触怒了他,我这条小命还要不要?"廷让一再恳求,又拿了许多银钱给张怀。张怀才说:"我去试试看,要是能请到,这是您府上的天缘,要是请不到,您也休怪罪于我。"廷让说:"这个自然。如果能如愿,我还要再重重谢谢你哩!"

  又过了几日,张怀给了回信儿,定了日子,叫准备酒馔。这日中午时分,张怀果引了剑客来,刘威州亲自在大门外恭候迎接。进到客厅内,让至上座,刘氏兄弟向前拜见。黄胡子踞坐受之,也不答礼。刘威州不以为慢,越发觉得剑客不凡,反而更加敬重。酒宴过后,出家伎歌舞,黄胡子满脸傲气,甚为不悦,挥手命即撤去。少顷,才问道:"君家有好剑没有?"刘威州说:"半生戎行,最喜龙泉、太阿①。要说好剑,我这里有的是!"便命人速取剑来。少一时搬出了数十口宝剑,放在黄胡子面前,黄胡子抽出几口,一一看过,随手扔在地上,说:"这算什么剑?不过是一堆凡铁!"刘威州说:"如果这些都不好,我可是有两口最宝贵的!"便对廷让说:"你亲自去,到我房中,把床头挂的那两把剑拿来。"廷让进去,过了一会儿,捧出两口鞘上镶金嵌银璀璨夺目的剑来。黄胡子把剑抽出来,先后看过,将其中的一口扔在地上说:"这也是凡铁!"只将另一口拿在手中,掂了掂说:"只有这一口是把好剑,也算是世上难得的了!"听他说话,刘威州面有得意之色,心中十分庆幸自己能有这样一把为剑客所鉴定赏识的宝剑。谁知转瞬之间剑客从腰间抽出了自己的剑,手起剑落,"铿锵"一声,刘威州宝藏之剑断为两截,而短剑之刃无毫发缺损。这一下让客厅里的上上下下惊悚万分。刘威州心疼不已,面有憾色。黄胡子若无其事,吹吹剑刃说:"恕我此举唐突,如不嫌弃,即以此剑相赠!"刘威州大喜过望。得了这样一件稀世无价之宝,如何不让他感觉此生有幸,更为有幸的是他能够结识这

---

  ① 龙泉、太阿:古代名剑。

样一位毕生难遇的剑客。于是就竭力挽留黄胡子在府中住下,视为上宾,以厚礼相待。在后园收拾了几间洁净房舍,安置住下,每日三餐,亲自相陪。黄胡子少言寡语,颇有一种倨傲之气。过了几日,忽失所在,也不知到什么地方去了。又过了几日,一天夜里,刘威州和廷让在后园那几间房内燃烛闲话,睹物思人,为失去剑客而怅然。忽然听得院墙内"咕咚"一声,正要出去看看,却见黄胡子推门而入,手里提了一个革囊。刘威州兄弟见他回来,既意外又高兴,连声问他:"这几日为何不见,到哪里去了?"黄胡子也不答话,坐下大喊道:"拿酒来!"廷让连忙叫人提了一坛子酒来。黄胡子揭开封皮,捧起坛子,豪饮了几口,大叫道:"痛快!痛快!"然后探手从革囊内取出一颗血肉模糊、分不出七窍的人头来,放在桌上,说:"这是一个为富不仁、盘剥乡里、吝啬守财、欺小凌弱的恶人,我去取了他的首级,以使大快人心于一方!"说毕掏出一把匕首,从人头上割下一大块肉来,当做酒肴,边吃边饮。刘氏兄弟看了,直惊得脊梁骨发凉,浑身冷汗淋漓。从此对黄胡子又慕又畏,更是敬重有加。刘威州几次提出要跟他学剑法,黄胡子颔首笑道:"我所以留在府上,就是因为看你有此天缘。只是我还有大事要做,只待近日功成,我便授你剑术,不仅使你成为举世少有敌手的剑客,而且还会成为出神入化的剑仙。"刘威州喜出望外,只待来日。又过了月余,黄胡子对廷让说,要他转告威州,借金百两,马一匹,仆从二人,去西北一行,回来时如数奉还。廷让问去做什么?黄胡子怒道:"我待行事,该是凡俗之人可知的吗?"廷让不敢再问,便将此事告诉了哥哥。刘威州有些沉吟,给他吧,怕他一去不返;不给他吧,怕他说自己也是吝啬惜财之辈,因此犹豫不决。过了三日,黄胡子果然大怒,拍案震耳,登堂辞行。刘威州慌忙拦住,再三谢罪,说:"百金和骏马皆是小事,只是仆从难有合适的,恐不得力,误了处士的大事,所以在犹豫选择中。改日一定备齐,恭请使用。"第二天一早,刘威州按照黄胡子所要求的,一切收拾妥当,叫选定的两个仆人把马备好,黄金装在褡裢里,搭在马背上。黄胡子也不再辞行,上马而去。刘氏兄弟心想,西北方不日必定会发生一桩惊天动地的大事,日日盼望消息,等候剑客归来。

　　大约过了一二十天,仆人中的一个回到府中,禀告说:"走到土壕那个地方,处士嫌我脚步太慢,跟不上马走的速度,叫我回来了。"又过了一个多月,另一个仆人也回来了,禀告说:"行走到陕州,处士怪我嘴快爱说话,恐坏大事,叫我也回来了。"刘氏兄弟认为剑客行事神鬼莫测,也不敢非议,恐他日剑客得知,祸及己身。不过,这期间小厮去收拾后园的房舍时,发现了黄胡子丢的几根人头骨,便拣起来拿走,经一个老厨子辨认,说并非人头骨,肯定是猪头骨。又过了两年,曾随行到陕州的那个仆人,又因事差遣到陕州去,无意中在一家商号的门口,认出了主人当时所借那匹马,询问之下,买主说是一个黄胡子的人卖给他的。后来又逢到一个知道底细的人说,黄胡子是个铁匠,善于冶铁锻钢。但他这人很不本分,凭着身材魁梧,相貌奇特,经常干些让人捉摸不定的事。但下人们知道的这些事,都不敢跟刘氏兄弟讲,也是怕出言不当,祸及己身。所以刘威州始终不疑,自信有天缘,有朝一日还会和剑客相见的。

十九 "久住王员外家"的故事

郑主簿在硬弓店前与刘廷让作别之后,径直向自己的寓所走去。他住的地方不远,就在孙羊店的街对过,远远就能看见竖立的招牌:"久住王员外家"。这里房敞洁净,虽地处闹市,但院深屋高,却也是个闹中取静的地方。因此,有些来京的士人和磨勘待迁的外地官吏,喜欢住在这里。

郑主簿一进大门,就听见后楼上一阵琅琅的读书声。他对这琅琅书声已经习以为常了,就好像每天吃饭睡觉一样,如果缺了哪一样,反倒觉得不正常了。因为自从他住进这个旅邸以后,就听到这个读书声,从春到夏,从秋到冬,日日夜夜,不绝于耳。开始他觉得很奇怪,问过同住在这里的龙主。这是个什么人?这样刻苦攻读,好像把自己的生命整个儿都扑在了书上一样,听着真让人比那头悬梁、锥刺骨还要感动。龙主却不置可否,叹了一口气说:"日久天长,你就知道了。"

郑主簿也住在楼上,慢慢地就结识了这个人。说是结识,其实也不过是认得。此人名叫白笃中,平时足不出户,连吃饭也是下人送到房间内去的。偶尔出来,见人一揖,彬彬有礼。看样子是个寡言少语、性情淳厚的君子。第一次见面的时候,郑主簿很是吃惊和赞赏这位读书人的美好风姿,真是生得一表人才。心想此君的前

程不可限量，必是秀木和栋梁之才。谁知后来听店主人王员外介绍，又颇有些让他意外。

这白笃中系巴州人士，家中富有，父母就他这一个独生儿子。自幼聪慧异常，深受疼爱，把将来荣宗耀祖以至于济世安邦的希望都寄托在他的身上。正因为望之者切，所以约束也甚严，特请名师在家教读，晨昏督课不使懈怠。白笃中也十分争气，从小就不贪玩，牢记"仕进无他技，榜上求功名"的教诲，养成了"两耳不闻窗外事，一心只读圣贤书"的习惯。十二岁上就获得乡荐，通过州试，被誉为"神童"，自此更加苦读不辍。十六岁父母与他完婚，娶了一位诗书门第的小姐萧娘为妻。这萧娘当时十四岁，也是个独生女儿，父母待她如弄玉含珠，像对待男儿一样，也延师教她读书。萧娘年纪虽小，颖悟超常，诗词歌赋、琴棋书画皆能通晓，且生得端妍美丽，体格风流。远近都把这桩婚配称作天作之合的佳偶。新婚之夜，谁也料不到竟又出了一桩至奇至罕的事来。小夫妻进入洞房之后，新郎就在红烛下展开经书，旁若无人，诵读起来。新娘的盖头还未被揭下，在床上苦苦坐等了一夜。那时萧娘年纪还小，又害羞，也不说什么。事后父母得知问起来，白笃中的回答是他发下誓言："未及第决不圆房。"这事儿传了出去，又被十乡八里交口赞誉，传为美谈，并且认为像白笃中这样的芝兰玉树，状元及第和位列公卿也是指日可待的事了。

谁知又出了至奇至罕让人们意外的事情。尽管白笃中把经书读得滚瓜烂熟，倒背如流，然而赴京应贡举却蹉跎场屋，屡试不中。如今已考了八次。前两次他还回家小住，然后去到深山古寺，专心一意，刻苦用功。后来就索性羁留京城，僦屋而居，在王员外家长期住了下来。从此，人们从这里经过，经常可以看到后楼的一间窗子里，有一个人在专心致志的读书，好像闹市对他是另一个世界。

白笃中极少走出他住的这家旅邸，即使有他人相邀，仆人相随，他也不出门。因为他对园林景观、风花雪月一概没有兴趣。如果是一个人,他更不出门。因为他分不出东南西北,认不清街衢的纵横路径,甚至也区别不出来杨树和柳树有什么不同。郑主簿记得,有一次他死拉活拽,把白笃中拉出门,要他到街上去走走,说这样读书会把身体读坏的。白笃中看到卖烘柿的,便奇怪地说:"南方的橘子怎么到京城竟变了样儿?"他拿起一个烘柿,不小心把皮捏破了,黄色的汁液流了他一袖子,他才释然地说:"噢,这就对了,路途太远,运到这里都变坏了!"世事万象对白笃中来说,都无足轻重,只有读书才是他的全部生活。那一页一页印了密密麻麻黑字的书页,好像一磴磴梯子,他相信终有一天,他会爬到蟾宫里去,把桂枝折下来的。

有一年,春意烂漫的一天,有两乘轿子在"久住王员外家"的门前停下。轿内走出一位艳服美妆,光彩可掬的女子,后面跟着个青衣丫环。白笃中的仆人看见后慌忙上前迎着,前面带路。两位女子袅袅婷婷地走进院子,登上楼梯,径直走进白笃中的房内。当她们经过庭院的时候,寓所里楼上楼下的人眼睛都直了。他们惊异于白笃中竟有这样神仙般的眷侣。当晚,旅邸内静悄悄的,可是许多人都神往于楼上的一个地方,那就是白笃中的寓所。俗话说:久别胜新婚。各人心里都设想着那里会发生的种种欢娱妙境,春宵苦短的情形。可是事情却大出人们的意料,楼上那几间大窗户里虽明烛高照,然而不闻笑语,通宵达旦,读书声却仍旧不辍。第二天,却又见那位丽人好似梨花带雨含泪怨怨而去。众人都不知道发生了什么事儿,最耐不住好奇心的是郑主簿,他百般打听,用小恩小惠笼络白笃中的仆人,给了他一些酒钱,才从他的口中转述丫环的所见所闻,这才知道那天晚上又是一桩至奇至罕的情景。

自从萧娘走进"久住王员外家",登楼入室,见到阔别多年的丈夫,满心欣喜,不知有多少情要诉,有多少话要说。可是白笃中依然据案端坐,盯着书本,目不斜视,好似枯木朽株,任凭外面姹紫嫣红的百花竞放和扑进门窗的春风,也不能使他发芽抽绿。萧娘半羞半嗔地问他:"你别父母,抛妻子,多年不回家。我千里迢迢来寻你,现在站在你面前,难道你看不见?"白驾中却摇头晃脑地说:"非礼勿视,非礼勿听,圣人教也!"萧娘含笑说:"你这书是怎么读的?窈窕淑女,君子好逑。夫妻谐和,宜室宜家,这才是顺乎情,合乎礼!"白驾中忽然一下子紧张起来,耸动着身子问:"春闱在即,功名在望,我怎能不诚心正意?你们在家好端端地跑来做什么?一定出了什么大事儿!"萧娘说:"高堂安康,日子富裕,什么事也没出。"白驾中松了一口气,又恢复了枯木朽株的状态,眼睛盯住书本说:"那你跑来做什么?赶快回转去!"萧娘听他这样问,一时羞红了脸,过了一会儿,上前把他的书本掩上,微笑着说:"我有十二个字,你若解得出其中的意思,再让我走,我明日就走。你若解不出,那我就留下来陪你。"说罢提笔写下了这十二个字,道是:"川中狗,百姓眼,冬瓜瓤,衙门饭。"白驾中俯首看了半天,这些字若是摆在经书上,他是认得清知其意的。可如今换了个地方,又这么凑合在一起,就变得大眼瞪小眼,谁也不认得谁了。于是,他就恢复了老样子,依旧翻开书本,盯在上面,哑口无言。萧娘见他这样不开窍,便进一步命丫环拿出酒来,亲手斟满一杯,放在白驾中面前,说:"春夜良宵,郎君面前有酒,身旁有花,如此人生美事,难道就一点儿也不动心吗?"白驾中正襟危坐,仍然不答。萧娘自斟一杯,举起来说:"郎君,你我夫妻自从洞房花烛之后,便似银河相隔,鹊桥难渡,有情难寄,相思难消。我跋山涉水前来寻你,好不容易能够和你在一起,咱们怎能不珍惜这千金一刻的春宵?来,我陪你喝一杯!"萧娘举杯一饮而尽,白驾中终不举盏。萧娘又连饮了几杯,脸颊泛红,醉闪双眸生气地说:"郎君,你真是木人土偶,金玉其外,败絮其中。要说你是死者,你有气有息;要说你是活人,你无情无言。像你这样,和行尸走肉有什么不同?"任萧娘百般笑语戏谑,娇嗔哀怨,不管你怎么说,白驾中始终眼睛不离开经书,一杯不饮,一言不发。说急了,他索性放开喉咙,又大声朗读起来。丫环在旁也看不

过去,扯扯萧娘的衣襟,低声笑道:"夫人,我倒想起咱们在家养的那只鹦鹉来!"萧娘道:"这会儿你怎么会想起它?"丫环说:"你想啊,它有多么好看的羽毛,真让人喜爱得要死,咱们像宝贝似的养着它,喂着香稻珍果,给它喝甘泉之水。冬天怕它冷,夏天怕它热,一时三刻见不着,心里还总是想着它。可喂了它十来年,它却连一句人话也学不会,像哑巴一样,也不会对咱说!"萧娘又气又笑,感叹说:"亏你想得出来!不过,倒可以此为题,我想写一首诗。"于是,丫环磨墨展纸,就在案边上萧娘一挥而就,诗云:"雕笼驯养许多时,终岁曾无一句辞。深恨造化情太误,因何偏与好毛衣?"写罢,掷笔而起,和丫环坐以待旦,含恨而去。

在其后的许多天里,这件事成为"久住王员外家"寓公们的谈话资料,多数人认为白笃中志向高超,不为帷薄之欢所动,将来必是经国纬世的材料。少数人则认为他志虽可嘉,命途多舛,他已经考了八次,恐怕再考下去也是无望的。但据熟知科场的郑主簿说:白笃中还是有希望的,因为自太祖朝就开始规定凡举人参加过十五次以上考试终场者,就特赐本科"出身",所以只要老死不止地考下去,读书人总是有希望的。不过,郑主簿心里特别遗憾的是,白笃中有艳福不会享。如果他自己能有像萧娘这样标致的妻妾,那准会比"金榜题名"还要快活。当然,这样的心思不好说出口,可楼下的邻居孙朝清却看透了他的心思,背地里半开玩笑半认真地对他说:"老兄不要羡慕别人的艳福了,你的艳福包在我身上,过几天就会让你心花怒放的!"郑主簿将信将疑,也不知他葫芦里卖的什么药。

有一天,郑主簿又向龙主谈起白笃中的事,说到萧娘写的那十二个字,到底是什么意思?郑主簿说他一直琢磨也解不出来,以此请教龙主。龙主说:"我也想过,悟出来这是四个字的隐语。"郑主簿仍然听不明白,便问是哪四个字?龙主说:"你想啊,'川中狗',蜀犬也,蜀犬合起来不就是一个'独'(獨)字;'百姓眼',民目也,乃是'眠'字;'冬瓜瓢'里是瓜子,右瓜左子,合为'孤'字;'衙门饭',官食也,明明是个'馆'字。这四个字连起来,就是:独眠孤馆。意思你还不明白吗?"郑主簿又进一步问对这件事的看法,龙主什么也没有说,只是长长地叹了一口气。

二十　叙旧孙羊店

　　龙主偕同单飞英、卞符郎走近孙家正店的门口。这时,出城踏青和上坟的许多人都已经回城,孙羊店内外显得十分热闹,门口有一担卖柳枝和杏花的,红绿相映,还带着晶莹的水汽和淡淡的芬芳,引得妇人和孩子在买取。旁边一个汉子,脖子上骑着个小孩儿,在观看和品评货色。酒店门口的左边还有卖甘蔗的、卖水果的摊子,街拐角处肉铺门前,围了一圈闲人,听一个道士在宣讲。龙主因是住在街对过的王员外家,每日出来进去,经常看到此情景,知道这个道士名叫张花项。当时人喜欢文身,这张花项脖子上就刺有许多花绣,因而得名。但龙主从来没有闲心去听过他的宣讲,不知他都胡诌了些什么。三个人正要走进孙羊店的正门,只见一老一少两位穿布袍的人正在做进门前的揖让。单飞英眼尖,最先认了出来,骤然惊喜地呼道:"项老伯,徐大哥,你们怎么也在这里!真是幸会!幸会!"卞符郎也赶紧过去见礼。门口人多喧杂,不便多叙,便一齐走进店内,择位坐下。

　　卞符郎指着年轻人对龙主介绍说:"这是我的内兄徐将仕。"又介绍那位长者说:"这是我的岳父。"龙主又拱手相敬。长者连忙自谦说:"鄙人项四,不过是个泛舟江湖为利所驱的商人,哪像你们都是有学问的读书人和济世安邦的官人。"单飞英说:"别说这样的话,叫我们愧死!项老伯的厚德高义,是许多士子官吏也景仰莫及的!"说话之间,龙主觉得只有他是生人,其他四人都是很熟悉很家常的。可连到一块儿,又使他糊涂起来,在路上听单飞英说,卞符郎的夫人芳名叫丁芙蓉,而眼前,卞符郎称项为岳父,称徐将仕为内兄,而他俩却一个姓项,一个姓徐。单飞英看出了龙主眼神的迷茫不解,便笑着说:"我知道你疑惑想问的是什么?符郎兄伉俪的姻缘遭际,悲欢离合,可以说是山转水复,柳暗花明,称得上是一段人间佳话。今天咱们难得聚在一起,符郎一家赴阙铨叙待迁,徐大哥来京公干,项伯父经商过此,又结识了龙主兄这样的奇士英才,这也算大家三生有幸。何妨把酒叙旧,重提过往,也可一吐胸臆,痛饮尽欢!"于是,叫了酒菜,四人先敬了长者项四一杯,又互敬了一杯,单飞英道:"开头儿还得当事人符郎兄先说吧。"

卞符郎说:"我家早年住在京师孝感坊,和徐大哥家并门而居,两家父辈是情逾手足的至交。我出生的第二年,徐大哥家也添了一个小妹妹,小名馨奴。在襁褓之中时,两家的父母就议定联姻,将我和馨奴定聘为婚。又过了两年,徐家赴邓州官任,我父亲也带着我们全家离开京城,远赴扬州待推官阙。开始还不断有书信往还,约定待儿女长大,官满三年归京完婚,后来就音信全无。我家曾差人前去邓州探访,回来说:徐家转官他去,不详行止。这时候,我父亲又受领边塞的差遣,举家远赴定边军。自此更是山河隔绝,无由相通了。我父亲临去世的时候,还念念不忘,弥留之际,还呼着徐伯父的名字,惦记着我和馨奴的婚事。"

徐将仕说:"你家急,我家更急,哪里料到会出了天大的祸事!在邓州不及三载,我父被授澧州通判之职。在澧州寄居时,我家也曾差人去扬州联络,却得到消息,卞家已远赴边塞。从此,天涯海角,音信全无。小妹馨奴长到十岁,父又转官两浙路仓司,全家乘舟赴任,路经太平州,船泊靠岸。夜间忽有一伙强盗,手持刀枪,登舟抢劫,在慌乱中,小妹惊恐失足落水,全家人被逼逃集船尾,眼看就要人亡物失。忽然听得岸上响起阵阵鸣锣之声,灯笼火把照耀而来。原来是一队巡逻的官军打此经过,强盗们只担了一担笼东西上岸,其余的东西也顾不得拿,就惊慌逃窜了。这虽然也算是一场虚惊,但有幸中的大不幸,是再也找不到落水的小妹。父母悲痛欲绝,卧病多日。"说到这里,大家都神情惨淡,片刻无言。徐将仕猛喝了两口酒,长出了一口气,才又说:"若不是项伯父高义贤行,哪里会有今日?"

项四连连摆手道:"快别这样说,若说能遇到馨奴,这也是天缘。若说起后事,我愧疚无地自容,对不起你们徐家,更对不起符郎!"卞符郎和徐将仕同声忙说:"老伯心迹,天地可鉴。我们两家一生感恩还感不尽哪!"龙主问:"这就奇怪了,你们一方道歉,一方又感恩,到底是怎么一回事儿呢?"

项四说:"说来话长。也是那年那时,我贩茶经过太平州。正挂帆乘风舟行在附近的江面上,忽见上游漂下一物,在波浪起伏间忽隐忽现,临近了仔细辨认,才看清楚是一个人伏在一条破船板上,就连忙叫艄工打捞救起。只见是个还未及笄的幼女。醒来后问她,她说姓徐,名叫馨奴,十岁,系官人之女,随父母和兄长赴任,途中遇强盗打劫,全家人想已全被贼杀害,只有自己落水漂流,也不知漂了多远,漂了多长时间。说罢啼哭不止,也不思饮食。我常年在外漂泊,什么人没见过?什么事没听过?可面对着这个丧亲破家、伶仃无依的幼弱女孩,我五内俱摧,好像自己的亲骨肉遭到劫难一般。便好言相劝,百般抚慰,将她带至潭州家中。过了一段时间,我见馨奴文静娴雅,乖巧懂事。我原有一个儿子,长她两岁,我便想过几年让她做我的儿媳妇。可我的浑家极力反对。她说,我们商贾人家,只可娶农商人家的女儿做媳妇,像馨奴这样官宦人家的女孩儿,怎能过得粗茶淡饭、纺麻织布的勤苦日子?况且她知书达理,容貌出众。我家男儿是个粗俗之人,两不般配。若他日心生异志,我们岂不是鸡飞蛋打,落得个一场空!我听她说的虽不全对,可也并非没有一点道理。后来从馨奴口中得知,她自幼与卞家小郎有婚约之盟,我也就死了这条心,从此把她当做自己的亲女儿看待。心想日后若找得着卞家,便让她践约完婚,若找不到卞家,我也要准备一副像样的嫁妆,明媒正娶地给她找一个能够托付终身的好人家嫁过去。后来,日子长了,我越来越喜欢和疼爱馨奴,她小小年纪,明敏聪慧,毫无娇惯之气,并非不能吃苦。我的浑家教她纺织缝纫,舂米汲水,她都高高兴兴、认认真真去做,粗茶淡饭,食若甘饴。居家不羡绮罗,不慕佩饰。特别喜欢读书,日诵千言,还能自通其大义。我那浑家经常听人说道,圣人有训:女子无才便是德。恐怕她女儿家书读多了不安分,有时便把她的书藏起来,她也不生气,但却醉心诗书不改,仍然日夜默诵。我常常想,如果也允许女子科举,馨奴去中个状元,也并非难事。"听到这里,龙主插进来说:"项老伯能同样看重女子读书,她生活在你家里,是有福分的了!"项四说:"不!馨奴进了我这个家,是有幸,也是大不幸!"龙主问:"这从何说起?"项四道:"落难得救,也算有幸,可是……"项四眼圈发红,声音哽咽,似乎说不下去了。卞符郎忙给他斟上了酒,说:"岳父何必如此,这也不是您的过错。"项四干了一杯酒,压压胸中的辛酸,这才接着说:"在座的人,只有龙贤弟不知。今日我对他说出来,也免得再说我有什么高义之举!"龙主举箸让道:"老伯吃菜,吃菜!慢慢说,慢慢说。"

说到这里,只见一个胥吏模样的人走到席前说:"单大人,让我好找!好不容易才打听到你在这里。"单飞英招呼他坐下,这人逊谢说:"不必,不必,我是来为外府忙卿传话的。后日在东水门外的馆驿接待广州市舶使大人,请单大人届时去陪伴并参与议事。"听他这样说,龙主知道这"外府"指的就是太府寺,"忙卿"是主官太府卿的别称。这人想必是太府寺的一位属员,因单飞英当时也是在太府寺供职的。卞符郎和徐将仕都是官场上的人,自然明白,于是都起身礼貌性地让座。这人连声谢过,就施礼告退,转身走去。龙主对官场上的事并无兴趣,因此也不再向单飞英问缘由,倒是关心馨奴的遭遇,便追问项四,请他继续讲。

项四接着说:"约摸过了两三年的光景,我家都恬安无事。这一年,我远去沿海贩盐,遇到风暴海潮的袭击,舟覆货沉,只幸逃脱了一条性命,稽留在当地,又遇到瘟疫流行。我染病在身,羸顿不堪,衣食无着,眼望着有乡不能归,有家不能回,只好寄居在一座道观里。好在朝廷崇奉道教,皇帝就是教主道君。道观里不愁吃喝,不管有多少道士,足不出户,也自有善男信女以至衙门官宦送上门来。好歹我挺过了这一关,卧床数月,死而复苏者数次,身子总算慢慢好起来。过了一年多,偶遇着也是来贩盐的同乡的船,这才搭便回归故里。谁知到家一看,物异人非。邻里告诉我说,我出门没多久,一场大火把我家的宅子烧成了一片焦土,家中什物尽为灰烬,无一粟一丝之存。儿子也在大火中丧生。经人指点,我在另一处狭窄的住所里找到了我的浑家。只见她衣裳虽不鲜明,倒也齐整,用具虽不丰富,光景尚还富裕。只是不见了馨奴……"说到这里,项四伤感地深深叹了一口气。徐将仕安慰他道:"大伯不必如此,这事有许多无奈,何况并不怨你。"项四说:"不管怎样,我永远也不能宽恕我那死老婆!在我严厉追问下,她才说出了原委:大火之后,她和馨奴露宿街头,乞讨为生。有一个官妓丁婉卿见到她们,主动给她们安排了一个住处,帮她们安了家,又不断送些银钱财帛过来周济日用。每次来都是情意切切,不言而去,从不提出要她们母女做些什么。日子长了,浑家总觉得心里过意不去。有一次丁婉卿又来看望,浑家对她说:'自遭大难,九死一生,蒙您的厚恩,我们母女才没有饿死在街头。这样的大恩,不知该怎样报答。若说来世变牛马效劳,那是谁也用不着的事儿。我虽是个愚昧妇人,也知道您也不是个有银子没处花的人。今生今世,我们能为您做些什么,您尽管说!'丁婉卿说:'我很久未敢吐露,是怕惹起你的怨恨。既然你今天诚心诚意问我,那我就不妨直说。我知道馨奴并非你的亲生女儿,你现在落难到这种地步,丈夫在外,生死未卜,弱妇幼女,无依无靠。即使你的亲生女儿,你也不忍心眼看着让她饿死吧?馨奴容姿出众,如玉在璞,你若将她给我,经过调教,将来必色倾一方。不仅她轻暖披体,甘鲜足口,连你今后也不会再受贫穷了。我慧眼识珠是不会看错的。'"项四说到这里,拍案拊胸,意绪激动,"我那混账老婆竟然动了心!馨奴知道以后,开始时愤然怒问我浑家,虽然不是亲生,我也是问你叫妈的女儿,你怎能忍心把我卖给娼家?爹爹回来,你怎生对答?接着又求告说:'妈妈若是能将我嫁给一个清白人家,纵然贫穷困苦,我也甘愿。我自己吃糠咽菜,也要养活妈妈,等爹爹回来,全家团聚。'见我那老婆无动于衷,馨奴号啕大哭说:'我全家被贼所害,只剩我孤苦一身,流落万里,势力微弱,年龄幼小。爹爹不在,谁来可怜我,救救我?这是老天无眼,要绝我无辜之人!'其后,馨奴就把自己关在屋子里,三日不出,三日不食。我老婆也只是哭,无法可想。第四天,馨奴忽然自己开门出来,对我浑家说:'项爹爹救我再生,妈妈又养育我这些年,天下之恩重,无过于父母,我千思百感,无以为报。爹爹久出不归,哥哥又死于大难,馨奴是一弱女子,外不能成功业,内无力养慈亲。若使妈妈无衣无食,饥饿待毙,转死沟壑,即使固执于私己之荣辱,自杀而保清白,也难辞人伦之咎,鬼神之责。儿愿听母所为,以身图报。'说罢,馨奴挥泪洒涕,给我浑家磕了三个头,随丁婉卿而去。我听到浑家讲完这事以后,真是气炸了肺,打她骂她都不解我心头之恨,她没有娘家,也是个无依无靠的人,若不然我便一纸休书休了她。但从此我也不再理她,视她为路人。"听到这里,单飞英给项四斟满了酒,陪他干了一杯,说:"这也不能都怨她。她也是为情势所逼,无可奈何!"项四气犹未平,狠狠抹了一下嘴,摇头道:"话不能这样说,别的事尚可以考究,但只这一件卖女为娼的事却是百身难赎天大的罪孽。一个女孩儿家,从良到娼,只此一步,就好比从天上掉落到十八层地狱,毁了她的一辈子。"单飞英说:

"可是,馨奴却从这地狱门里爬出来了,而今还被封为宜人。"这时,卞符郎和徐将仕一齐举杯,敬单飞英道:"还不是多得单兄之力,功不可没!"龙主惊讶说:"单贤弟也是其中的当事人?"

单飞英说:"这件事我知情最多,感慨也最多。当年我到潭州任录事参军,下车伊始,就听到流传的套用李太白文章里的话说:不羡列候和公卿,但愿一识丁芙蓉。我问丁芙蓉是什么人?许多同僚告诉我说,她是一个决然不同的官妓。我想官妓不出丽服靓妆,戏谑轻荡之流,还能有什么不同?不久在太守的一次宴会上,我见到了芙蓉,果然同侪不可类比,所闻并非妄誉,只见她素妆娴雅,肌清骨秀,真如婷婷出水的一枝开放荷花。言谈应对,如和风丽日,舒畅沁人,不以官位尊卑而亲疏,使人人觉得她是与自己亲近的。她不以歌舞取悦,而以诗书娱宴。她写的字,遒劲有格,不像弱女子的笔体,而且能诗善对,才思敏捷。那天宴席上有一位医博士在座,美髯飘胸。太守笑着对芙蓉道:我有句上联,你能不能对上?芙蓉说愿应对,太守便说了上联:医士拜时须拂地。话音刚落,芙蓉便应声对道:太守宴处幕侵天。有一位穿红袍的官员性喜滑稽,爱开玩笑,故意指着几个官妓的脸出了一个上联说:冬瓜霜后频添彩。官妓们嬉笑戏谑,吵吵嚷嚷,一定要芙蓉也以嘲讽来对。那红袍官员也说愿闻嘲对,不然罚酒三大觥。芙蓉掩袖微笑道:公既有命,孰敢不从?便对道:木枣秋来也著绯。满座的宾客都拊掌称好。后来,符郎贤弟也到潭州就任司户参军。一州官属中也只有他最为年少俊俊。我和他声气相投,一见如故。太守很器重他,议事或是宴客都列为前席。他为人持重,从不邪游和狎妓。虽然只不过是宴饮上的目接和心仪,但我还是能感觉出来,他独独钟情于芙蓉。"说到这里,单飞英哈哈笑起来,"符郎,是不是这样,你承认吗?"

卞符郎倒很大方地说:"是这样的。也许是我们注定的缘分。我自从见到芙蓉,便难以忘怀。不以她的身份而轻慢,好像有一种难以言传的亲切和情愫。这还要感谢单兄的有意撮合。有一天，他设宴单独请我，并且只传唤芙蓉一人侍陪。当时我想，一定要趁此机会，进一步体察芙蓉的心迹，便假装喝醉，单兄也心会此意，叫芙蓉扶我到书房歇息。芙蓉端茶送汤，很是体贴。当我们二人单独相对的时候，我问她：'你姓丁，丁婉卿是你的什么人，是生母？是养母？还是亲戚？'她摇摇头：'都不是。'我说：'我看你不是此道中人。如果猜测不错的话，你也不是个贫寒女儿或小家碧玉，必是个名公苗裔。你的身世你还记得吗？'芙蓉点点头，含泪说：'日日送故迎新，从没有人这样对待过我。今蒙见问，不怕有辱先君，只得实言相告。小女子本是官族，屡遭劫难，流落至此。'我又问：'你既是官族，你父亲是何官何姓？'芙蓉泪流不止，哽咽凝噎，悲凄说道：'我本姓徐，小名馨奴，原住在京师孝感坊。自幼已与父执辈，卞家小郎君符郎盟订婚约，我父出任邓州尉，后授澧州通判，在转官赴两浙路的途中，全家被劫贼所害。我失足落水得救，不幸又蒙难被丁婉卿所买，改名芙蓉，沦陷风尘，欲自拔而不能，痛何可言！'我又问她：'你没想过打听卞家的下落吗？'芙蓉说：'怎么没想？听家中人说，曾多次差人寻访，卞家远赴边塞，音信杳无。战乱不已，安危莫测。我只有日夜思念，内心祈祷，盼望着能有一天相聚。可如今我这个样子，我反而怕听到他们的消息，怕见到他们了！'说到这里，我完全明白了，肯定芙蓉就是我多年来萦怀挂心的馨奴。但鉴于当时所处的地位和环境，我怕说穿了反而会坏大事，而且又摸不清芙蓉现在的心思是怎样的，便试探说：'你如今鲜衣美食，已无饥寒之忧，而且艳名播远近，官人士子都很爱重你，以至于不肯轻贱相视，难道还不快乐吗？'芙蓉潸然道：'身为女子，哪一个不愿意终身有托，宜室宜家？即使嫁一小民，荆钗布裙，粗茶淡饭，也是好人家媳妇。而今虽珠翠饰首，绫罗加身，不过为取悦于人，荒秽之态，是禽兽而不如也。'我见她心意如此，暗暗高兴，就对她说：'既然这样，我还未婚，并无正室，你肯嫁给我吗？'芙蓉赧然说：'我已失身,无颜再见卞家郎君,若能拯我出苦海,何敢希冀正室,愿为婢妾已是足望了!'我与她约定,此事对任何人都不要讲,容我想想办法。我知道,娼女表面上锦衣玉食,实际上是受到朝野特殊歧视的贱妇人。一旦失身妓籍,特别是官妓,想要脱籍从良,极不容易。我一方面暗中具状上奏,不经州县,让在京的故旧径呈朝廷,说明前因后果,请求准予芙蓉归良以续旧婚;另一方面写信禀知远在故里的母亲,允此婚事,以践前约。过了一些日子,朝廷的批文倒是如愿到来。我便将实情告诉了芙蓉。芙蓉又惊又喜,好像起死再生一般。我俩欢天喜地、梦寐以求,等待早日鸾凤之喜。谁知家中却出了大碍,并不是我母亲阻拦,而是家族出头,族规不允。族长才是家庭中高于父母的权力者。他们说:'按照家法、义约,娼女即使脱籍,也只能纳为妾,只有良人才能娶为妻。若不遵从,全家都要受处置。'我母亲捎信说,她可怜馨奴,万不要再失去她,让她受苦。就是妾的身份,全家也不会亏待她的。何必囿于名分,酿祸及身。但是我固执己见,决不退让一步。因为我更知道,朝廷的律令,也是禁止以妾为妻的。一旦为妾,馨奴也照样无出头之日了。"说到这里,卞符郎停顿下来,好像在回味着什么。龙主急着问:"这样两相争持,一场美满婚姻岂不是要落空?"卞符郎说:"这就要感谢单兄了,虽然已经过去了好几年,今日旧事重提,有许多事我依然不忘单兄的恩德。来,我要敬你三杯酒!"

单飞英请大家同饮,一起喝干了酒,听他说:"我有什么恩德,符郎贤弟把我夸大了。不过你的酒我应该喝,因为我是媒人。诸位,你们不晓得,那时符郎急得愁得成什么样子!芙蓉也花容憔悴,终日暗泣,甚至多次哀求说,她情愿为婢妾,不愿使符郎为难。可符郎不答应,一定要明媒正娶,让芙蓉做一个堂堂正正的夫人。我想,这件事的鸿沟和转捩之点,不就是个身份吗?唐代的武则天,原是太宗的才人,高宗要宠幸她,但碍于是先帝的嫔妃,便要她先入感业寺为尼,然后再召入宫,不但被封为皇后,并且还做了武周的神圣皇帝。这摇身一变,就堵了朝野的口,合乎情也合乎礼了。于是,我就出了个主意,芙蓉既已脱籍,就把她送回项家,恢复原名馨奴,自是良家女了。项老伯理所当然地为女家尊长。然后,由我做媒,行纳彩行聘之礼,吉日符郎亲迎,请太守主婚。由此行事,名正礼通,看谁敢再说什么!"龙主拍案叹赏:"快哉!快哉!单贤弟果然是智在人上,谋高一筹。依我看来,若能使天下的有情人都成眷属,其功不下于治世兴邦的名臣良将了!"

卞符郎说:"可惜可叹,世上的银河阻隔,棒打鸳鸯比比皆是。我和馨奴不过是其中少有的一对幸运儿女。不止如此,幸运和圆满还在后面哩,我和馨奴成婚后,仍居潭州任上。有一天,有位过往的将仕天晚时因借脚夫事到私宅找我,馨奴在屏风后看见,觉得面熟,很像她记忆中的兄长,趁我入内更衣的机会嘱我问询。于是,我便留将仕晚饭,谈话中,问及家世和经历,他说,姓徐,父母现健在,只是以前在赴两浙路官任中,于太平州遇强盗劫船,所幸全家脱险,财物也不曾损失,但有一小妹落水身亡,家人为此悲痛万分,至今父母还念念不忘。我问他小妹叫什么名字?他说叫馨奴。这时我已肯定他确实是徐大哥,便告诉他说我是符郎,以及离合悲欢之事,引他到后堂与馨奴相见。他们兄妹抱头痛哭,徐大哥随即写信告知父母,自此往来不绝。这样我便有了两家岳父:一是项大伯,一是徐世叔。徐项两家也成了通家之好。"

几个人推杯换盏,说说笑笑,不觉夜已深了,尽欢而散。龙主在回寓所的路上,回味着刚才听到的那一段可以称之为传世的千秋佳话,依几个当事人的看法,都说是好事多磨,苦尽甘来,但龙主却咂摸着这甜中带有一些苦涩,也说不清是席上的酒味不纯,还是自己的感觉出了毛病。

二十一　馆驿艳计

　　过后两日,单飞英遵太府寺所差,前往东水门外的馆驿,参与接待来京的广州市舶使的事宜。临行前太府寺卿面谕:"此事干系重大,童太尉还要派人参与酬酢。因此,一要慎重,二要随和。遇有纷争,可便宜行事,持平稳妥即好。"一路走着,单飞英反复琢磨这几句话,越想越觉得这位主官说得正确,又紧要,又圆滑,又周到。说他正确,是提醒单飞英别忘了太府寺的职责。太府寺是掌管财货出纳贸易之事的,它半属国家行政,半属宫廷事务。凡全国的贡赋运到京都以后,由太府寺分别处理:供宫廷之用及特别储备,归内藏库;供国家所用及经常开支的经费,归左藏库。广州市舶司所管的是海外船舶商贾的贸易,以香药、珠宝、犀角、象牙等为主。历朝以来,就有"包带山海,珍异所生,一箧之宝,可资数世"的说法。大宋朝的经费,除了茶、盐、矾之外,就属香药获利最多,所以说"干系重大"。可是,这次差事与往常不同的是,还有一个"紧要"之处,就是童太尉也要派人参加。太尉是掌兵权的,太府寺归户部所辖,本来是两不相干。如今要染指其间,必有所图,这样肯定会发生矛盾纷争。于是就给了他单飞英"便宜行事"的权力,出了纰漏,有了过错,主官可以推说不知道,由他单飞英一个人负责,你说圆滑不圆滑?但主官也有周到之点,交代你"持平稳妥",就是暗示不要去得罪童太尉,睁一只眼闭一只眼,两下里过得去就行。单飞英虽然不知道将会发生什么,但他自觉心里有了底,也就坦然了。

迎候广州市舶使的驿站,正是清明下午找谢石拆字的那个宦官李彦经过门前时吩咐找驿长杜十二的地方。他的确有要紧事要与杜十二谋划商讨。当晚他们会合在一起,李彦首先问杜十二广州市舶使宋邦基的各项款待事宜准备得怎么样了。杜十二说:"这您放心,我这里美酒佳肴,歌姬舞女,一样都不少。"李彦摇摇头说:"这恐怕还不够。童太尉的意思,是怎么能把他招待得服服帖帖的,今后要以太尉的马首是瞻。"杜十二有些为难,说:"我以前也曾经接待过这位宋大人,他可是个有文才的饱学之士,人又廉洁耿直,恐怕难以就范。"李彦哈哈大笑道:"你也忒迂阔了,咱家也打听过这个人,诚然如你所说,是个端人介士,但也并非无隙可乘。你想过没有?廉洁之人,其操易守,以财撼之,难动其志;喜文之士,多有不羁,以色攻之,其防可毁。不过,你那些歌姬舞女,都是平平之材,娱乐那些海域蛮夷的土佬,也还算应付得过去。要成其这样的大事,必须有一个倾城倾国的婑媺将军,方能斩将搴旗,当此重任!"杜十二想了想,说:"我倒想起一个人来。此女妙丽善歌舞,外端内媚,心慧性巧。常常使人乐于顺其意,遂其愿。因其妖媚出于天资,故使人人其彀中而不自觉。一时名噪京都,声气尚在李师师、崔念月之上。近年来销声匿迹,是因为被某王府所专……"不等杜十二说完,李彦一拍大腿嚷道:"你说的是温琬娘,我怎么把她给忘了?快去把她找来!"杜十二摸摸脑袋,有些为难:"这……不大方便吧,恐怕于王府有碍。"李彦说:"哪个王府能有太尉府门槛高?哪个王爷能有童太尉权力大?少啰唆,快去找来!"杜十二差别人去不放心,就亲自去把温琬娘寻了来。等琬娘站在了李彦面前,李彦一看,含羞若处子,而明眸流盼,摄人魂魄。自信成功已有八九分,便将意图对琬娘说明,又介绍了市舶使宋邦基的为人,并说:"你若做成此事,童太尉一定重重赏赐与你。从此以后,有童太尉的庇护,汴京城里,任他达官贵人,三教九流,没有人敢小觑你温琬娘!"琬娘说:"恕小女子张狂之言,即使是柳下惠,我亦能得之。但一切必须听我的安排。"李彦点头:"好,就依你。"于是,三个人计议到天明。

单飞英到达馆驿的时候,广州市舶使宋邦基已经带了两名胥吏先行抵京。随行押解的香药等物还在后面,需要迟三数日方能到。中午,馆驿设宴,李彦、单飞英、杜十二作陪,请宋邦基喝了接风洗尘的酒,然后都告退请客使休息。两名胥吏也由李彦安排在他处另行招待。馆驿里静悄悄的,只剩下宋邦基一个人。这处馆驿是一所大院子,除了正厅和偏厅之外,散在院子角落里还有一些小房子,是驿卒和他们家眷的住所。宋邦基闲来无事,在正厅内踱步,有时也在窗前停步,向院子里闲望。这当口儿只听"吱呀"一声,从一间低矮的蓬门荜户的小房子里,先是从门里面蹿出了一条狗,随后追出来一个妙龄女子。这姑娘穿着很是破旧却补缀得非常整洁的衣服。那狗就在院子里乱转,姑娘跟在后面,又想把狗叫回去,又显得胆小怯弱。宋邦基先是没能看清她的面貌,后来狗跑到厅前磨蹭,姑娘迁延阶下,宋邦基这才看见她脸无脂粉,首无珠翠,鬓乌腮白,唇红齿贝,毫无修饰,宛然天真。想不到卑贱之家竟有这样出世的绝色,他不禁心有所动,想再多看几眼,那姑娘已经把狗叫回屋内,关紧门户,再也没有出来。黄昏时分,宋邦基又看见这姑娘出来,提着一个木桶,到大门外边的井上去汲水。过了一会儿,提着一桶水回来,经过院子中央,把水桶放在地上,站在那里,一边是为了歇息,一边是好奇地看着从南方来的样式和本地不一样的车辆,以及拴在桩子上的肥圆油亮的骡马。她大概有些劳累,细汗微湿了鬓角,越发显得肌肤莹腻,光泽照人。宋邦基故意走出厅门,站在台阶上,可是姑娘好像并没有注意到或是不敢放肆地张望,目不旁视,提起水桶,低着头走回屋内。这一夜,宋邦基做了许多梦,家人同事,亲朋故旧,片片断断,纷然混乱,犹如万花筒一般。奇怪的是,白天看见的这个姑娘,竟也走进他的梦中,远远地站在水的一方,朦朦胧胧,可望而不可即。

第二天,单飞英又到了馆驿。中午,由李彦做东道,大张女乐,设盛宴款待宋邦基。馆驿院子里顿时热闹起来。女使们往来奔走,摆盘设盏,烹茶温酒。歌姬舞女,盛妆静待。乐师们调管弄弦,丝竹声声。开席后,宋邦基高居上座,李彦、单飞英两边作陪。酒过三巡,宋邦基端矜持重,不苟言笑,即使李彦有意拉拢他,说一些官场上的逢迎周旋和陋规笑谈,他也很少启齿相应,处处表现出主宾客位应有的合适身份。这使单飞英对他很有些好感,觉得他不愧是一个有学识的德望清高的贤吏。当他问及几天后即将解送到京师的香药有多少时,宋邦基说:"此次共三十纲。其中细色纲十纲,是珍珠、龙脑之类,每纲五千两;粗色纲二十纲,是犀角、象牙、乳香、檀香等项,每纲一万斤。我等深蒙国恩,提举市舶,怎能不悚然自励,恪尽职守。所以,凡广州由海舶输入的香药,经抽解和博买后,分毫不留,悉数入纳朝廷。"单飞英虽入太府寺不久,可他也知道,这"抽解"就是以实物征税,"博买"就是由官市专买,实施"禁榷",再由官家视情况专卖,以取高利。单飞英还听说,宫中有一种异香,叫"笃耨",每两值八万钱。其他如龙涎、雪香、褐香之类,也可想而知。还听说太师蔡京,一次宴客,吩咐侍女焚香,许久也不见侍女们有什么焚香的举动,坐客正暗自奇怪的时候,一个女童报说香满,蔡京即命卷帘,只见香气自旁室而出,若云若雾,濛濛满座,几乎对面的人影都模糊了。与座的宾客回家以后,衣冠上沾染的香气好几天都不消去。这需要多少香料?至于皇上的排场,更是天下独有。他曾听太府寺卿说过,宫中嫌蜡烛无香,便用龙涎、沈脑屑灌进蜡烛里面,每夜排列数百枝,点燃以后,光焰明亮而香气馥郁,彻夜不散。单飞英暗想,无怪乎童太尉也要插手市舶司的事情了。

当李彦吩咐动乐起舞的时候,厅上厅下立时起了一个大变化。管弦乍动,丝竹盈耳,妙歌绕梁,舞姿蹁跹。女使们上菜添酒,轮番不停,奔走更频。那些歌姬舞女们,个个浓妆丽服,更显得唇红腮白,艳若桃李。驿馆的大院子里,好像一个芳菲满园的大花圃。宴会进入到高潮,宋邦基越喝越高兴,端起的架子不知不觉也放下了许多。他忽然在往来的女使中发现了昨天的那个姑娘,只见她淡扫娥眉,少加涂饰,换了一身洁净的浅素衣裙,然而穿行在花团锦簇中,却亭亭玉立,使那些美妆艳服的粉黛们黯然失色,宋邦基的心曲不禁为之动摇。他趁那姑娘捧壶换盏挨近自己时,假意打翻酒杯,酒流在桌子上,也沾濡了袍袖。姑娘战战兢兢,不敢仰视,慌忙取下腰间的布巾,轻轻与他揩拭。须臾之间,宋邦基挨近了她低下去的白皙的润滑如凝脂的脖颈,只觉得一股清淡的幽兰般的异香沁入心脾。那姑娘好像感觉到了宋邦基对她的注视,她微微偏起头,本来低垂的乌黑的眼睫轻轻向上一翻,明如秋水的眼波流动,似惧似慕,似娇似痴,都凝在灵动的双眸里,瞟了宋邦基一眼。这一眼,就使宋邦基的魂魄少了三分。宋邦基随口低吟道:"桃红李白皆粗俗,争似冰肌莹眼明。"姑娘听他这样说,知道是对己而发,立时脸生红晕,眼颊笑窝,更添妩媚。这一羞,宋邦基的魂魄又少了三四分。姑娘急忙抽身,碎步匆匆,腰肢袅娜,好似要逃离一般。宋邦基见她如此,不禁心醉意欢,哈哈畅笑。姑娘走到厅门口,听见他的笑声,也回眸对他浅浅一笑,红唇半启,皓齿粲然,媚色可掬。这一笑,宋邦基的魂魄就飞荡殆尽了。本来,宋邦基对自己这样的失态颇有些后悔和顾忌,心想在座的人一定会看在眼里,引为话柄的,可他偷神左右一瞥,偏巧这时单飞英离席更衣去了,李彦和杜十二正侧身相向说着一些事情,供役使伺候的人各自忙着手上的活儿,似乎并没有人注意什么。于是,他也就放心自安了。

　　宴会散了以后,厅上又只剩下宋邦基一个人。院子里也恢复了平常的寂静。刚才酒筵上的所遇,仍使他回味不已。他不时地向院子里张望,希望再看到那姑娘。然而如惊鸿一瞥,再也难以寻觅踪影。他坐立不宁,说不清自己为什么这样受煎熬。一直等到临近黄昏,才听到远处小屋的木板门"吱扭"一声,一个衣着敝旧的驿卒模样的汉子走出来,后面跟着那条狗。这驿卒走到院子中央,回头对着门内喊:"意儿,我今晚值更,不回来了。快些去打水,早早吃完饭,把门关好。"里面传出柔和悦耳的声音应答着。少顷,只见那姑娘开门出来,又提着木桶到院子大门外去打水。当她经过堂下阶前的时候,宋邦基多么盼望她能向厅上望一眼,也好知道他在关注她。可是那姑娘低着头,好像什么也不觉,什么也不看,一心一意径直前往去打水。这一次,宋邦基的视线再也不愿意离开厅前片刻,生怕姑娘像小鸟一样地飞过去,失去了捕获的机会。过了好一阵儿,姑娘提着一桶水走回来,脚步有些趔趄,显得很吃力的样子。宋邦基又增怜惜之感。当姑娘仍然低着头经过阶下的时候,他站在厅门首对着下面喊道:"喂,拿一杯水来我喝。"姑娘听到声音,站住了脚步,茫然四顾,看是不是在叫别人。而院子里只有树叶的沙沙声,什么人也没有。宋邦基又在上面喊:"你还看什么?我叫你哪,快拿水来我喝。"姑娘抬头一望,看见了站在厅门外身穿官服的宋邦基,蓦然手足无措,惊慌万分,手一松,木桶蹾在地上,水溅了出来,湿了姑娘的鞋。姑娘拔腿就跑,宋邦基在后面喝道:"站住!你跑什么?我叫你拿水来我喝。我渴极了,快点儿!"姑娘闻听,这才站住,慢慢回转身,把水桶提到阶上,羞涩地站在那里。宋邦基回到厅内,招呼她说:"进来呀,拿一个杯子,舀水来!"姑娘磨磨蹭蹭,把水提进厅内,舀了一杯水捧着走过去。宋邦基坐在桌前等着,她却并不把水递到他手上,而是把杯子放在桌上,然后转身就要走。宋邦基叫住她:"你且慢走,我还有话要问你。"姑娘站在那里,低眉垂目,状甚局促,用手揉弄着衣角。"你是叫意儿吗?""是。""家中还有什么人?""我爹爹。""干什么的?""是这里的驿卒,守门打更。""唔。想不到蓬蒿之间,还能养出一只凤凰来!"宋邦基说着站起来,指着里面说:"我内室有许多从南方带来的宝贝,你跟我进去看看。"意儿倒往后退了几步,颤声说:"小女不敢,大人是尊贵之人,意儿乃卑贱之身,怎敢进入大人的内室。"宋邦基说:"别怕,我让你进去,你就能进去。"意儿连连摇头:"官家有命令,馆驿是款待客使的重地。下人有与客使私自相接者,罪当死!若是让驿长和爹爹知道了,我会没命的!"宋邦基说:"我若说你是潜入,你必死!你若听我的,不会死,还会使你富贵!"说罢就上前拉住意儿的手,强行拉进内室。意儿挣挣扎扎,又推又就。宋邦基觉得意儿的那只手温软滑腻,有一股暖流通过手臂传遍了全身,点燃了他心中的欲火。他一把将意儿抱起来,扔在床上,低声喝道:"你若敢动一动,现在就叫你死!"意儿吓得哆里哆嗦,好像一枝被雨打湿的海棠花,娇弱无力地瘫在那里。宋邦基又走出去到厅门口向外喊:"来人!"喊了半天才上来一个驿卒。宋邦基命他拿一支蜡烛来,又吩咐:"我醉了,要歇息。传我的话,任何人不许来打搅!"驿卒答应着,为他关好了厅门。宋邦基点燃蜡烛,复又走进内室,只见意儿横陈在床上,娇羞满面地哀求说:"大人,不可这样。我贱,不配受大人的宠爱,坏了大人的清名,求你放我回去吧!"宋邦基说:"我从来不为女色所动。只有见了你才会这样,你不配谁配?"烛光下,意儿越是羞怯忸怩,宋邦基越觉得她妩媚动人,喜极而吟:"深夜只恐花睡去,高烧银烛照红装。"吟罢,"噗"的一声将烛吹灭。

当夜,意儿几次起身,意欲离去,都被宋邦基强留不允。天将亮的时候,意儿穿衣拜泣道:"蒙大人恩爱,只此一夕,小女子钟情一生都难忘怀。自此一别,视同陌路,永不再见了。"宋邦基说:"这是怎么说的?我要你今晚一定再来。你若顺从于我,我会给你金银珠宝,让你富过他人。"意儿说:"我们是贫寒之家,一旦暴富,必受查究。我和爹爹都将大祸早临,死无处所了!大人不是爱我而是害我了!"宋邦基说:"那我就给你一些绫罗绢纱,好做衣服。"意儿道:"这也不敢要。如若穿出去,岂不更令人招疑。"宋邦基说:"这不要,那不要。你是不是诳我,不想再来了?"意儿说:"不是。大人吩咐,小女子怎敢不来。我只想要一件东西。"宋邦基问:"是什么?你快说吧!"意儿说:"听说大人深谙音律,才华溢世,词名盛传天下。小女子生来爱唱歌,求大人为我写一词,度一曲,使我平日孤寂独处时唱唱,也能时时想起大人。"宋邦基喜道:"亏你有这份情义。这有何难,你今夜再来,我一定为你写好。"意儿说:"如此小女子纵死也无悔了。我得赶快回去,不然爹爹回家见不到我,引起疑心,倒会妨碍你我良宵之约。"宋邦基恋恋不舍,看着意儿走了。

又到了夜里,宋邦基对烛独坐,正等得不耐烦,意儿才又悄悄到来。温存一番之后,意儿问:"我求的东西可有了吗?"宋邦基便拿出写好的词,给意儿念了一遍,又按自己度的新曲教意儿唱了。那歌词是这样写道:"好姻缘,恶姻缘,奈何天。只得馆驿几夜眠,别神仙。琵琶拨断相思调,知音少。待得鸾胶续断弦,是何年?"

第四天,童贯在太尉府设宴,亲自款待宋邦基。那排场自是与馆驿的大不相同。且不说席面上的风光,单说厨下,仅包子一项,就专门设有一个"包子厨"。这包子厨每天只做包子,不管其他。其中又分工细作。有一个厨役,每天只管剥葱和切葱丝,做了大半辈子,还不知道包子是怎么做的。从此可以想见,整桌的宴会酒席是何等的豪华和奢侈。至于乐伎声色之会,更是美女如云,丝竹鼎沸。要搁别人,遇到这种景况,一定会感到受宠若惊。但宋邦基却正色端坐,好像不以为意。席间,童贯问:"广南也有这样的妙歌曼舞吗?"宋邦基说:"有。不过是北方豪放,南方婉约而已。"童贯说:"也不尽然。我有一姬,能歌婉约之词,能跳婉约之舞!"宋邦基说:"愿开眼界。"童贯就叫人过来,低声吩咐了几句。过了一会儿,乐声暂停,舞队分排,好像在那娇红嫩绿的百花丛中,冉冉走出一位花神来。霎时满庭屏息,众人瞩目。童贯挥挥手,乐声复起,只听那"花神"婉转歌喉,唱道:"好姻缘,恶姻缘……"宋邦基越听越骇然,这竟是昨天夜里,自己给意儿写的词,度的曲。再看下面,随歌起舞,柔姿袅娜,胜似天人。曲终舞罢,童贯命"花神"侑觞献酒。只见她婷婷款步,走上庭来,明妆俨然,雍容华丽,顾盼烁人,宋邦基几疑她是宫廷中的人物。等她走到席前,向他嫣然一笑,宋邦基断然醒悟:她肯定是意儿,但又肯定不是意儿。这时候,童贯没头没脑地问了他一句:"怎么样?"宋邦基道:"蒙太尉深情厚谊,我倒想起了一首唐人的七律。"童贯说:"愿闻。"宋邦基吟道:"西施漫道浣春纱,碧玉今时斗丽华。眉黛夺将萱草色,红裙妒杀石榴花。新歌一曲令人艳,醉舞双眸敛鬓斜。谁道五丝能续命,却令今日死君家。"童贯听罢哈哈大笑,说:"我要给你续上一句:又教重生在君家。"两人举起大杯,共同喝干了里面的酒。

　　待到广州押解的香药纲船到达京都以后,交接货物的时候,单飞英发现不是如宋邦基所说的三十纲,而是只有二十纲,便去询问宋邦基,宋邦基却说:"那日酒后之言,岂能作得了数吗?醉人的话,你何必认真。连我自己过后也忘了。"可单飞英明明记得,那天说这番话的时候,也只是酒过三巡。不过,其中的蹊跷,也可以猜出个八九分。自己也犯不上去火中取栗,就马里马虎拿着宋邦基开列的清单回去交差复命。太府寺卿听了也没说什么,反而夸了他几句,还是"稳妥持重"那一类话。其实,单飞英早已明白这个道理,官场上最重要的经验,是忘掉"认真"两个字。如果不这样,太府寺卿也坐不稳,自己也混不到太府寺里来当这个官儿!

二十二　古寺鸳盟

在孙羊店与单飞英等人喝酒后的第三天,龙主听说慧然和尚病了。这颇使他有些意外,因为清明节那天下午,当他进城前经过东水门外的第一个十字路口时,还远远看见慧然和尚在邻近护城河的普照寺山门前走动。而且他知道慧然一向身体很好,为什么一下子病倒了,这又让他奇怪和不安。于是,趁着天气晴暖,他决计去看望和问候慧然。

在龙主交往的众多朋友当中,他和慧然的往来虽然并不密切,但他们两人最投契最相知,并且互相也最敬重。所以如此,是龙主觉得一般的佛门高僧都是讲心空而出世,而慧然和尚却是以行实而入世。因此,在许多世人眼里,认为慧然和尚干了一些和尚不应该干的事,而这恰恰是龙主所称道的难得的佛门境界和最高的禅机。另外,还有一层让他敬佩的缘由。这普照寺靠近东水门外,原来也是香火鼎盛,寺里也有几十号僧众。自从当今皇帝崇奉道教以来,上有所好,下必甚焉。汴京城内外就有六百多座佛寺改为了道观。因为道君皇帝别出心裁地设置了道官、道职、道学等,道士们享受着各种特权,不仅美衣玉食,甚至可以娶妻纳妾。因此,许多和尚就改为道士,头上没有头发就戴一顶道帽。普照寺的僧众也都云消星散,唯独慧然和尚宁肯孤守寒寺也决不动摇自己的佛门信仰。

龙主出了东水门,走过护城河上的平桥,在十字路口向北拐,在嫩绿鹅黄的柳色掩映中,走进普照寺的大门。寺院内静悄悄的,也没有香客,只闻松风鹤鸣。慧然和尚在禅堂里打坐。龙主原以为他卧床不起,见他如此方放了心,也不便打搅他,只在外面站定,看那两廊壁画已漫漶不清,金身佛像也黯淡失色。慧然好像已经知道外面来了人,而且感应到不是别人,一定是龙主,就自己走出来。两人见面,相对合十致礼,什么话也没有说,慧然把龙主引到后面一间狭小洁净的禅房里去,扫榻烹茶,促膝而谈。

慧然倒先开了口:"你一定是来看我的病的,见到我这样,也会以为我的病好了。其实,我的病在心不在身。佛法慈悲,普度众生。而我认为佛法的真谛在于普度今世而不在于普度来生。能够普度万众是功德圆满,真正普度一人也是功德圆满。可叹我身为一僧,修行半世,竟连一个人也超拔不了。这真是我自己的悲哀,也正是佛法的悲哀。"龙主问:"这话从何说起?"慧然道:"清明节那天下午,我在寺门前曾看到你和两位友人进城去。估计你在孙家正店门前会遇到颇为引人注目的有轿有马、仆童成群的一行人……"没等他说完,龙主就回忆起来:"是啊,那是十分气派的一干人。有两乘轿子,前面有小童开路,旁边有婢女侍从。后面是一位骑马的官员,头戴裁翠纱帽,手执团扇。众多的仆人,有的牵马,有的护路,还有挑担食盒的。当时我还猜不透,若说是扫墓或踏青,天色已晚,若说是出城远行,也不像!"慧然说:"就是他们了。一非踏青,二非远行,是专门到我这寺里来的。"龙主道:"是要打醮作佛事的吗?"慧然摇摇头:"也不是。"龙主很奇怪:"那是为了什么?"慧然说:"只为有一段情缘是打我这里而起。"龙主更不明白,怎么和尚能和男女情缘联系在一起?何况是慧然这样的高僧。慧然见他疑惑的样子,不等他细问,就把曾经发生在普照寺里的一桩情史原原本本地讲了出来。

往回说上五六年,是个正月十五日元宵佳节。汴京城内外处处灯棚彩山,金碧相射,锦绣交辉。自昏至晓,百姓出门,夜游观灯。东水门外,虽不及御街上热闹,但也彩灯高悬,灯光水色,相映灿烂,别成一趣。夜深时分,有一显贵人家出游的车马,自虹桥方向驰逐而来,相随入城。其中一辆华丽的香车,到普照寺门前停下。车上下来一位风韵端丽的妇人,走进寺门,袅袅婷婷,拾级而上,进入大雄宝殿,在佛前焚香拜叩。然后从怀袖间抽出一方红绢帕,裹一香囊,合十握在掌中,默祝许久,起身退出。走出寺门的时候,好像不经意地把它失落在地上,随即重又登车而去。也是缘分注定,这时有一士子名叫张资,恰恰信步游走经过寺门外,捡起了红绢帕。揭开一看,露出了香囊,惊异于它的绣工精美,巧夺天工,而且芬馥沁人,芳香特异,非权贵豪门不能有这样的物什。就灯下细看那红绢帕上有几行字,字体柔软,显然是女子所笔。前面是一首诗,写道:"金珠富贵吾家事,鲛帕滴泪伴寂寥。心用至诚求佳偶,良媒难觅托红绡。"诗尾又附有几行小字:"有情者若得此物,如不相忘,请于来年正月十五日夜,仍于此寺门外相待,车前有鸳鸯灯者即是,可得相见,一诉衷情。"张资十分好奇,又十分感叹。不知这女子是什么身世?为何以这种方式求偶?她相貌如何?好像有难言之隐。他将绡帕和香囊珍藏起来,不时拿出来把玩思索。

这张资也是官宦人家的子弟,全家随父亲在外郡官任上居住。他这次来京是等待参加科举考试的。他自幼聪明颖悟,熟读经书,美容姿,有风度,而倜傥不羁,好浪游博弈。自从捡到绡帕香囊之后,他把其他的兴趣都淡漠了,只嫌日月停滞,时光太慢。巴巴儿地春等到夏,夏等到秋。眼看腊尽春来,又换新年,将届元宵。那红绡帕上相约的日期分明是正月十五日夜。可张资心急难耐,十四日晚上就早早在普照寺门前徘徊,盼望着能尽早看到有些什么动静。本来都城中的悠闲人家有节日提前出游的习俗。果然到了夜间,看见一队香车骏马,自东水门出来,雕轮飞转,翠盖争扬,而左右护卫甚众,防卫很严。其中有一辆车,远远就可以看到,在车前显眼的地方,挂有两盏鸳鸯灯。张资欣喜万分,只是难以接近,不知所措。他忽然想出了一个办法,装作即兴吟诗的样子,高声朗诵:"何人遗下一红绡,暗遣吟怀意气饶。料想佳人初失却,几回纤手摸裙腰。"这时,只见挂有鸳鸯灯的香车好像闻声而止,骤然在普照寺前面的路边停下。车中人命侍女揭开帘子,持镜匀面,似有意似无意地让人观看。张资注目一瞧,她的艳质丽姿是他从来没有见到过的。车中人好像在帘中已经闻声偷窥过,这时飞快地看了他一眼,微微一笑,即命侍女放下车帘,顷刻间,风驰电掣,消失得无影无踪。自从见了车中女子以后,张资神情若失,思念不已。回去以后一夜也未曾合眼,把明天夜里相会时,可能出现的种种情景想了个遍。但想来想去,还是不满意自己的想象力,拿不准还会出现另外什么情形,不知道自己该怎么办。

翌日就是正月十五,张资又早早来到了普照寺门前。等到花灯璀璨之时,那些游人车马又接踵而至,熙熙攘攘,往来不绝。其间,挂有鸳鸯灯的香车果又来到,但前后左右都有卫士和童仆,无法接近。张资正在无可奈何焦急失望之际,忽闻车中命买花,把一个卖花的小丫叫到车前。车中女子左挑右捡,盘桓许久,赏了钱,才把小丫打发走。临行之前,又飞快地看了张资一眼,才放下车帘。车夫扬鞭催马,奔驰而去。待车子走后,那卖花的小丫左顾右盼,似乎在找人。张资会意,连忙走到跟前。小丫问:"你可是张相公?"张资点头称是。小丫说:"刚才买花的娘子让我传话,告诉相公明夜在此等候,要多留意,信守约定。"张资大喜,又赏了小丫一些钱,嘱她不要对任何人泄露此事。

又过了一天,十六日夜晚,张资在普照寺前面一个小茶肆里找了一个便于观察的位置坐下,点了一份茶慢慢吃着。这一夜游人相对比较稀少,可是一直不见有什么动静和消息。张资想起"多加留意,信守约定"的嘱咐,不敢轻慢和动摇。一直等到三更天,游人更甚稀少了。这时只见一辆青盖旧车缓缓而来,也没有人跟随,在普照寺前停下。张资正在疑惑,却分明看到那车前的两盏鸳鸯灯熠熠闪亮。车上下来一个人,却是一个和尚。只听车夫说:"寺院到了,小师傅慢走。"随后便赶动车子离去。张资更加疑惑,不由地站起身来呆呆看着。那和尚看见了他,远远向他招了招手,也不言语,转身向前走去。张资尾随在后。走近普照寺,只听前面轻叩数声,"吱呀"一响慧然和尚打开了寺门,引着他们走曲廊,过池桥,来到一处幽静的小轩。推开门扉,里面倒是灯光通亮,整洁如新。桌子上早已备好了酒菜,虽然不过是芹藕果素之类,可显得十分精细鲜美,杯盘碗盏也整饬干净。慧然并不说话,只是合掌而退。张资正惊异间,只见面前那个和尚抹下包头,脱去僧衣,露出苗条袅娜的身材,乌发堆云,红裳映辉。转过身来,竟是他梦寐以求的车中女子。张资一时看呆了,觉得她非神即仙,不是世间凡人。在这古刹静夜之中,他所遇到的眼前情景,到底是实是幻?是真是假?女子好像看到了他的心思,便说:"郎君不必生疑,这都是慧然大师慈悲,做此安排。"然后深深一拜,请他落座。两人相对坐下,女子道:"今夕能够相会,也是难得之缘。我想再看一看去年留下的做媒之物。"张资从怀里掏出红绡和香囊,递了过去,说:"自从拾得此物,便带在身上,昼夜须臾不曾离开过。"女子叹道:"难得郎君有如此深情,妾再唐突相问,可有家室吗?"张资道:"功名未就,何以为家?"女子将接在手中的红绡香囊审视过后,欣喜道:"此天意也!"张资问道:"能与小娘子相识,实是此生有幸,敢问小娘子谁氏之家?居住何处?芳名怎称?"女子说:"你只记着我叫落霞就是了。"便与张资斟酒,欢洽如故人。终夜,女子不再问什么,也不回答什么。只是与张资添酒布菜,吟诗论书,或清歌助兴,妙语解颐。黎明时分,二人盟定下次之约,青盖鸳灯之车复又在寺前等候,女子上车离去,不知所往。张资依依不舍,目送而已。如此相会了三五次。张资心存钦敬,不敢亵渎。虽然欢情日浓,终不及乱。

这一夜,又相聚在一起。落霞垂泪说:"数蒙垂问,所以不回答,是深恐为狎邪之徒所负。今数度欢会,知郎君是个诚笃正直的人,不能不以实言相告。我本良人,先辈亦是仕宦之族,因遭兵乱,父母俱亡,族人零落殆尽。我遭掠抢,被李将军强占为妾。将军乖戾暴虐,喜怒无常,视婢妾为贱类。喜则为宠物,怒则受挞笞,甚至断头残肢者也视为家常闲事。我虽有宠,并无情爱,不过被看做是掌中玩物。纵然天天锦衣玉食,非我所愿。决计跳出樊笼,挣脱桎梏,不甘为妾,以求自主。宁愿有情一日死,不愿无情百岁生。我不断到这普照寺祈祷许愿,只有慧然大师知我心迹。但身受羁绊,行不自由,才托红绡香囊为媒,以卜天意。今有幸相逢郎君,不以男女苟合枕席之欢为快,而以真情待我。我死而无憾了!"张资道:"你我情爱伊始,何以言死?"落霞说:"今后恐无相见之日了,将以死报君!"张资惊问:"这是为何?"落霞说:"将军受命戍边,不日起程,恐婢妾离心,防范特严。命我时刻不能离开他的左右。脱身无术,唯死而已!"张资听到这些,情动于衷,心碎肠断,不禁也泪流满面,说:"如你轻生,我也当殉情。你我相会于地下!"两人执手哽咽,相对而泣。这时慧然推门进来,说:"你们何至于如此?累劫修行,方得为人,岂可轻生就死?如皆求死,则可守旧无为,何必逾越尘界世规?佛法无垠,比比皆在,极乐世界人间亦有,在于自己营造!"二人拭泪道:"大师何以教我?"慧然说:"你若不以功名为望,你若不以富贵为荣。携手远涉江湖,更姓名于千里之外,便可得遂终身之愿。"张资犹豫道:"你是叫我们……"慧然道:"我知道你要说什么,为淫私奔,世所不齿,相如文君,千古佳话。"张资说:"我只要能与她朝夕相处,此外皆不介意。"落霞毅然起身道:"郎君既有此心,我将冒死相从。请于三日内每夜在寺门外护城河边大柳树下等候,我当伺机携金钱数万,和你一同逃往千里之外。在我,则命运改变;在郎,则家室有宜。共度平生,相偕白头,地老天荒,情爱永坚!"张资道:"你说的果能当真吗?"落霞道:"我性命都不怕拼,却还能有二心他意?大师可以作证!"慧然道:"恨海有情天,落霞小娘子真是一奇女子,我佛会保佑你们的!"

果不其然,张资每晚到普照寺前护城河边的大柳树下等待。第二天的午夜时分,只见落霞披风蒙尘,绣履沾泥,手里携着一个绣囊,脚步轻盈地悄然匆匆而来。张资欣喜地上前迎住。落霞握着他的手说:"神佛可怜,天助我们。等了两天都无机可乘。今夜将军大醉昏睡不醒,我才乘机逃脱。这囊中首饰珍宝,是我早已暗备,足供你我一生之用尚可有余。"张资又喜又慌:"不可多说,此地不能久留,倘若发觉追上来,你我性命难保,尚有什么一生可言?"正说着,只见后面有人飞跑追来,张资惊道:"你看,到底追来了!这怎么好?"落霞审视片刻说:"不要慌,这个身影我熟悉。"这人跑到跟前,也是一女子,原来是落霞的侍女彩云。彩云气喘吁吁地说:"小婢自幼跟随娘子,深蒙厚恩。怎能忍心让娘子孤身在外漂泊历险,不管天涯海角,也愿意与娘子同行!"于是,三个人便扶持潜行。到了天明,在汴河上雇了一只船,扬帆趁风,顺流而下。由汴河入淮河,又溯大江,辗转在苏州居住了下来。

苏州本是繁华之地。张资家有娇妻美婢,外面是珠帘绣户,花阵酒池,真真地以为自己是到了"极乐世界"。他本性豪爽不羁,不多时日,便在当地结交了一班豪侠潇洒的朋友,书也不读了,事也不做了。天天在外,悠游于园林之中,出入于酒楼宴饮。本来落霞携带的资财足够生计之用,即使不做任何营生,常年的吃喝穿戴,家用应酬也不会匮乏。但是张资犯了一个大毛病,就是博弈豪赌。赌场之上,可以一掷千金,也可以一掷万金,纵然你富甲天下,此口一开,比如滔滔大河,看似洋洋无尽,大堤一决,泛滥不止,也会干涸。不过三五载,家产荡尽,朋友疏远,接济全无。身无替换之衣,家无隔日之粮,甚至野菜稀粥也难以为继。只靠落霞做些女红,彩云白天受雇于他人,干点零活,虽然所得甚少,尚能勉强度日。落霞心柔志刚,她不以屡劝不听而怨愤。这时仍百般体贴,又力劝张

资收心更新,彻底悔悟,励志图强。为宦为仕,为工为商,只要精于勤,行于思,而不荒于嬉,毁于随,皆可有成,皆可快乐。亡羊补牢,犹未为晚。这一天,又说到这些,张资道:"即使能出头,这苦日子还要熬多久?再说,我也不忍心看着你和彩云这样挣扎受累。我打听到,我父亲现在秀州做官。我想前去寻找,禀明原委,再来接你们前往。"落霞道:"你误了科场,又与我私结连理,父母怎肯见容?"张资说:"究竟是父子之情,我想即便是受些责罚,他也不会不管我们的。何况我俩已经婚配成家,有慧然大师和彩云可以作证。事已至此,焉能有不认你之理?"落霞道:"唯恐惧于李将军的权势,不肯见谅!"张资说:"这你放心,我近日打听到,李将军已获罪远谪,病死在琼州,家人四散,不会再有什么后患了。"落霞望着张资,难过地说:"看你现在的情形,敝衣破履,怎样回去面对家人?何况盘缠短缺,借贷无门,如何远去秀州?"张资说:"这都是我自作自受,还连累了你们。既然到了这步景地,也无可奈何,只能走一程算一程吧!"落霞说:"你且等待一两天,容我想想办法。"落霞除了把所存的一点供日用糊口的钱悉数拿出以外,又取下簪环,抖下一头乌黑光亮的头发,长可及地,剪了下来,命彩云拿到市上卖掉,给张资置备了新的穿戴,余下的用做路费。临行之日,她和彩云送出城外,又走了十余里。张资一再要她们回去,落霞嘱咐道:"见了高堂,要多多好言禀告。并为我请罪,哀乞宽恕!"张资说:"你何罪之有?对我的恩情,我一辈子都不知道怎样报答才好!"落霞说:"你我夫妻,异体同心,但愿白头偕老,还讲什么报答不报答?"又上前执手哽咽道:"死别虽痛,生离更苦,此去不管能否如愿,都盼早些回来。我和彩云会日夜思念,倚门等待的!"张资说:"你们放心,我会快去快回的!"三人依依不舍,拭泪分别。落霞和彩云站在路边望着张资的背影,一直到望不见影儿了才转身回去。

张资有了落霞安排的盘费,虽然路上艰难,食宿总算有着落。这一日到了秀州,住在一家小客店里。这店的主人是个叫越英的

年轻寡妇。丈夫死后,无子女亲族可依,但家财颇丰,就开了这家小客店。张资住下来以后,就出外打听,有个知道消息的人对他说:"令尊已奉命调任他郡为官,所幸现时还没有走,三两日内就要起程,速去相见,还可以赶得上。"张资心里又慌又急,又怯又怕,正在街上徘徊,思虑着怎样去对父母言讲。这时忽然看见他家的一个老仆人在街上买东西,便叫住他探问情况。老仆人连连摆手说:"小官人万万不能回去!老爷自从听人说你和一个尼姑远走江湖,误了科场的考期,十分震怒。每提起来还怒火高烧,放出话来,家下人等,有见到你时,不容分说,打死无论;若敢庇护相助的,同样要受死责!"张资哀求说:"我现在穷困潦倒,无依无靠!若不敢使老爷知道,求你在我娘跟前通个信息,看怎样处置?"老仆人说:"小官人只在此等待,万不可四处走动,让老爷知道!我回去偷偷禀明夫人,再来回音。"张资如芒刺在背,局促不安。等了许久,老仆人才转回来,拿了几两银子交给他说:"夫人痛莫能助。她说老爷一向廉洁严酷,对钱物管得很紧。现只能将自己的零用凑这么点儿银子,给你救急。叫你千万不要莽撞回家,否则大祸临头。小官人,好自为之。恕老奴不便久留,若走漏风声,让老爷知道老奴今天的举动,恐我的老命也难保了!"说罢就急急走开了。

张资回到客店里,想着这几两银子犹如杯水车薪,连回去的路费也不够。再想到落霞和彩云望穿秋水,盼他归去,她们把能给的都给了他,家徒四壁,衣食不继,怎样活命?又想到自己有亲不能认,有家不能回,今后怎么是了?越想越痛心,越想越悲伤,不禁号啕大哭起来。越英在房里听见了哭声,问店里伙计:"这是何人在哭?"店伙计答:"就是昨天来的那个士子张生。"越英叫人备了酒菜,请张资到她房中,以店主之谊表示慰问,说:"不知相公有何难处?如不嫌弃,愿知所以,也许能为您排忧解难出一点儿力气。"张资道:"我父亲原是这里的郡守,现调任他郡,即将离去。我赴京赶考,因疏失误了考期,现归来省侍慈亲,父亲不肯见容,不许我入门。母亲虽然慈爱,也做不了主。眼看他们远离,我孤单无依,无人接济,是以悲痛绝望!"越英见张资修眉俊目,仪容美好,心有所动,便说:"大丈夫当立志进取,虽遇挫折,更应奋发,何必哭泣做小儿女之态!我有一言不避羞惭,想讲出来,不知相公愿不愿意采纳?"张资说:"只要能使我脱出困境,无有不从之理。"越英说:"我虽不富,也有数万家财作为嫁资,亲人乏绝,孤身在此,无所依靠。愿以身自荐,求为婚配。如好事能成,我有所托,君有所用。秋试将临,即可进京赶考,如能得中,功名成就,再去拜见父母,必能容纳,你说是也不是?"张资沉思:落霞虽然情深意洽,待我有厚恩,我若空手回去,也只能和她一起挨饿受冻;纵然改过自新,东山再起也不知漫漫艰途要走到何年何月;如能找到一条捷径,岂不更好。想到这里,心里已经活动了几分。再看越英,年轻聪明,容貌虽不及落霞,却也很有几分姿色,便打定了主意,说:"如不见弃,愿结发偕老。"越英见他答应,十分高兴,便让张资在自己家里住下来,择日成亲,接着又忙于打点赴京应试的事宜。

　　自从张资走后,落霞和彩云就在家屈指计算,天天翘首以待,盼望他归来。直等到雪花儿飘飞,落霞心如火焚,惦念愈深。对彩云说:"张郎走时衣裳单薄,费用不足。如今天寒地冻,还不见回来。若出了差错,不是困于道路,就是生病耽搁。不然不会这样久还没消息。"彩云说:"娘子不要着急。我到街上去向过路的客商打听一下,看有没有人知道秀州的情况。"彩云出去了半日才回来,说:"我终究打听到了。好几个从那边过来的人都说,秀州的张大人半年前已经去任了,现不知到哪里去做官?"落霞想了一想,惊骇道:"算来正值张郎去秀州之时,若是随父母去了他处,一时回不来,这倒还好;但怕的是寻亲不遇,盘缠用完,进退两难。倘再遇到什么意外的灾祸,存亡就未可知了!"两人相对痛哭了一场。落霞拭泪道:"不行,我得到秀州去寻他!纵有千难万难,也比在家思念而死强!彩云,你到别的人家去谋个营生,找条活路吧。"彩云道:

"娘子说的哪里话来,纵是天涯海角,小婢甘愿生死相随。既有此意,我以前做零活的几家主顾还欠我一点钱,我去讨要了来。虽难济于事也不怕,路上我就是乞讨和拼死也要保全娘子,平安到达秀州。"落霞道:"也好。不要尽想着去死,彼此但凡有一线生机,我们三个也要相会到一处!"两个人连夜收拾,第二天天刚亮就起程。

说不完一路上的艰辛,多少个风餐露宿起早贪黑的奔波。这一天,落霞和彩云到达了秀州。几经打听,才遇到了一个知情人,说:"十几个月以前,是有一个贫寒的士子,声称前期郡守张大人是他的父亲,他是远道而来省亲的。不知为什么,张大人十分震怒,不许他进门,并传命家下人等,任何人不许接近他。那位贫士徘徊街头,后来碰到张府的一个老院公,偷偷地把夫人给的几两银子交给他,就不知下落了。"落霞听罢,放声大哭:"这是天亡我夫妻!张郎饥寒交迫,无亲可依,可能已遇不测了。我有何心再偷生于世!"彩云劝道:"娘子不必如此。我还听说相公曾在一家小客店里住过。我们再去询问。"两人找到了那家小客店,可是原来的店主已经把店盘出给别人经营,店伙计也换了新的。客店里每天像流水一样进出客人,飘萍浮梗,谁还记得十几个月以前的事?落霞和彩云不死心,每天仍在大街小巷寻找,心想张资即使饿死街头,她们也要把尸骨背回去。

这一天,日到中午,彩云让落霞在住处歇息,自己到街上去买点吃的。无奈囊无分文,心想在哪里能找一点活儿干干,讨回几口饭吃。她在街上漫无目的地行走,不知道走了多远来到一个巷口。只见一处宅第,门庭颇为壮丽,男女仆佣往来奔走。宾客盈门,皆是仕宦闺秀,出轿下马,络绎不绝。男宾有童仆相随,女眷有丫环扶持。院内笙歌盈耳,热闹非常。彩云触景生情,不由得潸然泪下,内心感慨万分:"我家娘子向日也常有这样的会聚,今日竟落得如此穷困。"她想这里也许能找一些帮衬的活儿,便挨挨蹭蹭走进门去。那些仆人们,本家的当她是外来的,外来的当她是本家的,谁也不去过问。彩云进了院子,只见厅前歌舞,厅上宴会,湘帘高卷,谈笑风生。在那主人席上,对坐着一位锦衣倩装的女子和一位气宇轩昂的郎君,彩云初看之下,觉得这位郎君很像自家的主人张资官人。细细看去,不禁心头轰然一震,天旋地转般的惊骇。她认定这是张官人无疑!但她不解这一切是怎么发生的,甚至不愿意相信眼前这一切会是真的!为了确证,她见近旁廊下有个正在烫酒的丫环,便凑过去问:"姐姐,这是谁家?"那丫环看了她一眼:"怎么你不知道?"彩云说:"我只是跟主人前来的,并不曾问过。"丫环说:"这是张进士的宅第。张进士是咱们这里前郡守张大人的公子。因放荡不检,误了科场。张大人不许进门,断绝了父子之情。是我家娘子越英见他虽然潦倒,却才貌不凡,将来必有大成,因而带着万贯家财,与他结为夫妻。张公子果然秋试得中,不久就要授官赴任。现时夫妻恩爱,广结宾朋,日日庆贺哩!"彩云听罢气噎难忍,急忙回归奔告落霞,并引落霞到张进士府。二人不顾家人阻拦,径直闯到大厅上。这时宾客已散,只有张资越英对坐饮茶。落霞直到张资面前,挥泪斥责道:"君为士人,应该知情、知理、知法。为什么知情忘情,知理违理,知法犯法,做出停妻娶妻、辜恩负义的事来?"越英听了也大吃一惊,遂问明情由,才知道张资和落霞前一段的情爱和婚姻,也责备张资道:"你既已有妻室,为什么要骗我?你不但对落霞娘子有负心之过,对我也有负心之过!"张资羞愧难当,无言以对。彩云气愤不过,便请人写一纸诉状,将张资告到了官府。

这秀州府衙的上上下下,有许多都曾是张资父亲的属下,见是他们家的事,张大人虽然移任,不看僧面看佛面,也就不同于一般案子的受理,一半是审问,一半是劝解。要按先后顺序来说,落霞应为正室,越英应为偏室。越英也情愿如此。可是按朝廷的法令却要调个个儿。因为婢妾属于"贱"妇人,法令禁止"以妾为妻"。落霞出身高门,沦为姬妾;越英虽是寡妇,却系良人。因此判定:落

霞仍得为姬妾,越英才能是正妻。

慧然讲完了事情的本末,对龙主说:"你清明节下午在孙羊店门前看到的那个骑马执扇的官人,他就是张资。如今在朝官儿做大了,也已经是姬妾成群。前面的两乘轿子,一乘是越英,一乘就是落霞。落霞自秀州之后,虔诚礼佛。她大概已经不相信人间有'极乐世界'了,而一心向往死后的西天'极乐世界'。"龙主问:"那天他们到你这里来做什么?"慧然说:"是落霞要来拜佛许愿的。张资自觉亏心,越英有点愧心,就也跟了来。他们大概是想乞求佛祖宽恕保佑的。"龙主想了想,说:"事到如今这个样子,落霞还有什么愿要许?"慧然道:"不曾对老衲讲过。不过据我揣想,她自己虽然心死,却仍然愿望佛法广博,能让世上出现一方真正'极乐世界'的净土。"

两人沉默良久,慧然忽然说:"你见过雨后荷塘的红蜻蜓吗?它落在新荷嫩绿的尖尖上,或者是落在残荷的一段枯梗上。它迎着风,努力地飞翔,甚至拼尽了力气,转了一大圈儿,却仍然回到了原处,停在起点上。它不动了,不再起飞,不再挣扎。荷塘里叶自绿,花自红。一切归于圆寂。"

二十三　良医赵太丞

"久住王员外家"里的寓公们,近日看了许多热闹,听了不少传闻。大家瞩目于一处,欣羡于一身。这个公众人物就是住在郑主簿楼下的孙朝请。在不长的日子里,他之所以自然而然地成为"公众人物",是因为在他的身上接二连三地发生了别人所没有的消息。这些消息多半是他的密友郑主簿传达给大家的,而孙朝请本人倒是恭谨自谦,从来不张扬什么。

开始,大家只知道这位孙朝请是前某州的通判,这次进京是来磨勘转官的。本来这也并不能引起什么注意,因为这不过是正常的官吏考课升迁制度。文武官员凡是任职满三年的,朝廷就要给予磨勘迁秩。每年至京引对,等待磨勘迁秩的官员也不在少数。可是这位孙朝请派头却不一样。他带了好几个随员和兵卒,虽然都谨饬守分,可是每日的吃喝开销,也令人咋舌。这些人隔三岔五地被派出去,到三省六部去投札,也有人不断地来送文书或下帖子。于是,孙朝请就显得很忙碌,出出进进,呼喝喧嚷,不知究竟。随后从郑主簿的嘴里,大家才得知,孙朝请某日是去谒见宰执,某日是去某府拜客,某日是去某处赴宴。其中令人啧啧称叹的是,据郑主簿说,吏部竟几次派员来,征询孙朝请对迁官补阙的意见。孙朝请开具了两三处都是名州望郡,最后被任为权知岳阳军。更令

人吃惊赞佩的是，没过几日，只见孙朝请身穿朝服，坐了八人抬的大轿，前呼后拥，出门而去，过了午时方才回来。事后据郑主簿发布的消息是蒙皇帝召见陛对，多有勉勖。从此，"久住王员外家"里的寓公们，对孙朝请都另眼看待，连郑主簿也被高看了一等。

自从白笃中的妻子来过一趟之后，郑主簿的心就好似被萧娘一阵春风吹皱了的池水，有事无事总是荡漾难禁。孤灯深夜，展卷消遣的时候，常感没有红袖添香的遗憾。就在孙朝请被授官和陛见后，隔了几天，一个黄昏，郑主簿被邀请到孙朝请的寓室内，进屋一看，只见正中一张小几，两座相对。几上摆了数碟精美小菜，醇酒佳茗，壶盏整洁。孙朝请拱手道："多日来为官禄俗事所扰，所幸已得定当。今日难得清闲下来，特邀郑兄小酌，以叙情谊。"郑主簿有这样官场上新进的朋友，哪有不想深结厚交之理。两人举杯添盏，啜酒品茗，说了许多京城内外、朝野之间的所见所闻，虽都是些闲话，却也越说越投契，越说越亲密。叙谈之间，孙朝请说："近有一事，还想请郑兄相助。"郑主簿说："何言相助？你我莫逆之交，你的事就是我的事，但请吩咐，当尽绵薄之力！"孙朝请笑道："其实也不要郑兄出什么力，不过是借借眼力，出出主意。"郑主簿问："那是什么事儿呢？"孙朝请道："我不日就要去赴官任，想买两个小妾相随。只是像我这样的地位身份，怎好随便出入里巷闲杂之地，也不好过于声张，惹人耳目，让更多的人知道。恰好近两日听说吴知阁府同出三妾，在附近牙侩家待售，想请郑兄陪我走一趟，一来是相看相看才貌人品，二来是在议价上也好打打转圜。"郑主簿一听十分高兴，这样的事若不让他去，他还心痒难耐呢！便连连应承道："乐于从命！乐于从命！"

第二天吃过晚饭以后，二人悄悄乘了小轿，到了一处临街的巷口，叩门之后，一个中年牙婆出来开了门，将他们引进到上首的厅房，让座奉茶之后，从内室叫出三个容姿秀美的女子来。有两个年纪稍长，约摸二十四五岁，俏媚中带有几分圆熟。另有一个年纪最小,看样子不过十七八岁,更为艳丽动人。牙婆让她们各表才艺,两个年长的执板合唱了一套曲子。年少的操琴讴歌,自伴自唱,清妙绝伦。孙朝请问起价钱,牙婆说:"年少的只要八十千。两个年长的各需四五十万。"郑主簿很纳闷,以为自己听错了,又问了一遍,才知道果真如此,便问道:"这是什么道理?年轻的姿色乐艺都好,反而便宜那么多;而那两个年长的不及她,反而价昂?"牙婆说:"老爷们有所不知。时下的规矩,买妾大多不是一次买断的,有一定的年限,到期须允还家或另行立约转售。年少的期限将满,只剩下半年,故而价值不多。两个年长的入吴宅不久,现在尚可以立三年的券期,当然价钱就要贵很多。"孙朝请考虑到需要随行较久,看中了两个年长的,剩下一个年少的不要。郑主簿恋于她的姿色,有些动容。孙朝请反而劝他说:"郑兄不要惑于色艺贸然行事,像这样到手即失的货色,买了是不划算的!"可是牙婆撺掇说:"要我说,郑老爷要是有心,这可是捡个大便宜!这样的人物要搁正常的价钱不下于七八十万钱。如今八十千不是白白捡了个美人儿!若是怕期短也不必过虑,到期可别与为市,不过再出几个钱,想留就留,想售再售,还有什么为难的?"郑主簿点头称是。孙朝请也不再阻拦,说:"郑兄既有此意,我何不成人之美"!郑主簿来时并未做准备,于是孙朝请拿出一万钱,预付了三人的定金,郑主簿十分感谢。二人与牙婆约定,明日将三个女子送到寓所,并各付所值。

过了一日,牙婆将三位女子送到了"久住王员外家",各自归房,交付了吴府原来的契券,又另立了新约。孙朝请和郑主簿都喜于此事的速成和圆满,除了佣值之外,又另赏了牙婆许多钱。郑主簿的这个小妾虽然年轻,却善解人意,处处奉承周到。不过三五日,郑主簿便与她如胶似漆。且由此特别感激孙朝请,过往更密,两家如同姻亲一般。

这一天,郑主簿要到京畿陈留县去办事,要三四天才能回来。临走时托付楼下的孙朝请照顾一下自己的小妾和寓室,孙朝请说:

"这还用说！我内室的那两个和你家的在吴府都是姐妹，让她们在一处是不会孤单的。不过，你要早回来。冷落了你家小娘子，让她伤心落泪，你不心疼我还心疼呢！"郑主簿笑道："我只有一个，你是有两个，每日能心疼得过来？是不是也要分一个让别人心疼心疼？"两人取笑了一番，郑主簿回房去又对小妾嘱咐了一些话。第二天雇了驴车，前往陈留县。

郑主簿在陈留县并没有停三四天。一是事情本来简单，他来京时从南方带了一批私茶在那里出售，不过是定期去看一下账目；二是惦记着小妾，真有一日不见，如隔三秋之感。因此只在陈留住了一晚，就匆匆往回赶。等回到寓所，三步并作两步走上楼去，恨不能早一刻见到小妾温存一番。谁知推门一看，眼珠子差一点掉出来，不但小妾不见踪影，室内成了家徒四壁，箱笼囊橐也不翼而飞，空空如也！他又急急赶往楼下，想向孙朝请打听究竟是怎么一回事。孙朝请家也是人去楼空，连个鸡毛也没有留下。他楼上的紧邻是白笃中，可白笃中只管读书，天塌下来只要不砸着他，他是什么也不知道的。郑主簿又返回到屋内仔细察看，只见内室后墙上凿开了一个大洞，还有绳索留在外面，东西可以神不知鬼不觉地从这里运出去。这断定无疑是失盗了！至于孙朝请，"久住王员外家"的寓公们谁也不清楚他是什么时候消失的，是去上任了，还是贼魁盗首？

郑主簿不死心，思念小妾也许是因怕失盗担责而离开的，便去寻访那天买妾的处所，想找到牙婆问一点线索。可是找来找去，根本没有什么牙侩家，原来买妾的地方是一个空酒肆。接着他又找到吴知阁府。吴府说压根儿也没有出过三个姬妾。这嫌疑就集中到孙朝请身上了。这孙朝请到底是官是贼？郑主簿回忆起他过往的行踪，顺藤摸瓜，跑上跑下，探东问西，终于弄明白了：什么谒见宰执，某府拜客，某处宴请，来往差人等等，都是乔装编排的。至于皇帝召见陛对，更是笑话。不过是从东城坐轿到西城，在一处妓馆

二十三　良医赵太丞

里躲藏了半天,然后又大模大样地回来。不怕贼偷就怕贼惦记,孙朝请早知道郑主簿所贮的金银楮帛很是富有,而又好色趋势,才下工夫设了这个局。

　　事情弄是弄清楚了,郑主簿自己却也病倒了。急火攻心,咽喉肿疼,不免又喜欢吃些生冷之物,同时又患了腹泻。请了郎中来看,一个无效,又换了一个,换来换去,换了三四个。有的说,喉肿是热疾,需投凉剂,结果腹泻加剧;有的说,上一位用错了,腹泻是寒症,应投热药,结果喉疼更甚。治来治去,以致喉痹不能进食,腹中大泻不止。最后一位索性不开方子了,说:"二疾如水火不相容,同此一身,决无活理。虽扁鹊复生,也是没有法子治的!"旅邸之中,郑主簿并没有一个亲人,店主人王员外就要为他准备后事了。这时候,龙主访友归来,得知这一情况,便说:"何必舍近求远?近处就有良医,说不定能够起死回生!"王员外听了,拍拍脑袋说:"你看!我怎么把他给忘了。真是灯下黑!"有人忙问是谁?王员外说:"就是街口北面四眼井旁的赵太丞呀!他家开着药铺,又兼行医。"这时众人才恍然想起街错对过儿十字路口向西,有一家大门面,额上悬书四个大字:赵太丞家。于是就七嘴八舌地催促快请!一个机灵的店伙计忙向外奔,王员外制止他说:"慢着!此事必得我亲自去请,方不为失礼。"

　　王员外走后过了一个时辰,还不见回来,又等了一会儿,方见引了赵太丞来。众人惊讶于近在咫尺,为何姗姗来迟?赵太丞好像知道大家的心思,进门就拱手道:"恕罪,恕罪,耽搁了!今日四乡八里来看病的人特多。有几个老弱妇孺,不忍让他们空劳往返,只好处置完了再来。"接着也不吃茶,就与郑主簿诊脉,又望了气色,撬开嘴巴看了喉舌,查看了泻出的粪便,也没有开方子,说:"不必担忧,三两日内会痊愈的。"便叫一个店伙计随他去拿药。王员外看了拿来的药,只是几十粒丸药,遵嘱分三日服。开始将信将疑,第二日就见有了起色,第三日腹泻中止,郑主簿已能说话进些汤水，又将养了几日，就完全平服了。药费才要了十几文钱。郑主簿千恩万谢，自不必说。龙主一日去拜访赵太丞，问道："大夫医术通神，深奥广博不是在下浅陋所能理解的，不过，久积于心者，有一事请教。郑主簿寒热集于一身，一药能治两疾，不知用的是什么奇药？载于何经何典？"赵太丞说："其实说穿了也没有什么神奇，这种治法也不见于任何医论药典，只是根据病情以意处之，稍加变通。所用药物仅是常见的附子理中丸，另在外面裹了一层紫雪。喉闭不通，紫雪对症，然下咽之时，已可消释无余。能到达腹中止泻暖胃者，全系附子之力。因此热寒同进，互不相碍，而一服能使两病痊愈。"龙主听后，心服口赞，大加叹异。正说话间，只见外面慌慌张张走进一个人来，拉着赵太丞便说："太丞快走，我家太夫人快不行了！主人请您赶快去瞧瞧！"赵太丞问："你是何家？住在何处？要去我也得备一下车马！"那人说："何用车马？要用难道我们府上还少？"龙主也帮助说："不要着急，慢慢说，你到底是谁家，有多远？"那人说："太丞，您不认识我？我就是您隔壁邻居田大人家的长随。太夫人不知怎的，说不行就不行了！田大人请您赶快过去一趟！"龙主这才明白，他说的就是提举京都榷货司的田利进府上，便站起来说："既有急事，在下就告辞了！"

二十四　恭迎吕洞宾

田利进宅第邻街的府门与赵太丞家只隔一堵墙,赵太丞当然是熟悉不过的,出了自家的门,往西一转身就是。府门宽大,朱漆铜环。外面一道粉墙,下有栏杆相护,上有垂柳飘丝。门口石台上经常坐有三四个仆人。从外向里望去,只见屋宇重叠,庭院深邃,赵太丞没有进去过,也不知有几进几层。这次进了田府,被仆人引着一直往里走,穿过了过厅,绕过中堂,又经过一个跨院,顺着甬道,来到内客房,一路走来,他先是惊异于各处都是静悄悄的,有时遇到两个仆夫使女,也是垂手侍立,默然无语,好像怕惊动什么。等到进了一道垂花门,将要走近内客房的门口时,忽听内宅一声举哀,哭声乍起,白色的人影憧憧乱动。赵太丞走进内客房,只有一个被称为宅老的管家迎接他,宅老说:"大夫来迟了一步。我家大人原在此相候,刚刚闻知噩耗,已进内宅去了。如今太夫人已经驾鹤归西,大夫就请回吧。"赵太丞问:"太夫人害的是什么病?"宅老说:"老奴说不清楚。"赵太丞说:"这样吧,速叫一贴身使女来,我要问问她!"宅老有些为难:"这……"赵太丞急道:"看你这样大的年纪,一定是跟随老主母多年。你若深心忠于主人,就快去按我吩咐的做!"宅老这才慌慌张张地进内宅去了。不大一会儿,叫了一个年长一些的丫头来。赵太丞问:"你家太夫人是怎样的病情?"丫头说:"早上还好好的,近午就说不舒服,午饭也没有吃。一会儿说冷,一会儿又说热,又说腹疼,又说闷气。忽然痰壅咽喉,就过去了!"赵太丞问:"死时面色是白是红?"答:"红。"又问:"口是开是闭?"答:"闭。""出汗没有?""没有。""气绝已有多久?""尚不过半炷香工夫。""脸色此时如何?""还是赤红。"赵太丞说:"速去禀报田大人,我要去为太夫人诊治!"丫头听说,转身就往外奔。少顷即又返回来,气喘吁吁地说:"我家老爷说,太夫人已经仙逝,就不烦进去看了!还说,看与不看,既请了来,都一样会给先生钱的!"赵太丞也不分辩,呵道:"快领我去!你若误事,你家太夫人能救而不得救,看你怎么活?"说罢,拨开宅老和丫头,径自往里面闯。丫头又害怕又无奈,只得紧赶几步,跑在前面引路。田利进举家正在灵堂里恸哭。全家上下手忙脚乱,准备举丧的事儿。只见赵太丞走进来,也不与任何人说话,一直走到灵床前,揭开逝者的面巾看了看,又摸了摸脉搏,回身才对田利进说:"大人不必哀痛,全家也无须慌乱,太夫人寿不当绝,还可有救的!"随即命人将病者轻轻移至暖榻上,又叫速烧一升开水来,回家取了一包药,倒了进去。待泡温后,让丫头撬开病人牙关,徐徐灌入。赵太丞对田利进说:"大人放心,我今夜就守在内客房中,如有动静,可随时找我。"这一夜,田利进阖家都不曾合眼,里三层外三层地守视着病人。夜半时分,宅老到内客房把赵太丞叫醒,说:"太夫人醒过来了!却上吐下泻,肚子里咕噜咕噜作响,把人吓坏了!我家老爷请您赶快进去看看!"赵太丞说:"我今夜体困,不能起身,也不必起身。进去禀告你家老爷,就说不妨事,只静静守候,病人明日方可以进药。"等到天亮,太夫人果然大好,已经能坐起来说话和进些汤饮。一家大喜,田利进亲自到内客房,一看已无有人,赵太丞不知什么时候离开已经回家去了。桌子上只留下平胃散一包,写了四个字:一日三服。过了数日,太夫人完全康复,田府大摆庆宴,作为上宾,专门去请赵太丞。赵太丞推说出外应诊,婉言谢绝了。田利进又命人送了一大堆银

钱去,赵太丞只收了十文平胃散钱,其余的都退还回去。

为了太夫人的喜事,田府连日设宴庆贺。这一天,花项道人来到府门前。这花项道人经常在孙羊店旁边的肉铺前讲道说法,也卖药画符,与人治病驱邪。田府里的许多人是认得他的。既逢太夫人的喜庆,也就特别看顾他,与他装了一盒吃的东西,奉送了一些钱,但花项道人都不要,说是府上有更大的喜事,必要面见田大人。田利进听到很奇怪,他本来也和皇上保持一致,崇奉道教,平时就很礼遇道流中人。于是就命人将花项道人请至客厅。花项见了田利进礼拜道:"我是来与大人报喜的!"田利进道:"太夫人康复,固已见喜,何须再报?"花项说:"非此一喜,更有大喜!"田利进不解:"还有什么大喜?"花项道:"我昨夜观天象,见府上有银气冲天,主一大财运将临!"田利进说:"我日进斗金,已财运亨通,还有什么别的?"花项道:"大人所说的进项,皆是费心劳力的尘俗之作。我所说的乃是黄白之物,唾手可得。"田利进十分惊讶:"如何可成?愿赐教。"花项说:"只需丹炉一具,皆可炼就。"旁边一位宾客不以为然,讥笑道:"先生若能点金炼银,自有福分享不尽,何须风雨中站在肉铺前?"花项道:"各位,这你们就不懂了。各人的财运,皆系上天注定的。有运者,添财增福,无运者,得财折寿。强求无益,反害己身。如我辈者,悟道得道。虽敝衣粗食,甚至凡骨肉身,也不过是表象;而仙游物外,其乐无穷,这是世俗之人所难以理解的。"田利进听他说得玄妙、有理,心为所动。但凡贪婪之人,哪怕把普天下的金子都给他,他还望着地下,心想从哪里挖地千寻,能再抠出几两来。田利进吩咐把花项安置在偏院净室,以后从容商议。

花项住下来以后,田利进每天与他同起居,共饮食。花项称他素不吃酒,但不拒绝吃荤。田利进便叫厨下变着法儿做些精美肴馔。花项声言:一月之内,可炼黄金千斤,白银万两。田利进喜不自胜。过了几天,花项开出一个单子,皆系建炉锻炼所需,列明某宗需钱若干缗,某宗需银若干两等等。虽然开支相当可观,但田利进觉着比起成功后的所获,也只算是一鳞半爪,因而悉命如数交付,毫无惜意。又过了半月有余,花项又说还缺些药物,须得引一同志道士来,共往山中寻采,田利进自然无不答应。将近月底,花项同另一道士归来,筹备已毕,院内建起丹炉,屋内满储铅汞。鼓风生火,昼夜不息,田利进日日企盼佳音。

　　正在紧要的时候,这一天却不见了花项。直到天色昏黑方才回来,而且喝得醉醺醺的。田利进十分惊讶,也十分生气,便责备他说:"你不是说你从来不喝酒也不会喝酒吗?为什么今天竟然喝得这样醉?不是要误了我的大事!"花项却笑着回答说:"我确实是不喝酒,也不会喝酒的。你知道我今天喝了多少?二十大碗,要搁常人就醉死了,可我不过是这个样子。你不觉得奇怪吗?"田利进问:"你到底是怎么回事?"花项说:"我此生有幸,为同道所歆羡,今天在街市上偶然遇到仙人了!"说罢,还不住向西望空顶礼膜拜。田利进更为惊讶,也不生气了,紧跟着问:"仙人是谁?"花项低声诡秘地说:"就是吕洞宾!"田利进更加迫不及待:"快说说!既遇到了吕仙,都说了些什么?"花项说:"吕仙邀我到酒楼喝酒,我说生来就不会喝酒,沾酒就醉的。吕仙说,不妨事,你跟我喝酒,不管喝多少,都不会大醉。果然,我们进了酒楼,我陪他一连喝了二十几碗,不但没醉死,反觉着神清气爽。我们边喝边谈,兴致勃勃。吕仙还问了我许多话呢!"田利进说:"都问了些什么?"花项压低声音说:"仙机不可泄露,我只能对您一个人讲,万不可让其他人知道!"田利进点头:"那当然!那当然!"花项说:"吕仙开始问我现在何处下脚,我说在田利进大人家。吕仙说,此人好道与仙班有缘,我是经常在暗中看顾他的。不过他虽然命定多财有寿,但是近已有伤风软脚之病。今我既降临此方,当去会他一会,小施仙技,与他疗疾。"田利进闻听大喜:"我患了什么病,吕仙竟然知道得这样清楚!利进凡胎俗子,竟劳仙人垂青下降。不知什么时候可来?"花项说:"吕仙亲口谕示,定在本月十五日,夜三更必至。请大人在院内东

二十四　恭迎吕洞宾

方设帐铺茵，点烛燃香，多备鲜果好酒。先一日斋戒沐浴，更换新衣。屏除下人，只身静候。万不可懈怠，届时吕仙必临。"田利进言听身从，按花项说的一一照办。并吩咐家中上下凡花项有所要求，皆须尽力实现，不许违忤。

待到十五日，已一切齐备。当天夜里，田利进亲自焚香跪拜，望空祷告，然后在香案前肃立恭候。到了三更，不见吕仙降临，田利进又上香祷告，望空再拜；又过了四更，仍不见来，复又焚香跪拜。田利进身子肥胖，又患脚气病，天气虽然不热，可是几经折腾，弯腰屈膝，长久站立，弄得大汗淋漓，喘息不止。可是仍然毕恭毕敬，不敢有丝毫倦怠。一直等到五更，眼巴巴地望着天空，却仍然不见吕洞宾从天上掉下来。田利进不敢埋怨吕仙失约，而是怀疑花项是否把信儿传错了，便命人去请花项来再问问。过了一会儿，派去的人慌慌张张回来报说：花项道人和他的同伙不见了。屋内和院子里所有的东西都搬运尽空。深宅重院，这么多东西怎能搬运出去呢？便查问各处守门人。西角门的守门人回话说："二更将尽，花项吩咐将西角门打开，说是吕洞宾骑的驴要从此门出入。还说此驴也是仙风道骨，不容凡人窥看的，谁看了都要害大病。小人们不敢违拗，把角门打开后就远远避开了。"田利进听了跌足悔恨，心痛不已，大骂："无赖汉！无赖汉！"从此不管圣主怎么提倡，也不再信道了。因为失去财帛比失去圣主更重要。

二十五　盗贼的智慧

　　郑主簿在失去小妾以后，很长一段日子里都闷闷不乐。虽然他已完全明白买妾之事是中了一个圈套，而小妾也是其中的一个份子，但情有所钟的东西，即便知道它是假的，也很难抛开和解脱。他生活在一个遵行父母之命的大家庭里，又娶了一个严格按照《女戒》训教出来的古板的妻子，从来没有享受过小妾这般的柔情体贴甚至有些放荡的温存。既然这些都如烟如云，他就把别的也看淡了。从此变得有点孤僻，也不与人同游了，也不打哄吃酒了，也不扎堆闲谈了。常常一个人睁大眼怔怔地坐着，好像他要看看这个世界到底是个什么样子。

　　他最常去的地方是"久住王员外家"对过儿十字街口路西的刘家香店。这是一家不小的香店，门口竖着一条醒目的远远都能看到的招牌，自上而下写着：刘家上色沉檀栋香。门口经常摆放几张桌子和条凳。郑主簿因为住久了，和这家香店的刘掌柜是极熟的。如今他就喜欢一个人坐在这里，闲望着纷纷扰扰的街道。刘掌柜有时给他沏上一碗茶，有时送上一碟果子，有时什么也不招待他，他也无所谓，常常一坐就是半天。在他的眼前，街上像一个滚动的万花筒，行人往来，络绎不绝，男女老幼，衣着不一。独轮车吱吱嘎嘎，挑担的晃晃悠悠。卖吃食的小贩，顶着摆满食物的托盘，手提行几,沿街叫卖;妇人抱着孩子在店铺前与人闲话;儿童由大人扶着在街边学步;还有拉着两个大木桶送水的驴车。席棚下年长的说话人在献艺,郑主簿无心去听,也不知他是在说公案,还是说铁骑儿,或是说经、讲史?且不说马来轿往,市声喧杂。最为生动和有气势的要属那些每天在眼前不知要经过多少辆的太平车,有的载重,有的放空。这种车重的可拉四五千斤,前面分作两行,可套二十多头驴子或骡子。车前伸出两根木杠,一个车夫在中间驾车,另有一个车夫在车后照应。车上挂有铃铛,远远地就听见咣啷咣啷响,使对面来的车早早知道,以便互相避让。使郑主簿感到有趣的是眼前过来的这辆太平车。这车是放空的,后面的车夫已经悠闲地坐在车上。前面驾车的车夫,一手按把,一手执鞭,赶着并排套着的四头小驴子。这些小驴子"嗒嗒"急走,有的低头使力,有的却狡黠地仰头懈怠。还有一只昂首高叫,在市声的合唱中形成了一个最高音,使疲惫的人们精神为之一振。

  前两天郑主簿还看见对面街角的肉铺前,花项道人在那里讲道卖药,后来就不见了。那时候田利进夜迎吕洞宾的事还没有发生。不过郑主簿由此对街上的变化倒产生了兴趣。看久了,街上的东西有些是不变的。每天看到的就是那些店铺的摆设,摊贩的位置,一些熟悉的面孔。有些是变化无常的,那川流不息的像过客一样的行人车马就是如此。他东看看,西看看,忽然发现这两天有几张生面孔,在街北的罗锦匹帛铺前往来走动,晃来晃去,他们不买货物,却探头探脑地向里张望。郑主簿觉得十分奇怪,便叫来刘掌柜同看。对面的那几个人也发现这边有人在注意他们,便有一个衣裳齐整像是为首的人,慢慢踅过来在他们身边坐下,悄声说:"二位尊长看样子是明眼人,必看出了一些蹊跷。江湖上最讲一个'义'字,因此坦言相告,以求明鉴。我原也是一个生意人,被对面罗锦匹帛铺的店主欺诈,本利全蚀。此家暴利缣帛,为富不仁。我气愤不过,现请了几位高手,天黑之前,必将他的内外货物盗窃净尽,若不相信,请拭目以待。请勿言破,得手之后必将厚报。"说罢施礼而退,仍归那边去了。

依郑主簿的意见,此事应当立即报官,或至少要给对面的店主打个招呼,以防为盗贼所算计。可是却被刘掌柜所制止,说:"咱们不要管这样的闲事。各人自扫门前雪,休管他人瓦上霜。我们做生意的人,要避祸远害。得罪了这些不逞之徒,有什么好处!"郑主簿不明内情,只道他是胆小怕事。其实,刘掌柜和罗锦匹帛铺的王掌柜虽是同乡,却是仇人。他们都在京都做生意发了财,都想在家乡置一份产业。为了争夺一块地,刘掌柜和王掌柜曾经打过官司。刘掌柜打输了,多年来还咽不下这口气。后来两家店里的伙计,还因为口角打过架。王掌柜的伙计受了伤,可是刘掌柜还觉得是自己吃了亏。因此,刘掌柜暗暗地高兴,心里想着今天要看一出好戏,他巴不得罗锦匹帛铺出事才好。郑主簿原以为事态很严重,可后来细细一想,觉得此事有些危言耸听,可能是一群无聊闲人的恶作剧。这罗锦匹帛铺是一家大商号,里面一匹匹丝罗绸缎布帛都插在架子上,店员们在货架前一字儿排开。隔着柜台,前面还摆放着一列长板凳,是为了便利顾客们坐着拣看货物的。更不用说大天白昼,店门前人来人往,众目睽睽之下,纵有贼胆,怎奈无隙可乘,如何能得手?不过好奇心终归唆使他不愿离开那个地方,坐在那里要看个究竟。也许是刘掌柜心里太得意,自己也不知道什么时候说漏了嘴,香店里的伙计们也都知道了这个消息。大家自然是兴奋异常,夙仇未报,而借盗贼之手得以申偿,这是一件多么大快于心的事儿。每个人都不想漏掉这个惬意的时刻,都寻找各种借口,不时地到门外探头探脑,窥视一番。即便是个别人迫不得已留在里面招呼一下顾客,也把心留在了门外。刘掌柜更是聚精会神,坐在那里不动窝儿,也无心去管教店员们,生怕错过了紧要的时刻。开始的一段时间,只见那几个人,在罗锦匹帛铺门前或前或后,或左或右,时时经过。后来又见他们或行或止,或聚或散,断续

二十五 盗贼的智慧

往来。有时见其中一两个人走进铺子里,他们想着一定是动手了,可是过了一会儿,却见又空着手溜了出来;有时见他们交头接耳,似乎在商定什么主意,心想接下来可能会有大动作了,可是等了很久,还是不见有什么动静。就这样,一直坐等到天黑,却见那几个人越走越稀,后来索性不见了影儿。罗锦匹帛铺好像并未出什么事,伙计们安详地已经在上门板,开始关门了。刘家香店的人自然是很泄气。店员们也都回到了店内,收拾东西,清整铺子,点起灯火,准备吃饭。至此,郑主簿越发觉得自己最初的判断是正确的。他站起身哑然失笑,对刘掌柜说:"我料得不错。我们果然是受了几个无赖闲汉的骗。让我们白白在这里坐了大半天!"刘掌柜也喟叹说:"什么高手?都是妄话!"谁知话音没落,从店内后堂里跑出一个伙计,张皇失措地说:"掌柜的,不好啦!后面货库失盗了!墙上挖了一个洞,堆积的香货全被偷光了!"刘掌柜猛然拍了一下大腿,"哎呀"一声,慌慌张张地跟着伙计跑进里面去了。郑主簿本想跟进去看看,但又一想,觉得这时候说什么都无趣,且有些尴尬,便独自回寓所去了。

　　吃过晚饭以后,对烛闲话,郑主簿对龙主说了日间的事儿,颇有感慨地说:"俗话说:盗虽小人,智过君子。此言不差。这伙盗贼能够以实为虚,以虚为实,利用刘王两家的仇隙,尤其是揣透刘掌柜和伙计们的心思,诱而惑之,惑而疏之。既疏则懈防,懈防则有虚。造成虚势,乘虚而入,竟能在大白天得手,可见不是一般的穿窬钻穴之辈,算得是奇盗高谋了。真让我比读书还长了见识。"龙主笑道:"这么说,我倒想套用两句名言:对街坐半日,胜读十年书。"郑主簿也笑起来:"也对!也对!大千世界嘛,学问深着呢!"他忽然想起又说道:"今天我还见到一奇人!"龙主问:"又是什么奇人?"郑主簿说:"就是一个行脚僧人,好像是从远方来的。脚穿芒鞋,背负着一个竹筐,上端连一个弧形棚子高高地伸出头顶,上面挂满一些小葫芦、小药壶以及瓶罐铃铛之类不知做什么用的小物件,手里还扬着经卷,嘴里喃喃地不知念着什么经文,在四眼井边讨水喝。我观察了他好久。他向路人化缘求施舍,可是别人给他的钱,转眼间他又散发给乞儿和贫妇,自己一个也不剩,反而自己饿了去讨些残羹剩饭吃。"龙主吃惊道:"你说的这个人状貌行事,好像是我的一个故人!"郑主簿问:"你认识他?"龙主说:"如果是他,这可是一个大奇人!大异人!"郑主簿说:"那你说说,怎么个大奇大异?"龙主说:"他的故事有一大箩筐。今天天晚了,以后有空儿慢慢说吧!"

可是这夜,龙主并不能安眠,这位故人在他眼前不断地晃动。他和他同乡同里,莫逆之交,可他又如风如电,难以捉摸。龙主大半生中阅人多矣,可是这位友人对他总像是一个谜,一个没有谜底的谜。越熟悉就越不熟悉,越想透就越想不透。但对他的一切情状,龙主是了如指掌的,他很想为他写一篇传记。在辗转不眠中,心头又勾起一些历历往事,他开始构思这篇传记该怎么写——

万寥,字毕中,家境殷富,是本郡的四大公子之一。自幼顽劣不喜读书,父母严加管束,专门延请儒师在家教读。可是开始几天,塾师讲完课后,不到一个时辰,他就扔下书本,玩耍去了。塾师责怪他,他说所学的已经会了。塾师便让他背书,他合起书来竟然背诵如流。塾师想这是教的少了,应该给他增加分量,于是便多教他几页。谁知过了一个时辰,他仍是扔下书本去玩。把他叫回来背书,依然是滚瓜烂熟。塾师心想不怕我难不住你,便每天增加分量,后来索性不按页计数了,就用锥子在书上往下扎,扎透多少就叫他背多少。万寥便说今天读不熟了,容明天来上学再背。塾师心里高兴,你这个调皮捣蛋的孩子,我到底把你治住了。万寥便把书拿回家中,故意当着父母的面,饭不吃也读,觉不睡也读。父母疼他,问是怎么回事儿,万寥便把书拿给父母看,那上面一锥子大概扎透了大半本。父亲很生气,说一个刚启蒙的小孩子,每天怎么能让背这多么的书?这不是苛待孩子吗?第二天就把塾师给辞退

二十五 盗贼的智慧

了。此后,万寥渐长,豪纵不羁。学剑,把园子里的树都劈得没了头儿;学箭,把家里的鸡都射死完了。到了十八九岁,不幸父母相继亡故,他不愿与叔婶同住,要求分家。叔婶为了照顾他,只取家财的三分之一,把三分之二都留给了他。可不出半年,他救困扶贫,散财与人,竟把家产荡尽无余。叔父仍愿管他吃穿用度,他又不肯。叔父问他:"那你今后准备怎么办呢?"万寥说:"我去应科举。"叔父说:"你从来不喜欢读书,平时不孜孜于此,怎能去应试?"万寥说:"你给我盘缠,就在家静候佳音吧!"果然以乡试第二名荐送。正当人们刮目相看,认为万寥前程无量时,他却改变了主意,不再去省试,整日悠游纵酒,放浪形骸。有一次,在一座酒楼喝酒,大醉之后,与人争席发生口角,把一个乡绅豪门子弟殴打致死。遂亡命他郡,增减自己的姓名笔画,改名方参,到一个富户人家去当园丁,每日种花锄草,修篱剪枝,倒也勤谨。闪过一个年头儿,到了春光烂漫的时候,园子里百花盛开,烟笼霞照,蝶舞蜂喧。他一时兴起,心性难禁,便在亭子里的粉壁上题诗一首,恰巧被主人看见。主人读了诗十分赞佩和惊愕。第二天,主人把他叫到堂上,桌子上早已备好了一个小包裹,请他坐下,给他上了茶,对他说:"你不是一个园丁,也不是本郡人。至于为什么会来到此地,干这样老死园圃的技艺的活儿,我不清楚,也不便相问。前一段在我家中,实在委屈了你。以君之才,他日必有大用。我不能使千里马辱于奴隶人之手,骈死于槽枥之间。这里尽我之力,给你准备了一些银钱,以作鹏程高举之用。"说罢便将小包裹交付与他。万寥既不解释,也不道谢,施了一礼,出门扬长而去。过了些日子,他又到一家官宦人家的家塾中教书。主人见他有学问,书教得好,十分尊重他。可他常常黄昏时分出去,喝得酩酊大醉回来,打学生、发酒疯,闹得鸡犬不安,干了没有多久,就又让人家给婉言辞退了。万寥漂泊在街衢间,或为佣工,或为乞丐。不管别人对他敬重还是轻蔑,是周济还是斥绝,他都淡然处之,毫不在意。钱财饮食,一日所得,一日用尽,除己所需,余皆散于他人。有一天,他沐浴冠发,整洁衣履,径直到郡守衙门,去求见太守。太守姓翟,是个修德勤政的官吏。翟太守接见了他,万寥求为书吏。翟太守说,你想当书吏,那要看看你写的字怎么样。便叫人拿来了笔墨纸砚,万寥濡墨挥毫,所写小楷榜书,都极精妙。翟太守十分赞赏,当即决定让万寥留下,在郡衙做事。万寥走后,刚巧也在旁边看万寥写字的翟太守的儿子对父亲说:我看这个人的相貌气质,进退举止,特别是那双眼睛的神采异于常人,他必定是个有来历的人,应该问清楚才好。经儿子一提,翟太守想了想也有同感,便又把万寥叫来,问他的乡里和家世。万寥倒也不隐瞒,一五一十地如实说了。翟太守不但不责怪他的怪僻,反而更敬重他。自此万寥在郡衙做事,勤勉干练,也不见有什么出轨的行为,如此相安了两年。翟太守年老致仕,辞官还乡。临走的时候,他不放心万寥,把他安置在本郡的官学,留了一笔钱,托付给教授,嘱咐说:"这是个难得的人才,他日有何风云之举非你我所可料,要好好照顾他。这些钱归他所用,但切记不要一下子都给他,否则他一天就给你花完了!"翟太守走后还不到两个月,就接到教授的一封书信,说自从万寥留在郡庠之后,他特立独行,放荡不羁,嬉笑怒骂,任性所为。使一学之士,无一人一时得以安宁,实在是难以容忍,现已将所留钱全数与他,任其自便,不知所去了。翟太守父子嗟叹一番,曾派人去找也寻不到踪迹和下落。又过了一年,太守病故,翟家正举丧守灵,忽有一人推开守门的阻拦,闯入宅内,进门就以袖掩面大哭,径直扑到灵前,跪拜不起,号啕不止。翟家上下所有的人都大为吃惊,不知道是什么人,为何有此举动。有人赶紧报告给翟公子。翟公子听了以后说,一定是万寥来了!便哭而出迎,果然见是万寥,二人相对痛哭一场。翟公子将万寥留下,安排食宿,以上宾相待。第二天天不亮,就有仆人慌里慌张把翟公子叫醒说,灵堂里翟公灵位前所有的金银祭器都不见了!翟公子起身去看,只见供物仍井然有序的放在桌上,其他地方也并无凌乱的痕迹。再去看万寥也不见了人影。翟家的人无不奇怪,当夜灵堂内外以及内门、二门、大门,里里外外的人都很多,门户严紧,也不知万寥什么时候是怎样能够将东西携带出去的。翟公子深知万寥的为人,禁止家人议论,也不再去追究。万寥到哪里去了?后来得知,他去找他读书时启蒙的那位老师了。老师家境贫寒,无妻无子,一生科举不得志,靠教村童为生,现年老无依。万寥找他,供养侍奉。一直到他谢世,万寥将从翟家拿出的金银器皿悉数卖出,为老师办理后事,尽子辈之谊,哀痛备至。等一切妥帖之后,万寥到一个佛寺,跪在老方丈面前。老方丈问他:"你来做什么?"万寥说:"求我师剃度出家。"老方丈问:"你能断绝功名之念吗?"万寥答:"能。"老方丈又问:"你能断绝色欲之念吗?"万寥答:"能。"老方丈没有吭声,过了一会儿才说:"你去想一想,明天再来。"第二天,万寥又去跪在老方丈面前。老方丈仍是那两句话,问他能不能。他说能。一连十几天,反复如此。万寥也不急,也不气,都是毕恭毕敬,心诚意挚。最后老方丈才答应了他。万寥在寺里做了一名和尚。他好像下定了决心,从此青灯黄卷,来消磨余下的今生了。可过了几年,龙主偶然得知一个消息,说是万寥不辞而别,离开了佛寺,去茅山投奔了道士张怀东。这一下把龙主弄糊涂了,一个和尚投奔到一个道士门下,到底是信仰释迦牟尼,还是信仰太上老君?不过,没有很久,张怀东成了一个炙手可热的人物,他结交蔡京等人,出入宫廷,受到皇上的宠信,一言可以使人亡,一言可以使人兴。官吏士子、攀高思进之徒趋之若鹜,经常出入其门下。这使认识万寥的人有理由产生了一个新的疑问,他是不是也想走出仕这条路呢……

龙主想了一夜,这篇传记没有完,往下也不知该怎么写。如今万寥出现在京城里,他忽然极为强烈地思念这位故人,想很快地见到他。他恨不得快一些夜尽天亮,立即动身去找他。

二十六　盛世奇人异事

万寥并不是个难找的人,因为他状貌奇特,行为古怪,甚至不需问成年人,即使街边玩耍的儿童,也不难打听到他的踪迹。只是他游走不定,飘忽东西,龙主找了两天,才找到他。万寥见了他十分高兴,说:"我来此正是为了寻你。早知你在京城,只是你这个人如鱼潜深渊,鸟藏密林,我正发愁到哪里去寻你。"

龙主邀万寥到一家酒肆内坐下。龙主笑道:"在下眼拙,不知法师是僧是道?欲供奉些饮食,不知肯赏光破戒否?"万寥也笑道:"管他娘的是僧是道,如有好酒肉,只管施舍上来!"二人相对大笑,他乡遇故知,最是件畅快的事,要了一些酒菜,便开怀畅饮起来。龙主问:"有些日子了,得不到确切的消息,也不知兄台在哪里。"万寥说:"我这两年,抖起来了!你还不知道?"龙主笑问:"怎么个抖法?"万寥说:"五进皇宫,三睹龙颜,试问世间有几人能有此荣耀?"龙主道:"听传言说,你跟随了张怀东,难道……"不等龙主说完,万寥就点头:"是啊,是啊,若不跟定这位神仙,怎会有这样的幸运。"龙主说:"张怀东被封为通神达灵真人。他有何法术?果真能通神吗?"万寥说:"我第一次随先生被召入宫时,圣上也这样问他。他答说:臣上知天庭,中识人间,下知地府。然后就说历代君主都不过只是个真龙天子,而只有当今圣上是驾御诸龙的东华帝君下降于世,为造福四海百姓而来。因此才有今天亘古未有的风俗之华,人物之盛。说得龙颜大喜,不但被封为相当于宰执品阶的道官,还专门建了一座通真宫赐为居住,与皇宫有秘道相通,以便随时宣召入内,讲法论道。以通真宫为首,下面还设道官,立道学。另置郎、大夫十等道官品阶,还设诸殿侍晨,校藉、授经等,简直和一个小朝廷一样!"龙主说:"难道皇上能允许他这么做?"万寥道:"怎么不允许?圣上自己就是教主道君皇帝呀!"龙主说:"张怀东有何法术,能让皇上这样信任他?"万寥道:"有!不过只有通神慧眼才能领受,一般愚民无法得知。"龙主不解:"这话是怎么说?"万寥道:"空话说来你也不会明白。我给你举一件事:圣上生日天宁节的前三天,我随张真人进宫去举办祝寿大醮。真人奏道:为了证明圣上是东华帝君,寿诞之日的深夜三更,可以望天瞻见东华仙宫,就是圣上将来居住的地方。这当然是一件从未听闻过的喜事呀!圣上十分高兴,就通知三殿九宫宰执亲王,届时同观盛事。到了那天夜里,文武百官、皇亲国戚,挤挤插插的不知道来了多少。时辰一到,张真人焚香叩拜,然后念动咒语,挥舞拂尘,叫大家屏息凝神,目不转睛地望着天空。这时候,天无浮云,月朗风清。过了一会儿,张真人就说,只要大家深吸细呼,一定会闻到天香满席;仔细倾听,就会听见仙乐声喧。随即手舞足蹈,欢呼着指给圣上看,说已经可见仙鹤翱翔,五色云起,离地五丈余高处,虚光明中,闪出楼台宫殿,天丁力士,玉女金童建节捧香,立于台畔,宫殿上面,嵌有玉牌,金字篆书,写的是'东华仙府'四个大字。张真人连声催促:'快看!快看!看到没有?'只有圣上说:'看到了!'随后便问站在身边的太子:'你看到没有?'太子看了半天,说:'没有呀!什么也没有看到。'圣上大怒,把太子撵了出去,并说以后永远也不要让太子再参加祝寿大典。接着就有三四个大臣和几个贵戚吞吞吐吐地说,他们也看到了。于是,群臣就俯身高呼:万岁!万岁!万寿无疆!龙颜这才大悦。"听到这里,龙主问万寥:"你是身临其境,也在现场,你看到什么没有?"万寥一本正经地说:"我是凡夫俗子,不具有慧眼,能看到什么？自然是什么也没有看到。"龙主笑笑,也不再问。万寥却不问自说:"自此以后,张真人奉诏在全国传教。仅东南州郡就有数万道众,而且和节度使过往甚密。"龙主说:"既是这样,东南一定是香火鼎盛,供奉不乏。兄台为何这样落拓,跑到京城来做什么？"万寥正色道:"我有封札子,请贤弟设法奏呈皇上。"龙主说:"这就更让我糊涂了！兄台和张怀东很熟悉,张上交权臣蔡京,下结封疆大吏,如有所请不是很容易递到皇帝那儿吗？"万寥说:"这你就别问了,我自有我的道理。天下事唯你我同识,天下人唯你我知心。我知道你在京城朝野之中有许多好朋友,只有请你办这件事我才放心。"龙主深知万寥的为人,行为虽然古怪,为人却狷介正直,便点头说:"好吧,愿遵兄命,就交给我吧！"万寥取出一道封缄的札子交给龙主。龙主是个一诺千金的人,既不拆看,也不问内容是什么。两人畅饮尽欢而散。

龙主去找到了单飞英,请他想法子将札子进呈御览。他并没有说起万寥,只说是自己的一个要好的朋友,有一桩冤案想上达天听,以求申雪。单飞英也就应允了。太府寺虽然没有言事进奏的职责,因内藏库的关系,和一些中贵人也有些联系。前几天和他一起接待广州市舶使的宦官李彦,就和他很熟。总之,这也不算太难的事,总是有法子可想。

大约过了二十多天,龙主天天企盼,想知道有个什么下文。又过了十多天,想再问问单飞英,单飞英奉差出京了。他心里更着急。奇怪的倒是不见万寥来催问,街上也不再见有他的影子。这一天,"久住王员外家"忽然来了一位官员和十几个兵士把龙主从寓所里带走了。这一下子,不啻是个爆炸性的新闻在寓公们中间传开了。人们再也揣摸不透,像龙主这样平和谦正、淡泊名利的布衣之士,究竟能犯了什么重罪,招致这样的大祸？也有人心里嘀嘀咕咕,怕自己平时和龙主有些较多的过从会受到株连。不料将近黄昏的时辰,郑主簿从外面回来,带来一则更使人意外的消息,说一个在吏部为官的同乡传出来话说,龙主被封为正五品的朝奉大夫。大家半信半疑,觉得他既不是科举出身,也不可能是恩荫入仕。为什么能平地一声雷,封了这么高的官呢?果然傍晚时分,龙主平安地回来了。既然无事,那封官的消息肯定是真的了。于是,寓公们一个比一个热情,争先恐后地向他道贺。郑主簿提议,今晚在孙家正店与龙兄设宴贺喜,得到了大家一片声地赞同。龙主谢了大家,说身体有些不适,想散散心,就一个人走了出去。众人就又有些非议和怨言,说他刚当了官就摆起架子来了。

龙主想避开闹市的喧嚣,便向东出了东水门,慢慢地信步走去。今天发生的事情,仍像梦境般地萦映在眼前。他被那位官员和兵士们带出了寓所,他自己也不知道是为什么,一路上也弄不清是押解还是护送。谁也不对他讲一句话,既看不出恶意,也觉不出好感。最后他被带到了吏部。司封郎对他宣告说,因万寥密札揭告,张怀东与东南节度使谋图不轨,妖言惑众,聚甲屯粮,变乱在即。差使查有实据,已将张怀东等捕获下狱,遂使风暴扼息于青萍之末。社稷得固,功莫大焉。但据万寥言,此举非他所能知,全系龙主教他所为。朝廷为赏有功,授龙主为朝奉大夫,明日文德殿陛见,皇上要亲加勖勉,宣旨封赠。龙主想到这里不禁苦笑起来,这个万寥,真能干些惊世骇俗,令人瞠目结舌的事来!想着走着,不觉地已走到虹桥之上。他望着东京城内灯火照天,汴河上下波光明灭,他所见到的,所听到的繁华盛景,巷陌店肆,节物风流,人情时好,一时之间都历历翻上心头,也说不出是什么滋味。他已经写好了一封辞官不就的谢恩表章,交给了寓所的主人王员外,请他明天一早派人送到吏部。他决计在天亮以前离开京城,回归江南去。他仰瞻俯视,茫然四顾,想多看几眼,可又不知道想多看些什么?后人有一首诗倒可以作龙主此地此时心境的写照:

千家笑语漏迟迟,忧患潜从物外知。

悄立市桥人不识,一星如月看多时。

后来没过多久,汴京的遭遇,北宋的结局,宋徽宗的下场,大家都知道,就不待我多说了。